普通高等教育"十一五"国家级规划教材

全国高等院校旅游专业规划教材

旅行社经营管理

（第3版）

梁 智 著

旅游教育出版社

·北 京·

责任编辑:孙延旭

图书在版编目(CIP)数据

旅行社经营管理/梁智著. －北京:旅游教育出版社,2003.12(2017.1)
(全国高等院校旅游专业规划教材)
ISBN 978－7－5637－1146－8

Ⅰ.旅… Ⅱ.梁… Ⅲ.旅行社—企业管理—高等学校—教材 Ⅳ.F590.63

中国版本图书馆 CIP 数据核字(2003)第 102405 号

普通高等教育"十一五"国家级规划教材
全国高等院校旅游专业规划教材

旅行社经营管理
（第3版）

梁 智 著

出版单位	旅游教育出版社
地　　址	北京市朝阳区定福庄南里1号
邮　　编	100024
发行电话	(010)65778403 65728372 65767462(传真)
本社网址	www.tepcb.com
E－mail	tepfx@163.com
印刷单位	北京柏力行彩印有限公司
经销单位	新华书店
开　　本	787 毫米×960 毫米　1/16
印　　张	12.5
字　　数	198 千字
版　　次	2012 年 1 月第 3 版
印　　次	2017 年 1 月第 4 次印刷
定　　价	24.00 元

(图书如有装订差错请与发行部联系)

出版说明

为落实教育部《关于进一步加强高等学校本科教学工作的若干意见》和《教育部关于以就业为导向深化高等职业教育改革的若干意见》的精神,加强教材建设,确保高质量教材进课堂,教育部决定制订"普通高等教育'十一五'国家级教材规划"。

按照规划精神,我社在原有"全国高等院校旅游专业系列教材"的基础上进行了整理和提升,一方面根据行业发展、教学需要组织新编了部分教材;另一方面对我社出版的一些历经时间考验的精品教材进行了重新修订,在内容和编写方法上体现新意。

本版教材注意了课程设置与教材编写的科学性、针对性、规范性,使整套教材更适合学科教学和行业发展要求。在此基础上,本版教材强调了教材的研究含量,旨在倡导教材编写的严肃性、高等教育的研究性,避免教材编写中存在的简单雷同现象,体现了国家骨干教材应有的规范性与原创性。可以说,本版教材更加贴近了我国高等院校旅游专业教学实际,严格按照课程设置和教学目标设计安排教材内容,使高等教育教材的先进性与研究性得到充分保证。

在此次增补与修订中,我们始终强调教材编写应有的学术规范,从选题确定,乃至注释引文、参考文献,每一个细节都力求体现教材编写应有的学术规范。为了实现这样的目标,我们先后在全国广泛遴选作者,聘请在学科研究与教学领域有所建树的专家学者担任教材的编写工作。不少作者都有相关领域的专著成果作为教材写作的支撑,为本套教材的研究含量提供了必要保障。

经过教育部组织的专家评审,这一系列中的很多品种被批准为普通高等教育"十一五"国家级规划教材,实现了行业教育与高等教育的平稳对接。

作为国内唯一一家旅游教育专业出版社,我们始终得到广大旅游院校师生的关心与帮助,在新世纪,我们更期待着大家一如既往的呵护。我们希望将我们的教材建设成为一个开放式的园地,能始终站在学科研究与行业发展的前沿,随时反映旅游教育最新发展的动态。我们期待着教材使用者的意见和建议,更期待着潜在作者的新思路、新理念、新观点、新教学方式——我们定会"从善如流",不断调整完善现有教材,不断吸纳新的作者、新的观点。

旅游教育出版社

前　言

由旅游教育出版社在2003年出版的《旅行社经营管理》，作为旅行社经营管理的专业教材，受到了旅游学术界和旅行社经营管理者的高度关注。国内许多开设旅游管理专业的院校将其列为课程教材或参考书目，一些省市的旅游培训部门也将其列为行业培训的指定用书。2006年，该书被教育部评为普通高等教育"十一五"国家级规划教材。由此可见，该书在我国旅游专业教育和课程建设中作出了一定的贡献。

然而，随着国内外旅游业的迅速发展，旅行社行业面临着更多的机遇和挑战，其经营业务范围、经营管理理念、市场竞争环境等均出现了显著的变化。为了能够准确地反映这些变化，使学生能够及时了解和掌握旅行社经营管理的最新知识，作者受旅游教育出版社的委托，在原书的基础上，根据旅行社行业近年来发生的变化，对本书进行了较大规模的修订。

在修订过程中，作者首先注意了教材的延续性，保留了原书的知识体系和理论框架，以保证知识传承的连续性。其次，作者力图体现修订后教材的新颖性，根据近年来旅行社行业出现的变化，对原有的内容进行了必要的调整，在去除了一些不符合时代要求的内容的同时，增加了一些介绍本学科最新研究成果和国内外先进经验的内容，以便能够反映出现代旅游业发展的新要求。最后，作者根据近几年旅游专业教学中案例教学日益重要、案例教学手段不断创新的趋势，在书中适当增加了案例的比重，希望能够使学生更好地了解和掌握旅行社经营管理的实际情况。

作者在此次修订过程中得到了天津市旅游局局长佘清文先生、天津市旅游局办公室主任何立强先生、天津市旅游局行业规范与质量管理处处长王凤云女士、天津市旅游质量监督管理所所长张振林先生、天津市旅游培训中心主任马本忠先生、天津经典假期国际旅行社总经理邵毅恒先生、天津中国旅行社总经理周学伟先生、天津市金龙旅行社总经理袁学田先生、天津观光旅行社总经理周凯先生、山东省青州市八喜国际旅行社总经理王美香女士、天津中国国际旅行社财务部经理夏云才先生的大力支持和帮助，在此深表感谢。

鉴于作者的视野和学术能力，书中仍可能有不当之处，恳请读者和使用者批评指正。

作者

2011年12月

目 录

第一章 导论 …………………………………………………… (1)
 第一节 旅行社的历史与现状 ……………………………… (2)
  一、旅行社产生的历史背景 ………………………………… (2)
  二、旅行社行业的产生与初期发展 ………………………… (2)
  三、旅行社行业的成长与成熟 ……………………………… (5)
 第二节 旅行社的性质与行业特点 ………………………… (10)
  一、旅行社的性质 …………………………………………… (10)
  二、旅行社的职能 …………………………………………… (12)
  三、旅行社的行业特点 ……………………………………… (15)
 第三节 旅行社的类型及其基本业务 ……………………… (17)
  一、旅行社的类型 …………………………………………… (17)
  二、旅行社的基本业务范围 ………………………………… (18)

第二章 旅行社的设立 ………………………………………… (21)
 第一节 旅行社设立的条件与职业要求 …………………… (22)
  一、旅行社设立的条件 ……………………………………… (22)
  二、旅行社的职业要求 ……………………………………… (23)
 第二节 旅行社的设立程序 ………………………………… (25)
  一、普通旅行社的申办程序 ………………………………… (25)
  二、外商投资旅行社的申办程序 …………………………… (26)
 第三节 旅行社的企业形式与组织机构 …………………… (27)
  一、旅行社的企业形式 ……………………………………… (27)
  二、旅行社的组织机构 ……………………………………… (29)

第三章 旅行社产品的开发与市场营销 ……………………… (35)
 第一节 旅行社产品的内涵与形态 ………………………… (36)
  一、旅行社产品的内涵与特征 ……………………………… (36)
  二、旅行社产品的形态 ……………………………………… (38)
 第二节 旅行社产品的开发与促销策略 …………………… (43)

  一、旅行社产品的设计与开发 …………………………………… (43)
  二、旅行社产品的促销 …………………………………………… (48)
 第三节 旅行社的市场开发与品牌管理 ………………………………… (64)
  一、旅行社的市场开发 …………………………………………… (64)
  二、旅行社的品牌化经营与管理 ………………………………… (67)

第四章 旅行社的接待业务 …………………………………………… (72)
 第一节 团体旅游的接待与管理 ………………………………………… (73)
  一、团体旅游的类型与特点 ……………………………………… (73)
  二、团体旅游的接待过程管理 …………………………………… (76)
 第二节 散客旅游与门市服务 …………………………………………… (78)
  一、散客旅游产品的类型 ………………………………………… (78)
  二、散客旅游业务的特点 ………………………………………… (81)
  三、旅行社的门市部业务 ………………………………………… (82)
 第三节 旅游服务的采购与管理 ………………………………………… (84)
  一、旅游服务采购的内涵与特点 ………………………………… (84)
  二、旅游服务采购的原则与策略 ………………………………… (85)

第五章 旅行社的人力资源开发与管理 …………………………… (90)
 第一节 旅行社人力资源的开发 ………………………………………… (91)
  一、旅行社人力资源的内涵与特点 ……………………………… (91)
  二、旅行社人力资源开发的内容与任务 ………………………… (96)
  三、旅行社的员工选择与聘用 …………………………………… (97)
 第二节 旅行社人力资源的管理 ……………………………………… (100)
  一、旅行社人力资源的培训 …………………………………… (100)
  二、旅行社人力资源的绩效评估与管理 ……………………… (103)
 第三节 旅行社企业文化建设 ………………………………………… (107)
  一、企业文化的构成 …………………………………………… (107)
  二、企业文化的建设 …………………………………………… (109)

第六章 旅行社的质量管理 ………………………………………… (113)
 第一节 旅行社服务的质量管理 ……………………………………… (114)
  一、旅行社服务质量的内涵 …………………………………… (114)
  二、旅行社服务质量管理的意义与评价标准 ………………… (115)
  三、旅行社质量管理的内容与方法 …………………………… (117)
 第二节 旅游投诉的管理 ……………………………………………… (120)
  一、旅游投诉的内涵与类型 …………………………………… (120)
  二、旅游投诉产生的原因 ……………………………………… (121)

三、旅游投诉的处理 …………………………………………（125）
　第三节　旅游事故处理与旅游保险 ……………………………（129）
　　一、旅游事故的类型 …………………………………………（129）
　　二、旅游事故的处理 …………………………………………（132）
　　三、旅游保险 …………………………………………………（136）

第七章　旅行社的财务管理 …………………………………（148）
　第一节　旅行社的经营核算 ……………………………………（149）
　　一、旅行社业务核算 …………………………………………（149）
　　二、旅行社结算业务 …………………………………………（151）
　　三、成本费用的分析与控制 …………………………………（152）
　　四、营业收入与利润管理 ……………………………………（153）
　第二节　旅行社的资产管理 ……………………………………（154）
　　一、流动资产管理 ……………………………………………（154）
　　二、固定资产管理 ……………………………………………（156）
　第三节　旅行社的财务分析 ……………………………………（158）
　　一、财务报表 …………………………………………………（158）
　　二、财务分析 …………………………………………………（165）

第八章　旅行社行业的发展趋势 ……………………………（169）
　第一节　国内外旅行社行业的发展趋势 ………………………（170）
　　一、发达国家旅行社行业的发展趋势与发展战略 …………（170）
　　二、中国旅行社行业的现状与发展趋势 ……………………（174）
　第二节　信息技术在中国旅行社行业的应用 …………………（178）
　　一、中国旅行社行业应用信息技术的现状分析 ……………（178）
　　二、中国旅行社行业信息化建设的对策 ……………………（180）
　第三节　中国旅行社行业的集团化发展趋势 …………………（180）
　　一、中国旅行社行业的集团化建设与发展 …………………（180）
　　二、中国旅行社行业的虚拟经营趋势 ………………………（182）
　　三、中国旅行社行业的跨国经营 ……………………………（185）

参考文献 ……………………………………………………………（189）

第一章

导 论

篇首案例　青州八喜国际旅行社的经营战略

青州八喜国际旅行社的前身是青州泰山旅行社。八喜国际旅行社成立之初，只是一家经营国内旅游业务的小型旅行社，面临着许多困难。然而，在一年多的时间里，八喜国际旅行社便在组团人数、接待人数和经济效益等方面取得很大发展，成为青州市首屈一指的旅行社。八喜国际旅行社能够在如此短的时间里取得骄人的成绩，应归功于总经理王美香为旅行社制定和实施的企业发展战略。

在旅行社成立之初，王美香便提出优质的服务和消费者的口碑是旅行社发展首要前提的理念。基于这种认识，她为旅行社制定了"外树形象，内强素质"的经营战略。

在外树形象方面，八喜国际旅行社在财力资源并不充裕的情况下，抽出一定数量的资金，用于企业形象的树立。八喜国际旅行社积极参加省内外的各种旅游交易会，利用多种途径宣传青州市的旅游景点，宣传八喜国际旅行社，让社会了解青州，了解八喜国际旅行社。

王美香充分认识到员工素质对于提高旅行社知名度和美誉度的重要作用。因此，一方面她利用旅游淡季组织全社员工进行业务培训和行为规范的学习，另一方面她邀请旅游业的专家到旅行社进行专题讲座，讲授各种业务知识和相关知识，以提高旅行社员工的专业素质，培养员工的敬业精神。通过培训和学习，员工的业务知识、工作能力、工作态度、服务质量等都得到了较大的提高。

在八喜国际旅行社初具规模之后，王美香认为不应满足于眼前的成绩，而应该根据旅游市场上的新动向和企业自身发展的需要，及时调整经营战略，以便能够在日益激烈的竞争中站稳脚跟，持续发展。经过对山东省及国内外旅游市场的客观分析，王美香对旅行社的经营战略作了及时的调整，制定了"借船行舟，提升企业品位，建立一体化旅行社企业集团"的新经营战略。

为了全面实施新的经营战略，延长旅行社的价值链，八喜国际旅行社采取纵向一体化战略，将酒店、餐馆等旅游产业链中的上游企业收到八喜国际旅行社集团的旗下。另外，经华东民航管理局批准和中国国际航协认证同意，八喜国际旅行社获得了经营航空待售业务的资格,成立了航空票务中心。八喜国际旅行社利用自己售票的优势与全国各大航空公司签订合同,争取优惠政策,成为目前潍坊市机票折扣最低和申请团队机票最多的民航售票中心。至此,八喜国际旅行社成为潍坊地区唯一的集住宿、餐饮、旅行社、航空售票为一体的旅行社集团,初步实现了纵向一体化的战略目标。

资料来源:梁智,刘春梅,张杰. 旅行社经营管理精选案例解析. 北京:旅游教育出版社,2007.

第一节 旅行社的历史与现状

一、旅行社产生的历史背景

旅行社的产生是人类经济活动和旅游活动发展到一定阶段的产物,也是人类旅行活动长期发展的必然结果。

肇始于18世纪中叶的工业革命,在经历了近一个世纪的发展后,在英、美、法等国家取得了重大进展,并促使其经济结构和社会结构发生了巨大变化,这为旅行社行业的出现提供了各种有利条件。这些条件包括:

(一)交通条件的改善

工业革命促进了科学技术的进步,蒸汽机车和轮船相继出现,提高了运输能力,缩短了运输时间,使大规模的人员流动成为可能。

(二)经济收入的增加

随着生产力的迅速提高和社会财富的急剧增加,有产阶级的规模日益扩大,他们具备了外出旅游的经济能力。

(三)旅游需求的产生

工业革命使部分欧美国家的城市化进程加快,改变了那里人们的生活方式,使旅行逐渐成为其中一部分人的经常性活动,导致他们产生了旅游的动机和对旅游产品的需求。

二、旅行社行业的产生与初期发展

世界上公认的第一家旅行社是英国人托马斯·库克(Thomas Cook)创建的托马斯·库克旅行社。该旅行社成立于1845年。在此后的100多年里,旅行社行业经历了从最初的产业导入阶段、产业成长阶段到产业成熟阶段的发展历程,并且与旅游住宿行业、旅游交通行业并驾齐驱,成为现代旅游业的三大支柱性行业。

(一)国外旅行社行业的产生与初期发展

1. 国外旅行社行业的产生

1841年,英国人托马斯·库克成功地组织了500人在莱斯特(Leicester)乘坐火车,前往拉夫伯勒(Loughborough)去参加在那里举行的禁酒大会。这次旅行被公认为世界上第一次包价旅游活动,库克的专职旅行代理商生涯也从此开始。随后,在1845年,库克组织了第一批前往英国利物浦的观光旅游团,这是托马斯·库克从事的第一次真正意义上的商业活动。库克亲自考察和安排了旅游线路,并担任旅游团的全程陪同,他还雇用了地方导游。这是一次包含了旅游线路考察、旅游产品组织、旅游广告宣传、旅游团队组织和陪同及导游等多项内容的旅行社业务活动,体现了当今旅行社的基本业务,从而确立了旅行社业务的基本模式①。此外,他还整理出版了世界上第一本旅游指南——《利物浦之行指南》。

1855年,库克首次组织英国旅游者前往欧洲大陆旅游,这次旅行途经布鲁塞尔前往巴黎,然后旅行团又参观了科隆、海德堡、巴登-巴登、斯特拉斯堡,最后返回伦敦。1864年库克的儿子——约翰·梅森·库克(John Mason Cook)正式参加了其父的托马斯·库克旅行社。1866年,约翰·梅森·库克负责组织该旅行社的第一个前往北美地区的旅游团。1869年,托马斯·库克组织旅游者在尼罗河上乘蒸汽游船进行游览。同年还组织了其他一些包价旅游团,包括一个前往巴勒斯坦的旅游团和一个参加苏伊士运河开航仪式的旅游团。1870年,托马斯·库克先后在布鲁塞尔、科隆、巴黎和维也纳建立了分公司。1871年,在原有旅行社的基础上,库克父子创办了托马斯·库克父子公司(Thomas Cook & Son Inc.),约翰·梅森·库克成为旅行社的正式合伙人。

1872年,由于通过苏伊士运河前往远东的旅行需求巨大,托马斯·库克在开罗开设了第一家办事处。同年9月26日,托马斯·库克组织了第一个包价环球旅游团,从利物浦出发,整个行程约40 000公里,共222天。1879年,约翰·梅森·库克采取了一项重大举措:在纽约市出版了其父在1851年编写的名为《远足者》的旅行产品目录,从而使他们的旅行社走进了国际市场。这样,旅行社便能够告诉欧洲、亚洲、美洲等地的旅游者有关其正在提供的旅行产品的信息。到了19世纪末,托马斯·库克父子已成为当时世界旅游市场上的领袖。

2. 国外旅行社行业的初期发展

继英国的托马斯·库克父子公司之后,欧美各国不断涌现出类似的旅行社组织。在欧洲,英国相继出现了登山俱乐部(1857年)和帐篷俱乐部(1885年)。德国和法国则成立了观光俱乐部(1890年)。在北美,美国运通公司(American Express)于1850年从事旅行代理业务,并在1891年发售了第一张旅行支票。1915年,该公司正式设立了旅行部。翌年,旅行部组织了众多旅游团,其中包括分别前往远东地区和阿拉斯加的旅游客轮和前往尼亚加拉大瀑布和加拿大的包价旅游团。1922年,美国运通公司开始经营通过巴拿马运河的环球客轮旅游。在日本,则相继成立了"喜宾会"(1893年)和日本交通公社(1912年)。20世纪初叶,世界旅行社行业

---

① 李天元. 旅游学概论. 天津:南开大学出版社,2000:21.

形成了美国运通公司、英国托马斯·库克父子公司和以比利时为主的铁路卧车公司(Compagnie Internationale des Wagons – Lits et des Grands Express Europeans)三巨头。

(二)中国旅行社行业的产生与初期发展

1. 中国旅行社行业的产生

20世纪初期,英国的通济隆旅游公司(前身即托马斯·库克父子公司)、美国的运通公司旅行部等外国旅行社开始在上海等地设立旅游代办机构,总揽中国旅游业务,并雇用中国人担任导游。1923年8月,上海商业储蓄银行总经理陈光甫在其同人的支持下,在该银行下创设了旅行部,成为中国的旅行社行业的开端。1927年6月,该旅行部更名为中国旅行社,从上海商业储蓄银行独立出来,并在华东、华北、华南等地区的15个城市设立了分(支)社。该旅行社是今香港中国旅行社股份有限公司的前身。此后,中国又相继出现了一些旅行社及相似的旅游组织,如铁路游历经理处、公路旅游服务社、浙江名胜导游团、中国汽车旅行社、国际旅游协会、友声旅行团、精武体育会旅行部、萍踪旅行团、现代旅行社等[①]。它们是中国旅行社行业处于萌芽期的旅行社,承担了中国人旅游活动的组织工作。

2. 中国旅行社行业的初期发展

由于20世纪80年代以前中国的特殊政治经济环境,导致旅行社行业的初期发展相对漫长且艰难。虽然,继中国旅行社在上海诞生之后,中国的其他地方也出现了一些旅行社,但是,它们的业务开展得并不顺利,行业规模尚未形成。到1949年中华人民共和国成立前夕,受战乱及其他相关因素的影响,中国的旅行社业务活动已濒于停顿。

1949年中华人民共和国成立后,旅行社行业开始逐步恢复和发展。1949年11月9日,厦门华侨服务社成立,为新中国的第一家旅行社。不久,福建的泉州、福州等地也相继成立了华侨服务社。1956~1957年间,天津、沈阳、无锡、大连、长春、哈尔滨、抚顺、汉口、南京、苏州、上海、杭州、昆明等城市相继建立了华侨服务社。1957年4月22日,华侨旅行服务社总社在北京成立,至1974年更名为中国旅行社[简称中旅(CTS)],成为当时接待港澳台同胞、海外华侨及海外华人的专业旅行社。

新中国成立后,我国的国民经济迅速恢复和发展,国际地位不断提高,国际交流与合作日趋频繁,一些国家的自费旅游者也前来中国观光和度假。为了做好接待工作,经政务院批准,中国国际旅行社总社[简称国旅总社(CITS)]于1954年4月15日在北京成立,同时在全国一些省会城市、直辖市和相关口岸城市成立了12家分(支)社,负责接待来华的外国自费旅游者。不久,国旅总社与苏联国旅签订了

---

① 国家旅游局人事劳动教育司. 导游业务. 北京:旅游教育出版社,1999:3.

互换自费旅游者的合同(1956年)。1965年,国旅总社与百余家外国旅行社建立了业务联系,接待自费旅游者人数首次突破万人次大关,达12 877人次。1966年,国旅总社的规模进一步扩大,其在国内各地的分(支)社发展到46个。1978年,国旅总社招徕接待外国旅游者人数首次突破10万人次大关,达到124 555人次,其中美国旅游者超过1万人次。

在中国的旅行社行业发展初期,中国旅行社和中国国际旅行社作为我国两大旅行社系统,通过长达20年的旅游接待实践,积累了一定的旅游接待经验,培养了相当数量的旅游业务人才,对旅行社的经营和管理进行了有益的探索,为我国日后的旅行社行业大发展奠定了良好的基础。但是,由于当时历史条件的限制,中国的旅行社行业没有得到充分发展,发展速度相对迟缓,与国外旅行社行业相比,其产业规模和经营业务范围狭小,经营效果不佳,管理水平亦相对落后。

三、旅行社行业的成长与成熟

(一)国外旅行社行业的成长与成熟

1. 国外旅行社行业的成长

第二次世界大战结束后,随着各国经济的恢复和发展,人们的经济收入,尤其是可自由支配收入大幅度增加,使他们拥有了前所未有的旅行支付能力。20世纪60年代以后,西方经济发达国家及一些经济发展比较迅速的发展中国家和地区普遍实行了带薪假期,从而使人们有了更多的闲暇时间,能够进行较长时间的旅行。另外,科学技术的发展和应用,尤其是交通工具的改进和预订网络的建立,极大地方便了人们的外出旅行。旅行环境的改善,史无前例地刺激了社会化大众旅游需求。而旅游需求的大量产生又反过来拉动了旅行社行业的迅速成长。在第二次世界大战结束后至20世纪80年代初的40年里,旅行社的业务经营范围不断扩大,管理水平和服务质量明显提高,产业规模和营业额大幅度增长。1987年,世界旅行社协会联合会(Universal Federation of Travel Agents Association)已拥有83个国家的全国旅行社协会成员,代表30 000多家旅行社和旅游企业。

2. 国外旅行社行业的成熟

20世纪80年代后期以来,以欧美地区经济发达国家为代表的国外旅行社行业开始从成长阶段向成熟阶段过渡,其显著标志是旅行社产业的集中化趋势不断加强。据中国旅行社发展现状与发展对策研究课题组的研究结果,发达国家的旅行社行业正在从过去以私人企业为主体、以国家为界限的分散的市场,逐步向以少数大企业集团为主体的国际化大市场发展,并通过价值链进行纵向整合。同时,以美国、德国、英国等国家的大型旅行社为主导的企业兼并、收购与战略联盟,使得发达国家旅行社的所有权发生了极大的变化,形成了一批能够对整个市场产生重要影响的旅行社行业巨头①。

(二)中国旅行社行业的成长

1. 中国旅行社行业的初步增长

中国的旅行社行业在经历了近30年的探索之后,于20世纪70年代末至80年代末开始了它的初步增长阶段。1979年11月16日,全国青联旅游部成立。在此基础上,中国青年旅行社[简称青旅(CYTS)]于1980年6月27日成立。根据国家旅游局的规定,此时全国只有国旅、中旅和青旅三家总社拥有旅游外联的权力,其中,国旅主要接待外国来华的旅游者,中旅主要接待港澳台同胞和来华旅游的海外华侨和华人,青旅则主要接待来华的海外青年旅游者。三家旅行社通过在全国各地建立各自的分(支)社,形成了三个相互独立的旅行社系统,并形成了当时中国旅行社行业的寡头垄断局面。据有关资料显示,1980年,国旅、中旅和青旅三大旅行社系统所接待的海外旅游者占当年来华旅游中有组织海外旅游者总人数的80%,基本上垄断了中国的旅游市场。

为了促进我国旅游业的发展,适应旅游市场上出现的旅游需求变化,我国中央政府和旅游行政管理部门在这一时期出台了一系列有利于旅行社行业发展的法规和政策。1984年,国家旅游局决定将旅游外联权下放,授予一些地方的旅行社以业务经营所必需的签证通知权,并允许更多的旅行社经营国际旅游业务。1985年5月11日,国务院颁布《旅行社管理暂行条例》,将全国的旅行社划分为第一类旅行社(简称一类社)、第二类旅行社(简称二类社)和第三类旅行社(简称三类社)三大类型。这三类旅行社分工明确,一类社经营对外招徕并接待外国人、华侨、港澳同胞、台湾同胞来中国、归国或回内地旅游业务;二类社不对外招徕,只经营接待一类社或其他涉外部门组织的外国人、华侨、港澳同胞、台湾同胞来中国、归国或回内地旅游业务;三类社经营中国公民国内旅游业务。

《旅行社管理暂行条例》及相关旅游法规、政策的出台,打破了我国旅行社行业的寡头垄断局面,促进了旅行社行业的发展。经过数年的发展,到1989年,全国共有一类社61家,二类社834家,三类社722家。旅行社行业作为一个相对独立的经济行业的局面已初见端倪。

2. 中国的旅行社行业调整

中国的旅行社行业调整始于20世纪80年代末,至20世纪90年代初结束。在行业初步增长阶段,旅行社行业迅速扩大,在一定程度上缓解了20世纪80年代初我国旅行社接待服务的供给不能满足急剧增长的旅游需求的矛盾,对当时我国旅游市场的发展起到了一定的积极作用。但是,旅行社行业的急剧扩张也引发了旅

---

① 中国旅行社发展现状与发展对策研究课题组. 中国旅行社发展现状与发展对策研究. 北京:旅游教育出版社,2002:103.

游市场混乱、服务质量下降、企业间恶性竞争等严重问题,招致国外的一些旅游中间商和一部分旅游者的抱怨和投诉,对中国旅行社行业在国际旅游市场上的声誉造成不良影响。

与此同时,20世纪80年代末至90年代初的国内外政治、经济等宏观环境因素的变化对1989年当年乃至以后数年的中国旅行社行业产生了一定程度的冲击。1989年,中国接待的入境旅游者比上一年减少了22.7%,旅游外汇收入减少了17.2%(见表1-1)。一方面,旅行社的数量持续增长;另一方面,旅游者的到访人数则开始下降,并由此造成旅行社接待能力超过旅游市场需求的局面,使整个旅行社行业陷入困境,暴露了旅行社经营的风险性和旅游产品的脆弱性的问题。与此同时,全球的旅游市场上兴起了保护旅游者消费权益的潮流,对旅行社的经营方式和产品结构提出了挑战。总之,国内外宏观环境和旅游市场的变化,要求我国的旅行社行业必须进行行业调整。

表1-1 1978~2006年入境旅游人数与旅游收入状况

年份	旅游人数(千人次)	增长率(%)	旅游收入(亿美元)	增长率(%)
1978	1 809	—	2.63	—
1979	4 204	132.39	4.49	70.9
1980	5 703	35.66	6.17	37.3
1981	7 767	36.19	7.85	27.3
1982	7 924	2.02	8.43	7.4
1983	9 477	19.6	9.41	11.6
1984	12 852	35.61	11.31	20.2
1985	17 833	38.76	12.5	10.5
1986	22 819	27.96	15.31	22.5
1987	26 902	17.89	18.62	21.6
1988	31 695	17.82	22.47	20.7
1989	24 501	-22.7	18.6	-17.2
1990	27 462	12.09	22.18	19.2
1991	33 350	21.44	28.45	28.3
1992	38 115	14.29	39.47	38.7
1993	41 527	8.95	46.83	18.7
1994	43 684	5.19	73.23	*
1995	46 387	6.19	87.33	19.25
1996	51 128	10.22	102	16.81

续表

年份	旅游人数(千人次)	增长率(%)	旅游收入(亿美元)	增长率(%)
1997	57 588	12.63	120.74	18.37
1998	63 478	10.23	126.02	4.37
1999	72 796	14.68	140.99	11.88
2000	83 444	14.63	162.24	15.08
2001	89 013	6.67	177.92	9.67
2002	97 908	9.99	203.85	14.57
2003	91 662	-6.38	174.06	-14.61
2004	109 038	18.96	257.39	47.87
2005	120 292	10.32	292.96	13.82
2006	124 942	3.87	339.49	15.88
2007	131873	5.55	419.19	23.5
2008	130027	-1.4	408.43	-2.6
2009	126476	-2.7	396.75	-2.9

＊由于国家外汇管理体制的变化,1994年国际旅游外汇收入统计方法做了相应的改革,采取了与国际接轨的方法,与往年不能做简单对比。

资料来源:作者根据《中国旅游统计年鉴》2010年和中国旅游网(www.cnta.gov.cn)的相关数据整理。

宏观旅游环境的变化、供大于求的旅游市场和旅行社之间残酷竞争的现实,推动我国的旅行社行业进入了行业调整阶段。由于经营困难、管理不善及对行业发展前景悲观等原因,一部分旅行社退出了此行业,使旅行社的总量减少。1991年,全国共有各类旅行社1 561家,比行业调整前的1989年减少了56家,下降幅度为3.5%。在行业调整过程中,有的旅行社经营者选择了退出,更多的旅行社经营者则采取了理性面对和深刻反思的态度。他们认真总结了以往经营管理工作的经验教训,调整企业的组织结构和产品结构,开拓新的旅游客源市场,努力探索走出困境的途径。

经过近5年的不懈努力,我国的旅行社行业终于顺利完成了行业调整,旅行社行业的经营管理水平、接待服务质量和市场开发、产品设计能力均较前一阶段有了明显提高,为即将到来的行业增长阶段奠定了坚实的基础。同时,宏观旅游环境也发生了有利的变化。首先,自1989年起,来自我国台湾地区和前苏联各国的旅游者人数急剧增长,为我国旅行社行业的发展提供了新的客源市场。其次,我国政府采取了一系列的有力措施,为旅行社行业调整产品结构和开拓新的业务经营范围提供了有利条件。1987年,国家首先开放辽东丹东口岸至朝鲜新义州一日游,并相继开放了中朝、中俄、中蒙、中哈、中越、中缅等边境旅游口岸。1990年,国家同意开办我国公民出国探亲旅游。1991年,第一个出国探亲旅游团队成行。自此,出境旅游市场开始形成,旅行社行业不仅获得了更为广阔的客源市场,而且提高了我国在国际旅游合作中的地位和影响力。最后,随着我国国民经济的发展和人民生活水平的提高,国内旅游也出现了大幅度增长的良好势头。1994年,我国国内旅游人数达5.24亿人次,国内旅游收入达1 023.51亿元人民币。至此,我国旅行社的经营范围由最初的单纯接待入境旅游者,发展成为入境、出境和国内旅游三大业务并举的局面,有力地促进了整个行业的发展。截至1994年年底,全国共有各类旅行社4 382家,比1991年增加了2 821家,增长了1.8倍。

3. 中国的旅行社行业增长

经过调整,旅行社行业在20世纪90年代中期迎来了新的发展阶段——行业增长阶段。在这个阶段,我国旅行社行业的宏观经营环境、旅游市场、行业规模和经营效益均发生了显著的变化。

(1)国务院、国家旅游局及相关部门,相继出台了一系列的旅游法规和政策。1996年,国务院颁布了《旅行社管理条例》,调整了我国的旅行社的分类,按照经营的业务范围将旅行社划分为经营入境旅游业务、出境旅游业务和国内旅游业务的国际旅行社和专营国内旅游业务的国内旅行社两大类型。1997年,经国务院批准,国家旅游局和公安部联合发布了《中国公民自费出国旅游管理暂行办法》。1999年,国务院颁布了《导游人员管理条例》。1995~2000年,国家旅游局相继颁布了《旅行社质量保证金暂行规定》、《旅行社质量保证金暂行规定实施细则》、《旅行社管理条例实施细则》、《旅行社质量保证金赔偿暂行办法》、《旅行社质量保证金赔偿试行标准》、《旅行社经理资格认证管理规定》、《旅行社办理旅游意外保险暂行规定》等部门规章。进入21世纪后,为了加强对旅行社行业的管理和对旅游市场环境的治理,国务院作出了关于修改《旅行社管理条例》的决定,并颁布了《中国公民出国旅游管理办法》。国家旅游局也直接或与其他政府部门联合出台了《旅行社投保旅行社责任保险规定》、《出境旅游领队人员管理办法》、《设立外商控股、外商独资旅行社暂行规定》、《导游人员等级考核评定管理办法(试行)》、《大陆居民赴台湾地区旅游管理办法》等规章。这些法规和规章的颁布与实施,为保障旅游者的合法权益,提高旅行社的服务质量和经营管理水平提供了法律依据,也为旅行社的经营和行业发展提供了良好的旅游法治环境。

(2)20世纪90年代中期以来,我国国民经济进入快速发展的阶段,城镇和乡村居民的收入水平明显提高,并产生了强烈的旅游需求。国家实行的双休日制度和较长的节假日使人们拥有了较多的闲暇时间,能够进行较长距离的外出旅游活动。民航部门增加班机和包机,铁路部门数次提速、全国高速公路网的建设以及大量新型旅行客车的生产为人们外出旅行提供了更大的便利。这一切都推动了旅游市场的发展和繁荣,为旅行社的经营提供了大量的客源。

(3) 伴随着旅游宏观环境和旅游市场的改善,旅行社的行业规模日益壮大。到 2007 年年底,全国的旅行社数量上升至 19 720 家,其中,国际旅行社 1 838 家,国内旅行社 17 882 家;直接从业员工 307 977 人,其中,导游人员 101 902 人,领队人员 24 440 人,会计人员 32 347 人,经理人员 80 453 人,其他人员 68 835 人。全国旅行社资产 517.00 亿元人民币,营业收入 1 639.30 亿元人民币,旅游业务收入 1 585.52 亿元人民币,毛利润总额 106.86 亿元人民币,净利润总额 10.81 亿元人民币,旅游业务毛利润 94.59 亿元人民币,实缴税金 10.97 亿元人民币,结汇 13.10 亿美元。中国旅行社行业规模的扩大、从业人员的增加和经营效益的增长,使旅行社的旅游服务供给能够更好地满足国内外旅游市场上日益增长的旅游需求。

第二节 旅行社的性质与行业特点

一、旅行社的性质

(一) 国际官方旅游组织联盟的定义

国际官方旅游组织联盟(IUOTO)分别为旅游经营商(Tour Operator)和旅游代理商(Travel Agent)两大类西方旅行社性质进行定义。其中旅游经营商性质的定义是"一种销售企业,它们在消费者提出要求之前事先准备好旅游活动和度假地,组织旅行交流,预订旅游目的地的各类客房,安排多种游览、娱乐活动,提供整套服务(包价旅游),并事先确定价格及出发和回归日期,即准备好旅游产品,由自己属下的销售处,或由旅行代理商将产品销售给团体或个体消费者"。旅游代理商(社)性质的定义是"服务性企业,它的职能是:①向公众提供有关旅行、住宿条件以及时间、费用和服务项目等信息,并出售产品。②受交通运输、饭店、餐馆及供应商的委托,以合同规定的价格向旅游者出售他们的产品。销售合同(票据等)表明购买者和销售者是两相情愿的,旅行代理商只起中间人的作用。③接受它所代表的供应商的酬劳,代理商按售出旅游产品总金额的一定比例提取佣金"[①]。

(二) 我国《旅行社条例》的定义

2009 年 2 月国务院颁布的《旅行社条例》对我国旅行社的性质作出明确规定:"本条例所称旅行社,是指从事招徕、组织、接待旅游者等活动,为旅游者提供相关旅游服务,开展国内旅游业务、入境旅游业务或者出境旅游业务的企业法人。"

(三) 日本《旅行业法》的定义

日本将旅行社称为"旅行业"。日本《旅行业法》将旅行社规定为"收取报酬经

---

① [瑞士]让-雅克·施瓦茨.旅游市场学研究.北京:旅游教育出版社,1988:70.

营下列事业之一者(专门提供运输服务者除外):

(1)为旅客提供运输或住宿服务,代理签约、媒介或介绍之行为;

(2)代理提供运输或住宿之服务业与旅客签约提供服务或从事媒介之行为;

(3)利用他人经营之运输机构或住宿设备,为旅客提供运输或住宿服务;

(4)附随于前三款行为,为旅客提供运输及住宿以外之旅行有关服务,代理签约、媒介或介绍之行为;

(5)附随于第一款至第三款之行为,代理提供运输及住宿以外有关服务业,为旅客提供服务而代理签约或媒介之行为;

(6)附随于第一款至第三款之行为,引导旅客,代办申领护照及其他手续,以及其他为旅客提供服务之行为;

(7)有关旅行一切之咨询行为;

(8)对于第一款至第六款所列之行为代理签约之行为。"[1]

(四)我国台湾地区《发展观光条例》的定义

我国台湾地区也将旅行社称为"旅行业"。在其《发展观光条例》第二条第八款中,对旅行社的性质作出如下定义:"旅行业是指为旅客代办出国及签证手续,或安排观光旅客旅游、食宿及提供有关服务而收取报酬的事业。"[2]

从以上的表述中可以看出,不同的国家、地区和组织关于旅行社性质定义不尽相同。国际官方旅游组织联盟(IUOTO)的定义主要根据是欧美地区的旅行社,其他国家或地区的定义依据则是该国或该地区的旅行社。但是,通过对各种定义的分析,可以看出,这些定义都包含了一些基本相同的内容,可以看成是国际上对旅行社性质的认同。这些内容主要包括:

1. 旅行社是以营利为目的的企业

旅行社是一个以营利为目的的独立企业法人。世界上多数国家、地区或旅游组织均认为旅行社是具有经营自主权,能够独立承担民事责任的独立经济实体。旅行社依照相关法律,在工商管理部门进行注册登记,进行合法经营。作为企业,旅行社向旅游者或其他需要旅游产品的企业、单位提供旅游服务产品,并获取利润。旅行社也可以通过代销其他旅游企业的产品获得佣金。在经营过程中,旅行社要努力做到自主经营、自负盈亏、自我约束和自我发展。如果旅行社在较长的一段时间内,不能够从它的经营活动中获得一定的利润,则旅行社将无法生存,只能倒闭破产。旅行社的企业性质还决定了它拥有完全的经营权、管理权,在用工、财务等方面拥有充分的自主权。只要旅行社依法经营,照章纳税,任何政府部门及其人员均不得对其经营和管理进行干涉,也不得参与其经济利益

---

[1] 杜江.旅行社经营与管理.天津:南开大学出版社,2001:14.

[2] 同上。

的分配。

2. 旅行社必须以旅游业务作为主要经营业务

无论官方旅游组织联盟还是各国或地区的相关法律法规都明确规定,旅行社的主要经营业务是旅游业务。这是旅行社性质的另一个重要内容。旅行社在相关法律法规所规定的业务范围内,开展宣传促销,组织旅游者,并根据旅游者的要求安排食宿、交通工具、活动日程、提供导游讲解和旅途中的生活照料等项服务。

旅行社的经营业务必须是旅游业务,或者将旅游业务作为其主要的经营业务。这就意味着旅行社在其整个经营过程中,应该将其主要精力和资源用于为旅游者及相关的旅游产品购买者提供各种旅游服务产品,而不是用于其他业务的经营。因此,有关部门在对旅行社进行年终考核时,必须兼顾其企业性质和以旅游业务为主营业务的性质,不仅考核其经营收入、利润、纳税额等经济指标,而且应考核其所招徕或接待的旅游者人数、人天数等指标。这样,才能够全面准确地了解和掌握旅行社的经营状况和经营效果。

二、旅行社的职能

旅行社的最基本职能是设法满足旅游者在旅行和游览方面的各种需要,同时,协助交通、饭店、餐馆、游览景点、娱乐场所和商店等旅游服务供应部门和企业,将其旅游服务产品销售给旅游者。具体地讲,旅行社的职能可分为以下五个方面(见表1-2)。

表1-2 旅行社的基本职能

旅行社基本职能	主要表现形式
生产职能	设计和开发包价旅游产品和组合旅游产品
销售职能	销售包价旅游产品和组合旅游产品;代销单项旅游服务产品
组织协调职能	组织各种旅游活动;协调与各有关部门或企业的关系
分配职能	分配旅游客源和旅游收入
提供信息职能	向有关部门或企业提供旅游市场信息;向旅游者提供旅游目的地、有关部门和企业及其产品的信息

(一)生产职能

旅行社的生产职能是指旅行社设计和开发包价旅游产品及组合旅游产品的功能。旅行社根据其对旅游市场需求的判断或者根据旅游者及其他希望购买旅游产品的企业、单位(如旅游中间商)的要求,设计和开发出各种包价旅游产品和组合旅游产品,并向相关的上游企业或部门购买各种服务,并将这些服务按照产品的设计要求组合成具有不同特色和功能的旅游产品。

从旅行社产品的本质上看,旅行社的产品与制造业企业生产的实物产品是一样的。一方面,旅行社从相关企业或部门采购的各种旅游服务,只是构成某个旅行社产品的"零散部件",是旅行社产品的"生产原料",而非产品本身。这种采购与制造业企业采购原材料的活动是一样的。另一方面,尽管从产品形态上看,旅行社所生产的产品属于服务范畴的无形产品,但这种产品和制造业企业生产的实物产品一样,都具有满足购买者的某种需要的使用功能。因此,旅行社是具有生产职能的。

(二)销售职能

旅行社的第二个基本职能是销售职能。这种职能主要体现在两个方面:①旅行社在旅游市场上向旅游者及其他旅行社产品的需求者销售其设计和生产的包价旅游产品和组合旅游产品;②旅行社充当其他旅游企业(部门)及其他相关企业(部门)与旅游者之间的媒介,向旅游者代售这些企业(部门)的相关产品,如代订客房、交通票据等。这些代办业务构成旅行社的单项旅游服务产品,是旅行社的主要经营业务之一。

与其他旅游企业不同,旅行社的销售职能具有多功能性的特点,即旅行社不仅销售其自身生产的产品(包价旅游产品、组合旅游产品等),而且还代售其他旅游企业及相关的其他企业的产品(代订客房、餐饮、交通票据等)。许多旅游产品正是通过旅行社这个销售渠道进入旅游市场,销售给旅游者及需要旅游产品的其他企业、单位。换言之,旅行社不仅是其自身产品的唯一销售渠道,而且是许多其他旅游企业及相关企业产品的重要销售渠道。由此可见,旅行社的销售职能在满足旅游者需求,拓宽各种旅游产品销售渠道和增加旅行社及其他旅游企业、单位的产品销售量方面发挥着重要的作用。

(三)组织协调职能

组织协调职能是旅行社的第三个基本职能。由于旅行社提供的包价旅游产品、组合旅游产品等不仅包含交通、住宿、餐饮、游览、娱乐、购物等旅游服务产品要素,而且往往还会涉及海关、边防检查、卫生检疫、外事、侨务、公安、交通管理、旅游行政管理等政府机关所提供的公共产品。当购买旅行社产品的旅游者开始消费该产品,即开始其旅游活动后,旅行社要千方百计地确保整个旅游过程能够按照事先同旅游者达成的旅游协议顺利进行,以提高旅游者对旅行社及其产品的满意度。

由于旅行社产品的质量对其他旅游企业及相关企业和部门产品质量的依赖程度很高,所以,旅行社必须协调同有关企业和部门的关系,在确保各方利益的前提下,衔接和落实整个旅游活动过程中的各个环节的事项。另外,旅行社还要经常组织各种大型旅游活动或专业旅游活动,以满足旅游者的需要,这也同样需要旅行社进行大量的组织工作。在许多情况下,旅行社的产品质量和旅游者对旅行社及其产品是否满意,在很大程度上取决于该旅行社的组织协调能力。

(四)分配职能

旅行社在整个旅游行业的产业链中处于下游地位,这意味着它必须向其产业链中处于上游地位的各种旅游企业或部门及相关的企业和部门购买各种"原材料",即构成其包价旅游产品和组合旅游产品的各种旅游要素。旅行社不仅通过采购上游企业和部门的产品而向它们提供旅游者付给旅行社的费用,而且还向它们提供客源,从而使旅游者在那些企业和部门进一步消费,为它们增加新的收入。另外,旅行社代办交通票据、饭店客房、餐饮及其他服务预订的单项旅游服务业务,也是提供这些服务的企业和部门获得收入的一种途径。

然而,由于目前许多地方的旅游服务企业或部门及相关的企业和部门所提供的旅游设施设备水平和服务的质量及价格差别较小,尤其是同档次的旅游设施之间的差别更是微乎其微,从而给出行经验较少的出游者造成一定的选择困难。于是,他们往往求助于旅行社,请旅行社帮助他们选择饭店、餐馆、地方接待旅行社、旅游交通工具,甚至推荐一些游览景点。同时,旅行社在组织包价旅游和组合旅游时,也会根据其对旅游服务设施的了解进行选择。由于旅游服务设施及其他相关的服务设施的供给往往大于旅游市场上的需求,所以,旅行社可以根据旅游者的需要及旅行社的判断进行比较充分和自由的选择。旅行社对旅游服务设施及相关服务设施的选择,必然会引导旅游客源及消费支出的流向。因此,旅行社的选择实际上是对旅游客源和旅游收入的一种分配。这就是旅行社的分配职能,它对于旅行社的上游企业的收入具有重要的影响。换言之,旅行社对旅游客源或旅游收入的分配职能是一种兼顾旅游者、旅行社、相关旅游企业和部门及其他企业和部门各方面利益的基本职能。

(五)提供信息职能

任何旅游企业都具有向旅游者提供产品信息的职能。但是,旅行社作为旅游产业中的一种特殊企业,其提供信息的职能却与其他类型的旅游企业不尽相同。旅行社不仅向旅游者提供有关产品的信息,而且还向其他旅游企业提供旅游者的消费需求信息。换言之,旅行社提供信息的流向是双向的。造成这种特殊的信息流动方式的原因是旅行社产品具有地理上的不可转移性特点。一般来说,旅行社的产品"在进入流通领域后,其本身仍固着于原定的地点方位上,旅游者只能到旅游产品的生产地点进行消费"[①]。

旅行社产品的地理不可转移性特点导致了旅游市场上的双重信息不对称。一方面,位于旅游目的地的住宿、餐饮、交通、景点、商店、娱乐场所等旅游要素的提供者在旅游者到达前,无法直接接触到旅游者,因而无法及时和准确地了解和掌握旅

---

① 李天元. 旅游学概论. 天津:南开大学出版社,2000:166.

游者在旅游需求方面的最新变化；另一方面，旅游者在抵达旅游目的地之前，也无法确切地了解其将要消费的产品。换言之，提供旅游服务的多数旅游企业缺乏旅游需求的准确和全面的信息，而作为旅游服务产品消费者的旅游者又难以获得旅游供给的准确信息。由于旅游市场上信息的双重不对称，既容易造成旅游产品难以适销对路，也可能影响旅游者对旅游服务的满意度，从而成为困扰旅游企业和旅游者的难题。

旅行社的独特地位使其能够成为帮助其他旅游企业和部门及旅游者获得各自所需要的信息，从而解决旅游市场上信息的双重不对称问题。一方面，旅行社作为旅游产品重要的销售渠道，始终处于旅游市场的最前沿，熟知旅游者的需求变化和市场动态，这些信息若能及时提供给各相关部门，会对他们的经营管理起到指导作用，而相关部门经营的改善和服务质量的提高无疑也有利于旅行社自身的发展；另一方面，旅行社作为旅游业重要的销售渠道，应及时、准确、全面地将旅游目的地各相关部门最新的发展和变化情况传递到旅游市场去，以便于并促使旅游者购买。

由此可见，提供信息也是旅行社的一项基本职能。这种职能在沟通旅游需求和旅游供给两方面的信息过程中发挥着重要的作用。

三、旅行社的行业特点

（一）劳动密集性

旅行社行业具有劳动密集性的特点。首先，除了少数大型旅行社之外，绝大多数的旅行社所拥有的固定资产数量和价值均很小。旅行社经营所依赖的主要资源是员工，工资性支出占其全部经营成本支出的比重很大。其次，旅行社行业属于第三产业，是以提供劳务产品为主的服务性企业。旅行社的生产活动主要通过其员工的人工劳动完成，很少使用机器等设备。因而，旅行社对资金的需求量较小，而对劳动力的需求量相对较大。最后，旅行社的主要收入来源是其员工提供的劳务，如导游服务、单项旅游服务项目的代办等。因此，旅行社是典型的劳动密集型企业，劳动密集性是旅行社行业的一个显著特点。

（二）智力密集性

旅行社的主要业务之一是为旅游者提供旅行生活服务和旅游景点导游讲解服务。这是一项复杂的脑力劳动，要求工作人员有广博的知识和较高的文化素质。旅行社的经营成功与否，在很大程度上取决于它所拥有的员工的知识水平和工作能力。因此，无论是旅行社的管理人员、导游人员，还是产品设计人员和旅游服务采购人员，都必须接受过比较系统的专业教育，具有较强的学习能力和知识的运用能力，必须具有较高的旅游专业知识、管理专业知识和文化知识。从事入境旅游和出境旅游业务的旅行社员工，还必须能够熟练地运用至少一门外语。我国的有关法规也对旅行社的管理人员和导游人员的学历提出了明确的要求。事实上,尽管与旅游发达国家相比,我国的旅行社从业人员的受教育程度相对较低,但是却仍然高于我国的多数其他行业从业人员的受教育水平。

(三)季节性

季节性是指旅行社行业在经营中具有比较明显的淡季和旺季。旅行社行业的季节性特点是由旅游市场上的旅游需求的季节性所形成的。造成旅游需求的季节性变化的原因主要是:①旅游目的地的自然气候条件。旅游活动受自然气候条件的影响较大。一般来说,气温适宜的季节有利于吸引大量的休闲旅游者前来观光、度假,而严寒、酷暑等恶劣气候则不利于旅游者的旅游活动。②旅游客源地的休假制度。充足的闲暇时间是旅游活动的前提条件之一。在节假日期间,人们外出旅游的时间成本较小,而在平时,人们外出旅游的时间成本则较大。旅游需求的旺季和淡季就是在以上两个因素的共同作用下产生的。

旅游需求的季节性使旅行社行业的经营活动呈现出明显的淡季和旺季的差异。由于旅行社行业的供给在短期内为刚性,而旅游市场上的旅游需求的弹性却很大,从而导致在旅游旺季时,旅行社受接待能力的限制,面对蜂拥而至的旅游者,却往往只能满足其中一部分人的需求,无法接待更多的旅游者,从而失去了赢得更多收入的机会。相反,到了旅游淡季,随着前来的旅游者人数锐减,又造成旅行社接待能力的闲置和各种旅游资源的浪费。

(四)关联性

旅行社行业是旅游产业链中的下游行业,它与位于同一产业链中的交通行业、住宿行业、餐饮行业等上游行业及其他行业之间存在着一种相互依存、互利互惠的合作关系。这种合作关系导致了旅行社行业的关联性。旅行社行业的经营和发展,与其他旅游行业及相关行业的经营和发展应是均衡和同步的。旅行社行业的发展超越或落后于其他行业,都会使其蒙受损失。因此,旅行社必须在确保自身利益的前提下,与其他旅游行业及相关行业保持密切的合作关系,以保障旅游者的旅游活动在各个环节能够得以顺利衔接与落实。事实上,旅行社行业与其他旅游行业及相关行业之间的关系是一种互补性关系,而非竞争性关系。

(五)脆弱性

旅行社行业受旅游需求和旅游供给两个方面的影响和制约,具有比较明显的脆弱性特点。其主要表现在:①由于旅行社的产品具有较大的替代性和需求弹性,所以,多数旅行社产品价格的涨落或质量的升降都可能造成旅游客源和经营效果的大起大落。②外部环境对旅游者的消费行为具有显著的影响。例如,国际政治气候与国家间关系的变化,经济的繁荣与萧条,物价与汇率的升降,战争、灾害、恐怖活动等不安全因素的发生,都可能导致旅游客源市场的需求产生迅速而明显的上升或下降,或者造成大量旅游者从某个旅游目的地转移到其他旅游目的地,从而给旅行社的经营带来意想不到的影响。③旅行社产品的生产和销售受其上游企业的供给状况的影响较大。一旦上游企业对旅行社的供给发生变化,就可能导致旅行社产品的成本和价格产生剧烈的变动,从而造成旅行社经营上的不确定性,并影响旅行社的经营效果及其在旅游市场上的形象与信誉。

(六)服务性

在旅行社行业中,服务劳动起着主体的作用。旅行社通过其导游员、门市接待员、旅游服务采购人员等的服务劳动向旅游者提供旅游过程中所需的各种旅游服务。旅行社提供给旅游者的服务既包括直接服务,也包括间接服务。直接服务是指旅行社的导游员面对面地向旅游者提供旅行生活服务和导游讲解服务。间接服务则指旅行社的采购人员提供的各种单项旅游服务代办、旅行社行李员提供的行李运送服务等。

旅行社行业的服务性特点,要求旅行社必须坚持服务的规范和标准,制定和实施规范化的服务规程,以保证其服务内容和程序的确定性、一贯性,并符合国家及行业的相关质量标准。同时,旅行社还应该在规范化服务的基础上,提供个性化的服务,以便更好地满足不同旅游者的个性化需求。因此,旅行社应该培训并鼓励员工做好适合旅游者需要的超常规服务。

第三节 旅行社的类型及其基本业务

一、旅行社的类型

(一)中国的旅行社类型

1. 内资旅行社

根据《旅行社条例》的规定,我国的内资旅行社分为经营入境旅游业务和国内旅游业务的旅行社和经营国内旅游业务、入境旅游业务和出境旅游业务的旅行社。

《旅行社条例》第八条规定:"旅行社取得经营许可满两年,且未因侵害旅游者合法权益受到行政机关罚款以上处罚的,可以申请经营出境旅游业务。"

2. 外商投资旅行社

《旅行社条例》第二十一条规定,外商投资旅行社,包括中外合资经营旅行社、中外合作经营旅行社和外资旅行社。该条例的第二十三条规定:"外商投资旅行社不得经营中国内地居民出国旅游业务以及赴香港特别行政区、澳门特别行政区和台湾地区旅游的业务,但是国务院决定或者我国签署的自由贸易协定和内地与香港、澳门关于建立更紧密经贸关系的安排另有规定的除外。"

(二)欧美国家的旅行社类型

欧美国家的旅行社采用垂直式的分工体系,即不同类型的旅行社分为上游企业和下游企业,它们的经营活动在时间上先后承接,所经营的业务具有较强的互补性。欧美国家的旅行社一般分为旅游经营商和旅游代理商两大类型。

1. 旅游经营商

旅游经营商(Tour Operator)是指既通过其自身的零售机构从事旅游产品的销售,也通过其他旅游代理商向公众销售其设计或组装的旅游产品的旅行社。

相对于旅游代理商,旅游经营商属于上游企业,它们通过对旅游者和潜在旅游者的旅游需求、消费偏好、消费水平等的调查,推测出旅游市场对旅游产品的需求趋势,并据此设计和组装出各种包价旅游产品。旅游经营商一般通过旅游代理商向旅游者销售其产品,有时也直接向旅游者进行销售。

2. 旅游代理商

旅游代理商(Travel Agent)又称旅游零售商,是旅游经营商的下游企业。它们通过向旅游者销售由旅游经营商生产的各种旅游产品获得销售佣金。佣金是旅游代理商的主要收入来源。

(三)日本的旅行社类型

日本的旅行社行业由经营各种旅游业务的旅行社、专门经营国内旅游业务的旅行社和只经营旅游代理业务的旅行社所构成。这种分工体系兼有水平式分工和垂直式分工的特点,是一种混合式的分工体系。根据1996年4月1日实施的《旅行业法》,日本以是否从事主催旅行业务[①]为主要标准,将旅行社行业划分为第Ⅰ种旅行业、第Ⅱ种旅行业和第Ⅲ种旅行业三个类型。其中,第Ⅰ种旅行业可以实施海外和国内主催旅行业务;第Ⅱ种旅行业只能从事国内主催旅行业务;第Ⅲ种旅行业作为前两种旅行业的零售代理店,不从事主催旅行业务。

二、旅行社的基本业务范围

(一)产品设计与开发业务

按照旅行社业务操作流程,其第一项基本业务是产品开发。旅行社的产品开发业务包括产品设计、产品试产与试销、产品投放市场和产品效果检查评估四项内容。首先,旅行社在市场调查的基础上,根据对旅游市场需求的分析和预测,结合本旅行社的业务特点、经营实力及各种旅游服务供应的状况,设计出各种能够对旅游者产生较强吸引力的产品。其次,旅行社将设计出来的产品进行小批量的试产和试销,以考察产品的质量和旅游者对其喜爱的程度。第三,当产品试销成功后,旅行社便应将产品批量投放市场,以便扩大销路,加速产品投资的回收,赚取经营

---

① 根据日本《旅行业法》的界定,主催旅行是指"旅行业者事先确定旅游目的地及日程、旅游者能够获得的运送及住宿服务内容、旅游者应对旅行业者支付的代价等有关事项的旅游计划,通过广告或其他方法募集旅游者而实施的旅行。"换言之,日本的主催旅行业务相当于其他国家的包价旅游业务。

利润。最后,旅行社应定期对投放市场的各种产品进行检查和评价,并根据检查与评价的结果对产品作出相应的完善和改进。

(二)旅游服务采购业务

旅行社的第二项基本业务是旅游服务采购。旅游服务采购业务是指旅行社为了生产旅游产品而向有关旅游服务供应部门或企业购买各种旅游服务项目的业务活动。旅行社的采购业务主要涉及交通、住宿、餐饮、景点游览、娱乐和保险等部门。另外,组团旅行社还需要向旅游线路沿途的各地接待旅行社采购接待服务。

(三)产品销售业务

旅行社产品销售业务是旅行社的第三项基本业务,包括制定产品销售战略、选择产品销售渠道、制定产品销售价格和开展旅游促销四项内容。首先,旅行社应对其所处的外部环境和企业内部条件进行认真分析,确定企业所面临的机会和挑战,并发现企业所拥有的优势及存在的弱点。在此基础上,旅行社制定其产品销售策略。其次,旅行社根据所制定的产品销售策略和确定的目标市场选择适当的产品销售渠道。第三,旅行社根据产品成本、市场需求、竞争者状况等因素制定产品的价格。最后,旅行社根据其经营实力和目标市场确定和实施旅行社的促销策略并选择适当的促销手段以便将旅行社产品的信息传递到客源市场,激发旅游者的购买欲望,推销出更多的产品。

(四)团体旅游接待业务

团体旅游接待业务是旅行社的第四项基本业务。旅行社通过向旅游团队提供接待服务,最终实现包价旅游的生产与销售。团体旅游接待业务由生活接待服务和导游讲解服务构成。

(五)单项旅游服务业务

单项旅游服务业务包括代订客房、代订交通票据、代订文娱票、提供导游服务、代租汽车、代订餐位、提供接送站服务、组织散客参加组合旅游活动、为旅游者提供一日游等选择性旅游服务等。随着公众旅游经验的不断丰富和自助旅游意识及能力的提高,提供单项旅游服务业务正在成为旅行社一种重要的经营业务收入来源。

(六)旅游咨询业务

旅行社通过报刊、电视、电话、互联网、门市部接待人员等渠道向公众提供各种旅游咨询服务。虽然这种咨询服务是免费的,但却是旅行社的一项重要业务。旅游咨询业务能够使公众更加了解旅行社的各种产品内容、价格、购买途径等信息,从而可能成为旅行社产品的购买者和消费者,为旅行社带来宝贵的旅游客源。

(七)差旅管理业务

随着信息技术的迅速发展和经济全球化大潮的到来,越来越多的企业需要专业化旅行企业为其制订差旅计划和管理差旅活动,从而形成了潜力巨大的商务旅行和公务旅行市场。针对这一新的市场需求,国外的一些旅行社积极开发各种差旅计划与管理产品,获得了可观的经济效益和市场份额。目前,我国的一些旅行社也在积极开发差旅计划与管理产品,使其成为一项重要的经营业务。

思考与练习

1. 旅行社具有哪些基本职能?
2. 旅行社产生的历史背景是什么?
3. 旅行社有哪些基本类型?

自测题

1. 旅行社最早出现于(　　)。
   A. 19 世纪 30 年代　　　　B. 19 世纪 40 年代
   C. 20 世纪 20 年代　　　　D. 20 世纪 50 年代
2. 旅行社的性质表明它是(　　)。
   A. 以营利为目的的企业　　B. 以接待为目的的公司
   C. 以销售为目的的单位　　D. 以旅游为目的的企业
3. 旅行社最基本的活动是(　　)。
   A. 经营活动　　　　　　　B. 接待活动
   C. 销售活动　　　　　　　D. 业务活动

第二章

旅行社的设立

篇首案例　飞翔旅行社成立的前后

2002年3月,天津市飞翔咨询服务公司的领导层根据当前旅游业迅速发展的现实和良好前景,决定成立一家以国内旅游者为主要市场,以中近程旅游和团体旅游为主要业务的国内旅行社。由于公司的管理层中没有人从事过旅行社的经营和管理工作,不熟悉旅行社申请设立的程序和相关手续。因此,他们决定公开招聘一名熟悉旅行社业务的人担任拟成立的旅行社的总经理,并委托他全权办理旅行社的筹备和设立事宜。

2002年4月,刘晓龙偶然在阅读报纸时,发现了飞翔咨询服务公司的招聘广告,并决定前往应聘。由于刘晓龙曾经在其他的旅行社担任过导游员和部门经理工作,比较熟悉旅行社的业务和管理,所以,在经过了面试后,公司的管理层决定聘请刘晓龙担任拟成立的旅行社总经理。刘晓龙上任后,立即着手进行旅行社的申办工作,并于当年10月初申办成功。刘晓龙在申办期间,主要做了以下几项工作。

(1) 选择营业场所

具有丰富的旅行社工作经验的刘晓龙深知,旅行社营业场所的选择,对于旅行社业务的顺利开展具有重要的影响,绝不可掉以轻心。因此,他首先带领新招聘的助手小张选择适当的经营地点。他们先后对天津市区内的8个地点进行考察,最后选择了靠近商业区的一间门脸房。该房的室内面积为35m^2,位于交通干线上,坐落在十字路口面向车流和人流的街角,附近没有高大的建筑物遮挡,作为旅行社的营业场所比较合适。确定后,刘晓龙立即同盖房的业主进行租赁谈判。经过近1个月的艰苦谈判,双方最终达成了为期3年的租赁合同。

(2) 购置营业设施

营业场所确定后,刘晓龙便开始购置营业设施。首先,他来到号称"科技一条街"的天津市南开区鞍山西道,先后到赛博、百脑汇、天大天财、国美电器等办公设备商场选购了1部传真机、3台微型计算机和1台笔记本电脑,又到苏宁电器城购买了1台复印机。然后,他又到南开区电信电话局申请了2部直线电话。最后,他来到坐落在河西区黑牛城道上的红星·美凯龙家具城为旅行社购置了办公桌椅，到新中国文化用品商店购买了一些文具。这样，旅行社开办初期所需的营业设施已经准备就绪。

（3）招聘业务人员和导游员

在营业场所和营业设施基本就绪后，刘晓龙开始着手招聘业务人员和导游员。一方面，他在当地报纸上刊登广告，公开招聘熟悉旅行社业务的业务人员和会计人员；另一方面，他与天津市导游服务中心联系，请求帮助推荐导游员。经过一段时间的招聘和筛选，刘晓龙雇用了2名业务人员、1名具有助理会计师资格的专职财会人员和3名持有导游资格证的导游员。

（4）办理验资手续

刘晓龙责成新招聘的财会人员小李到会计师事务所办理验资手续。首先，由飞翔咨询服务公司将人民币30万元汇入会计师事务所指定的银行账户上。其次，由会计师事务所进行验资。最后，在接到会计师事务所的通知后，缴纳验资的费用，并领取验资证明。

（5）办理申办手续

与此同时，按照《旅行社管理条例》的相关规定，刘晓龙积极准备申办材料。准备就绪后，他携带着填写好的旅行社设立申请书、可行性研究报告、旅行社章程、验资证明、营业场所的租赁协议、购买营业设施设备的各种发票等材料及缴纳旅行社质量保证金的承诺书，于2002年7月中旬来到天津市旅游局，申请营业许可。8月中旬，天津市旅游局质量规范与管理处通知他，到天津市旅游局领取《旅行社业务经营许可证》。领到营业许可证后，刘晓龙又来到南开区工商行政管理局办理注册登记，领取了《营业执照》。9月中旬，刘晓龙委托其财会人员小李到南开区地方税务局办理了开业税务登记，申请税务执照。在完成税务登记后，刘晓龙派其办公室人员小赵到刻字店依据营业执照刻制了旅行社的公章，委托财会人员小李在银行开立了账户。2002年10月18日，飞翔旅行社正式挂牌成立。

资料来源：梁智．旅行社运行与管理．第三版．大连：东北财经大学出版社，2006．

第一节　旅行社设立的条件与职业要求

一、旅行社设立的条件

（一）营业场所

为了经营旅游业务，旅行社必须拥有与其旅游业务规模相适应的固定营业场所。所谓"固定营业场所"，是指在较长的一段时间里能为旅行社所拥有或使用，而不是短期内频繁变动的营业场所。旅行社营业场所既可以是旅行社自己拥有的建筑物,也可以是旅行社从其他单位租用的营业用房。不同的旅行社可根据自己经营范围的不同、业务量的大小选择足够自己正常营业的用房。

(二)营业设施

《旅行社条例》规定,设立旅行社须具备必要的营业设施。一般来说,为了保证企业的正常经营,旅行社必须拥有传真机、直线电话机、电子计算机等办公设备。这些办公设备是旅行社开展旅游业务经营活动所必需的基本条件,没有这些现代化办公设备,旅行社难以在竞争日益激烈的市场条件下生存下去。

(三)注册资本

《旅行社条例》规定,旅行社应有不少于30万元的注册资本。

(四)质量保证金

旅行社应当自取得旅行社业务经营许可证之日起3个工作日内,在国务院旅游行政主管部门指定的银行开设专门的质量保证金账户,存入质量保证金,或者向作出许可的旅游行政管理部门提交依法取得的担保额度不低于相应质量保证金数额的银行担保。

经营国内旅游业务和入境旅游业务的旅行社,应当存入质量保证金20万元;经营出境旅游业务的旅行社,应当增存质量保证金120万元。

旅行社每设立一个经营国内旅游业务和入境旅游业务的分社,应当向其质量保证金账户增存5万元;每设立一个经营出境旅游业务的分社,应当向其质量保证金账户增存30万元。

质量保证金的利息属于旅行社所有。

二、旅行社的职业要求

(一)从业动机

旅行社的管理人员不同于普通的员工,他们是企业经营活动的组织者和管理者。他们对待旅行社的态度将对整个企业的发展产生举足轻重的影响。因此,他们必须具有正确的从业动机。由于人们的行动总是由一定的动机引发并指向一定目的的,所以,从业动机的正确与否,往往影响着旅行社管理人员对企业经营成果和发展方向的态度。旅行社的管理人员必须端正其从业动机,热爱旅游事业和乐于为广大的旅游者提供质量高、价格公平、数量充足的旅游服务产品,并通过对旅行社经营的理性决策,凭借高质量的专业化服务和有效的经营管理,追求企业长期的最大利润,并在此基础上,促进旅行社的发展和壮大。

(二)知识结构

旅行社的经理人员应具有与其职务及所担负的经营管理责任相适应的知识结构,以便能够胜任管理岗位对其的要求。由于旅行社的经营业务涉及许多领域,所以,其管理人员必须具有相对于其他旅游企业管理者更加广泛和更高层次的知识结构。旅行社的管理人员不仅应具有广博的旅游业务经营和企业管理知识,还应具有相当丰富的旅游知识及相关的文化知识。他们应该不仅熟悉国家的宪法、经济法、民法等法律法规知识,还应该熟悉并掌握国家有关旅游发展的法规和政策。此外,他们还应该具有较高的旅游学、经济学、市场学、心理学、管理学等知识,并拥有丰富的旅游常识和历史、地理及主要客源国(地区)的民俗风情知识。

(三)工作能力

1. 决策能力

旅行社经营管理的过程,实际上就是不断决策的过程。旅行社管理人员是否具有较强的科学决策能力,他们所作出的经营管理决策是否符合旅行社和旅游市场的实际,直接影响到旅行社的经营效果、管理效率和发展前景。因此,旅行社的管理人员必须以科学的管理理论为指导,运用科学的决策方法和民主的决策程序,作出符合旅游市场的客观实际和具有旅行社经营管理特点的科学决策。他们既要善于就产品设计与开发、旅游团队接待、旅游售后服务等日常经营管理问题作出战术性决策,更要善于就旅行社的经营目标、经营战略、市场选择、人事安排、资本运作等涉及全局性的重大问题作出战略性决策。换言之,旅行社的管理人员的科学决策能力,是必须具备的最重要的工作能力,也是旅行社的正常运转和良性发展的重要保障。

2. 业务开拓能力

旅行社行业市场竞争激烈,不仅其经营与发展受宏观环境和行业环境的影响极大,而且其所面对的市场需求也在不断地变化。因此,旅行社的管理人员必须具有较强的业务开拓能力,经常地推陈出新,通过开拓新的市场和生产新的产品来赢得市场,以维持和提高企业的核心竞争能力,保证在日趋激烈的市场竞争中立于不败之地。

3. 应变能力

旅行社的经营受外界不确定因素的影响较大,如旅游者取消预订、旅游供应商违约、自然灾害等不可抗力事件的发生等,均会导致旅行社无法完全履行其与旅游者或者其他客户之间所签订的旅游合同,所制订的旅游计划也经常因各种客观原因而被迫变更。因此,旅行社的管理人员必须善于应变,要指导工作人员妥善处理经营业务中的种种突发事件,以最大限度地满足旅游者的要求,维护旅游者和旅行社的合法权益,赢得旅游者的信任和青睐,提高旅行社在旅游市场上的声誉。

4. 交际能力

旅行社的基本职能之一是组织协调职能。旅行社的管理人员不仅要像其他企业的管理者那样,必须协调好企业内部的各种人际关系,而且还必须妥善地协调好与其他旅游企业和部门及相关的企业和部门的关系。另外,旅行社的管理人员还必须处理好与旅游者的关系。因此,旅行社的管理人员必须能够理解与之打交道的各种类型的人,同他们保持良好的工作关系和个人关系,进行成功的合作。

(四) 身心条件

旅行社的管理人员应当具有良好的心理品质和健康的身体。心理品质包括工作热情、耐心、自信、乐观的态度和自我控制能力。旅行社管理人员对工作的热情会直接感染其周围的人们,从而使旅行社的工作人员更加热爱自己所从事的事业;旅行社的管理人员有无耐心和信心,将直接导致成功或失败两种截然不同的结果;乐观的态度对于像旅行社这样充满变化、业务淡旺季反差巨大的行业来说是必不可少的;而自控能力是旅行社管理人员成功地指挥和激励下属的前提。健康的身体则是旅行社业务特点的直接要求。

(五) 从业经验

旅行社的管理人员不仅需要具备较高的管理理论水平,还必须拥有比较丰富的旅行社的经营管理经验。一般来说,旅行社高层管理人员应该至少在旅游接待、产品设计与开发、产品销售及旅游服务采购等主要业务部门中的任何一个部门从事过一定时间的专业工作和管理工作,并积累了一定的实际业务操作和管理经验。他们应该熟悉旅行社的旅游接待与导游服务、产品设计与开发、产品价格的制定与产品的销售、旅游服务采购等方面的业务流程,熟悉旅行社各部门和岗位的质量标准。这样,他们才能够得心应手地管理整个旅行社的经营与市场开发活动。

第二节 旅行社的设立程序

一、普通旅行社的申办程序

(一) 申请设立旅行社

经营国内旅游业务和入境旅游业务的,应当向所在地省、自治区、直辖市旅游行政管理部门或者其委托的设区的市级旅游行政管理部门提出申请,并提交经营场所、营业设施、注册资本的相关证明文件。受理申请的旅游行政管理部门应当自受理申请之日起20个工作日内作出许可或者不予许可的决定。予以许可的,向申请人颁发旅行社业务经营许可证,申请人持旅行社业务经营许可证向工商行政管理部门办理设立登记;不予许可的,书面通知申请人并说明理由。

(二) 申请经营出境旅游业务

旅行社取得经营许可满两年,且未因侵害旅游者合法权益受到行政机关罚款以上处罚的,可以申请经营出境旅游业务。

旅行社申请经营出境旅游业务,应当向国务院旅游行政主管部门或者其委托的省、自治区、直辖市旅游行政管理部门提出申请,受理申请的旅游行政管理部门应当自受理申请之日起20个工作日内作出许可或者不予许可的决定。予以许可的,为申请人换发旅行社业务经营许可证,旅行社应当持换发的旅行社业务经营许可证到工商行政管理部门办理变更登记;不予许可的,书面通知申请人并说明理由。

(三)申请设立分社

旅行社设立分社的,应当持旅行社业务经营许可证副本向分社所在地的工商行政管理部门办理设立登记,并自设立登记之日起3个工作日内向分社所在地的旅游行政管理部门备案。

旅行社分社的设立不受地域限制。分社的经营范围不得超出设立分社的旅行社的经营范围。

(四)申请设立服务网点

旅行社设立专门招徕旅游者、提供旅游咨询的服务网点(以下简称旅行社服务网点)应当依法向工商行政管理部门办理设立登记手续,并向所在地的旅游行政管理部门备案。

旅行社服务网点应当接受旅行社的统一管理,不得从事招徕、咨询以外的活动。

(五)其他事项的申请

旅行社变更名称、经营场所、法定代表人等登记事项或者终止经营的,应当到工商行政管理部门办理相应的变更登记或者注销登记,并在登记办理完毕之日起10个工作日内,向原许可的旅游行政管理部门备案,换领或者交回旅行社业务经营许可证。

二、外商投资旅行社的申办程序

设立外商投资旅行社,由投资者向国务院旅游行政主管部门提出申请,并提交符合本条例第六条规定条件的相关证明文件。国务院旅游行政主管部门应当自受理申请之日起30个工作日内审查完毕。同意设立的,出具外商投资旅行社业务许可审定意见书;不同意设立的,书面通知申请人并说明理由。

申请人持外商投资旅行社业务许可审定意见书、章程、合资、合作双方签订的合同向国务院商务主管部门提出设立外商投资企业的申请。国务院商务主管部门应当依照有关法律、法规的规定,作出批准或者不予批准的决定。予以批准的,颁发外商投资企业批准证书,并通知申请人向国务院旅游行政主管部门领取旅行社业务经营许可证,申请人持旅行社业务经营许可证和外商投资企业批准证书向工商行政管理部门办理设立登记;不予批准的,书面通知申请人并说明理由。

第三节　旅行社的企业形式与组织机构

一、旅行社的企业形式

（一）股份有限制

股份有限制，是指旅行社通过把全部资本划分为等额股份，并以股票的形式上市自由交易的一种企业形式。这是我国《公司法》所规定的基本企业形式之一。旅行社的股东可以是自然人，也可以是法人，数目不限。股东入股的资产，以货币为主，但也有以实物、知识产权等作价的。股东一旦认购了股票，就不能向旅行社退股。但可以通过股票市场出售股票。未上市旅行社的股票原则上可以在企业内部有规则地进行交易。

股份有限制旅行社既可以采用发起设立的方式，通过认购旅行社应发行的全部股份方式来建立企业，也可以采取募集设立的方式，通过认购旅行社应发行股份的一部分，并向社会公开募集其余部分的方式设立企业。由于股份有限制旅行社可以大规模地向社会筹集资金，所以，它们拥有较强的筹资能力，这是股份有限制旅行社所具有的重要优势之一。

旅行社的价值形态资产为股东所有，而实物形态资产为产权运行的行为主体所有，即实置于旅行社。旅行社资产的委托代理关系为股东→董事会→总经理。旅行社对股东担负有限责任，法人（法人代表）的责、权、利等全部到位，经营管理上实现了独立自主。另外，上市的旅行社，必须按法定规则向社会公众公开披露财务状况。

在旅行社的股权和法人财产权之间，存在着较高程度的分离，股权在个人（自然人和法人）之间是可分的、不重合的，而企业的法人财产权是不可分的运作整体。这样可以降低社会成本，而且行为主体的自我干预较为有效。

旅行社实行董事会领导下的总经理负责制，由董事会选择聘任总经理，而职工成为旅行社聘用的工作人员。总经理通过董事会对全体股东负资本经营的有限责任，并对聘用的所有员工的劳动、管理和各类报酬负责。

股份有限制旅行社也存在着一些不利因素，如企业创办和歇业的程序比较复杂，股东和法人代表间的协调有不少矛盾，企业的业务、财务秘密较难保守等。

（二）有限责任制

有限责任制，是指旅行社不通过发行股票，而由为数不多的股东集资组成的一种企业形式。有限责任制与股份有限制，成为我国的两种基本企业形式。

根据《公司法》的规定，实行有限责任制的旅行社由2个以上50个以下股东共同出资设立，股东入股的资产可以是货币，也可以是实物、土地使用权作价、知识产权及其他无形资产。有限责任制旅行社的资产委托代理关系与股份有限制旅行社一样,为股东→董事会→总经理。但是,与股份有限制旅行社不同的是,有限责任制旅行社无须将资本划分为等额的股份,也不发行股票。

股东确定出资金额并交付后,即由旅行社出具股权证明,作为股东在旅行社中应享有权益的凭证。股东以其出资额为限对旅行社承担责任,并按照出资比例分取红利,旅行社则以其全部资产对企业的债务承担责任。

有限责任制对股权的限制比较严格。旅行社经工商部门登记后,股东就不得抽回出资,股权证明亦不能自由买卖。股东之间可以相互转让其全部股权或者部分股权。如股东欲将其股权转让给非社内股东,须经全体股东的过半数同意。不同意转让的股东应当购买该欲转让的股权。如果社内股东不购买该转让的股权,则视为同意转让。另外,旅行社新增资本时,股东可以优先认购股权。

有限责任制旅行社的股权和法人财产权的分离程度比较低,其成立、歇业、解散的程序和管理机构也比较简单。旅行社的章程由股东共同制定,董事会成员和高层经理人员往往具有股东身份,并多由大股东亲自实施旅行社的经营和管理。旅行社不必向社会公开其财务状况,但股东有权查阅股东会的会议记录和旅行社的财务会议报告。

然而,由于有限责任制旅行社不能像股份有限制旅行社那样公开向社会募集资金,使其筹集资金的渠道和能力均受到一定的限制,从而可能限制其企业规模和发展速度。这是有限责任制的不利之处。

(三) 股份合作制

股份合作制,是指全部资产归股份持有者所有,同时股权持有者具有股东和员工双重身份的一种旅行社企业形式。股份合作制旅行社不发行股票,一般也不开具股权证明,其财产关系由合同规定。旅行社的资产表现为价值形态和实物形态,产权的构成要素较为统一,其资产的委托代理关系十分简单,为股权持有者→总经理。总经理由股份持有者选聘或自任,职工则由旅行社招聘。

由于股权持有者具有双重身份,所以他们的收益由工资和分红两部分构成。股份合作制旅行社的产权规模一般较小,从业人员也较少,便于管理。但是,它们筹集资金的能力十分有限,抗风险能力也较弱,在激烈的旅行社行业竞争环境中往往处境艰难。

(四) 国家独资制

国家独资制的旅行社,是指全部资产为国家或全民所有的一种企业形式,亦称为全民所有制旅行社。国家独资制旅行社的资产实置于国家部、局、委、办和各省、市、自治区政府部门,其资产的委托代理关系为全民→全国人民代表大会→国家各部门→旅行社领导集体→总经理。国家独资制旅行社不存在股权、股份、股票。不设董事会,总经理由主管部门任命。职工为国家聘用的工作人员。

国家独资制旅行社一般为我国经营历史较长、企业规模较大的旅行社或旅行社集团,在企业规模、资金、人才、市场份额、管理经验、发展的潜力等方面拥有巨大的优势。

但是,由于我国的多数国家独资制旅行社成立于计划经济时代,产权结构和管理体制中存在着较浓厚的计划经济色彩,使其在目前的市场经济环境中面临着严重的挑战。国家独资制旅行社存在的弱点主要是:①企业产权在个人之间完全不可分,产权活动的全部成本不是由某个人来承担,因而每个人在旅行社的经营中就可能产生机会主义倾向,并导致对旅行社资产使用的"拥挤"现象;②产权的全体所有者均能分享集体的劳动成果,在旅行社资产不断增值的情况下,容易造成"搭便车""少劳多获""不劳而获"等问题;③旅行社的所有权和经营权分离后,"经营权"中所含有的使用权、收益权、转让权等一般来说是不完全的。因此,国家独资制旅行社必须加大改革的力度,克服计划经济时代所形成的弊端,使其能够在市场经济体制下顺利发展。

(五)中外合资制

中外合资制旅行社实际上是吸收了境外资本的股份有限制或责任有限制旅行社,其产权形态及特点与股份有限、有限责任旅行社相同。目前,我国的中外合资制旅行社主要分布在一些旅游业较发达地区,如北京、广东、云南等省、市,且数量较少。但是,在我国已经加入世界贸易组织(WTO)的新形势下,此类旅行社的数量将会进一步增加,中外合资制旅行社将会成为我国旅行社行业中的一种重要企业形式。

二、旅行社的组织机构

(一)按照职能划分部门

按照职能划分部门的旅行社组织结构模式,称为直线制组织结构模式,是目前我国大部分旅行社采用的组织结构模式(如图 2-1 所示)。这种组织结构模式的基本特征是权力高度集中统一,上下级之间实行单线从属管理,总经理拥有全部权限,尤其是经营决策与指挥权。在这种组织机构中,旅行社的业务部门和管理部门按照内部生产过程划分和设立,其中业务部门包括产品设计与开发、产品销售、旅游团体接待部门、散客旅游和旅游服务采购等部门。这些业务部门被称做"一线部门",负责旅行社的经营活动;管理部门则涉及办公室、财务管理、人力资源开发等部门。由于各地旅行社发展进程不一,业务范围也不尽相同,所以按照职能划分的部门组织结构、部门的名称和所起的作用会略有差异,但是,旅行社设立的主要业务部门和管理部门却基本一致。

按照职能划分部门的组织结构模式具有许多优点:①部门之间分工明确。在这种组织机构里,每一个部门都有明确的业务和工作,每一位员工都对他所承担的

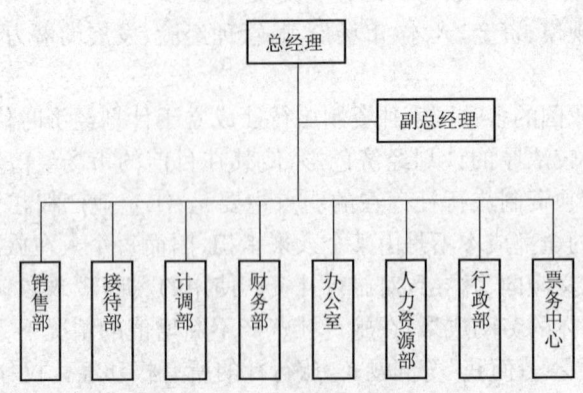

图2-1 国内常见的直线制组织结构

资料来源:梁智. 旅行社运行与管理. 大连:东北财经大学出版社,1999.

任务有明确的了解。由于分工明确,部门内部和部门之间相互推诿扯皮的现象减少了,有利于提高工作效率。②组织结构稳定。按照职能划分的组织结构具有高度的稳定性,不同部门之间的人员流动较少,有利于员工长期钻研某项业务,从而使他们能够成为该项业务的专家。③符合专业化协作原则。在按照职能划分的组织结构里,每一个部门和岗位都配备具有该部门或岗位所需专业知识和专业特长的员工,能够充分发挥这些专业人员的知识和才能,能够有效地使用旅行社所拥有的各种人力资源。④提高管理者的权威。在按照职能划分的组织结构里,实行上下级单线领导的管理方式,旅行社的经营决策权和管理决策权高度集中于旅行社的最高管理层,他们对旅行社经营的最终结果全权负责。提高管理者的权威,更加能够保证旅行社制定的各种经营和管理决策得到充分的贯彻执行。⑤提高工作效率。按照职能划分部门,把复杂的旅行社业务分解成简单的重复性工作,从而使每一位员工都能够在较短的时间里成为所在岗位上的专家。由于员工们对本岗位的业务熟悉,所以在实际工作中能够最大限度地减少犯错误的机会,从而能够确保工作质量,提高工作效率。

根据职能划分部门也有不足之处,主要表现在:①旅行社实现整体目标的能力被削弱。不同职能部门的员工长期在某个部门工作,固化了自己的行为模式,易于产生偏见。他们往往乐于从本位出发考虑问题,难以明了旅行社整体的任务,不知其本身工作与整体任务的关系,从而形成本位主义,以致影响旅行社整体目标的实现。②各个职能部门之间协作困难。在按照职能划分部门的组织结构里,容易造成各部门的经理从本部门的利益出发,认为只有其本位职能才是最重要的职能,把自己所在部门的利益看得"至高无上",会忽视其他部门的利益,甚至于会损害整个企业的利益,致使旅行社内部冲突增加,难以协调。③组织结构缺乏弹性。按照职能划分部门的组织结构不够灵活,难以及时调整其部门结构以适应瞬息万变的市场,因而,只能使其员工将其已做的工作做得较前略佳,而难以激发其员工接受新观念与新的工作方式。

(二)按照地区或语种划分部门

按照地区或语种划分部门的组织结构,又称事业部制组织结构,是指将旅行社划分成与各个细分市场相关的部门(如图2-2、图2-3)。它是旅行社内对于具有独立的产品和市场、独立的责任和利益的部门实行分权管理的一种组织形态。在这种组织结构中,旅行社把政策制定与行政管理分开,实行政策管制集权化和业务营运分权化。旅行社的最高管理层是最高决策管理机构,以实行长期计划为最重大的任务,集中力量来研究和制定企业的总目标、总方针、总计划以及各项政策。旅行社的各个部门则具有外联、计调和接待功能,在不违背总目标、总方针、总计划的前提下,自行处理各项业务经营活动,成为日常经营活动的中心。

为了使旅行社保持完整性,避免使高层领导"大权旁落",并保证事业部不至于

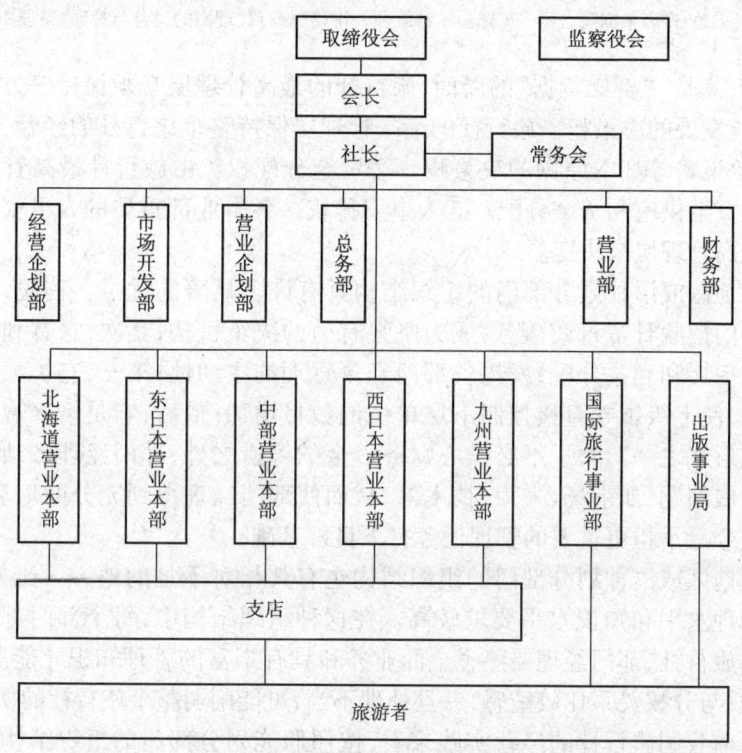

图2-2 国外旅游批发商的组织结构(日本交通公社JTB)

资料来源:http://www.jtb.com,2003.

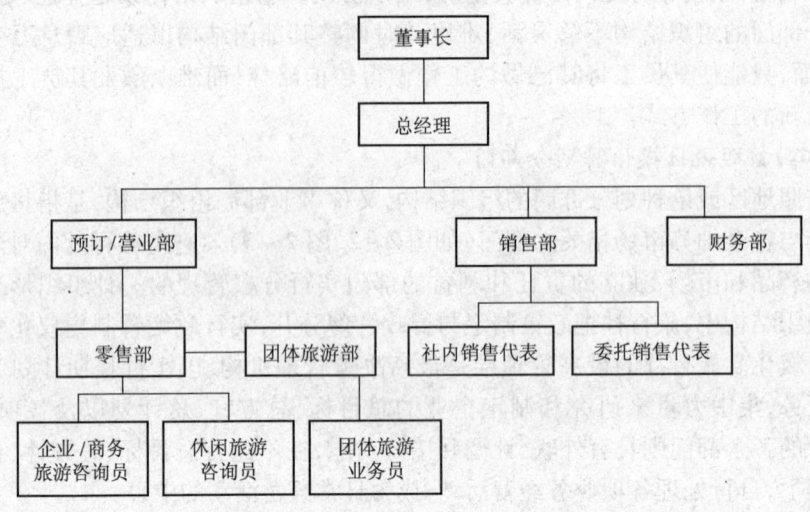

图 2-3 国外旅行代理商的组织结构

资料来源：作者根据联合国专家路易·沙维兹的讲稿《旅行代理商的运营与管理》整理而成。

形成"各行其是""群雄割据"的局面,旅行社的最高管理层必须保持三方面的决策权:①事业发展的决策权。旅行社的最高管理层保持整个旅行社的经营方针、价格政策、竞争策略等基本原则的决策权。②资金分配权。由旅行社最高管理层控制旅行社的资金供应和资金分配。③人事安排权。各事业部重要的人事安排必须由旅行社最高管理层来决定。

按照地区或语种划分部门的组织结构具有许多显著的优点。首先,它能使最高管理部门摆脱日常行政事务,成为坚强有力的决策机构;其次,它有利于各个部门的业务衔接和利益分配,发挥各部门经营管理的主动性;第三,它扩大了有效控制的跨度,使上级领导直接控制下层单位的数目增加;最后,它是培养管理人才的最好组织形式之一。除了不必操心财务资金的筹措之外,部门经理必须处理各种经营和发展问题,如市场、人力、技术等,从而使部门经理得到充分的培养和锻炼,为他们在今后承担更重要的管理任务打下良好基础。

按照地区或语种划分部门的组织结构也有其相对不足的地方。比如,对部门经理的管理水平和知识水平要求较高。在这种组织结构中,每个部门都相当于一个独立的旅行社,部门经理要熟悉全面业务和具有丰富的管理知识才能胜任工作。另外,集权与分权关系比较敏感,一旦处理不当,可能削弱整个旅行社的协调能力。

从目前我国旅行社的经营实践来看,按照职能划分部门的组织结构多适用于小型旅行社和新开业的旅行社,而大、中型旅行社则多采用按照地区或语种划分部门的组织结构。

典型案例　关于成立天津市立龙旅行社有限公司的可行性报告(节选)

一、拟成立公司的基本情况

公司名称:天津市立龙旅行社有限公司;公司性质:有限责任公司;注册资金60万元人民币;经营范围:国内旅游业务;公司地址:南开区东门内大街22号。

二、市场预测

1. 自然条件(略)
2. 客源市场分析(略)
3. 经营前景分析预测(略)

三、投资能力说明

公司有股东3人,均为自有资金入股,注册资金60万元人民币,现已到位(具体情况见资信证明)。3人商定,随着企业的发展,客源的增多,利润的加大,今后将会继续以货币或实物的形式追加投资,从而扩大企业规模,进一步提高企业的经营能力和抗风险能力。

四、主要经营管理人员情况

公司设总经理1名,副总经理1名,业务经理2名,导游员5名,助理会计师1名。

五、营业场所和营业设施情况

拟成立的天津市立龙旅行社有限公司办公地点设在南开区东门内大街22号,为自有房产,价值229万元。

经营设施包括:

(1)丰田考斯特中巴1辆、桑塔纳2000轿车1辆;
(2)计算机1部;
(3)传真机1台;
(4)直线电话机2部;
(5)办公桌椅及相关的办公用品等。

(营业场所及设施证明附后)

综上所述,经过反复论证和研究,我们认为在现阶段成立旅游公司时机适宜,条件成熟。尽管目前旅行社经营难度大、利润低,但风险相对较小,企业发展前景广阔。

公司批准成立后,我们将严格遵守国家法律、法规和行业规范,认真服从市旅游主管部门的管理,积极拓展业务渠道,搞好与同行业的沟通与协作,建立完善的管理制度,照章纳税,合法经营,为我市旅游事业的发展作出积极的贡献。

天津市立龙旅行社有限公司筹备组

2001年8月15日

思考与练习

1. 设立旅行社应具备哪些必要条件?
2. 申办旅行社的基本条件有哪些?
3. 按职能划分部门的组织结构适用于哪些类型的旅行社,其主要优缺点是什么?

自测题

1. 经营国内旅游业务的旅行社须向旅游行政管理部门缴纳旅行社质量保证金(　　)。
   A. 150 万元　　　　　　　B. 60 万元
   C. 160 万元　　　　　　　D. 10 万元

2. 由旅行社申办人起草的(　　),是旅行社运营的基本制度。
   A. 旅行社条例　　　　　　B. 旅行社章程
   C. 旅行社制度　　　　　　D. 旅行社法规

3. 经营入境旅游业务和国内旅游业务的国际旅行社应缴纳(　　)的质量保证金。
   A. 60 万元　　　　　　　 B. 90 万元
   C. 100 万元　　　　　　　D. 160 万元

第三章

旅行社产品的开发与市场营销

篇首案例　"爸妈之旅"火了天津老年旅游市场

　　随着我国社会开始进入老龄化，银发旅游者在旅游市场上受到越来越多的关注。精明的旅行社经营者们开始把更多的目光倾注到老年人身上，设计和开发各种适应老年人身体和心理特点的银发旅游产品。天津金龙国际旅行社的袁学田总经理也不例外。

　　袁学田在经营中发现，老年人出游的费用主要有两个来源，一个是老年人自己的多年积蓄，另一个是老年人的子女为父母承担旅游的费用。同时，由于老年人的年龄较大，身体状况远不如年轻人，在旅游途中容易生病或发生跌伤、碰伤等意外事故，使得一些老年人或他们的子女对老年人单独外出旅游心存疑虑。针对这种现象，袁学田多次召开市场部和接待部的联席会议，专门研究解决的办法。经过研究，金龙旅行社决定开发一种针对老年人身体特点，以满足老年人出游需求为目的的新产品，并将其定名为"爸妈之旅"。

　　为了将"爸妈之旅"迅速推向旅游市场并尽量扩大金龙旅行社的新产品在银发旅游市场上的份额，袁学田和他的同事们制定了一系列的措施。首先，金龙旅行社在当地的报纸上刊出广告，专门介绍新产品"爸妈之旅"的特点和优点，以吸引人们的注意力。为此，金龙旅行社还在报纸上专门登出一篇富有强烈感情色彩的"给爸爸妈妈的一封信"。在信中，金龙旅行社向老年人及其子女承诺，一定用最好的服务使老人们的旅游活动舒适、安全、温馨，像儿女孝敬父母那样照顾好老年旅游者，并保证为每一个旅游团提供1名医生，随团旅行。其次，在旅游线路安排上，针对老年人的身体特征和怀旧情结，多安排文化古迹、名山大川等人文景点和自然景点，不安排或少安排路途遥远和崎岖不平的景区、景点。最后，在价格方面，采取渗透定价策略，将产品价格定得较低，使得老年人在心理上和实际支出上能够较容易接受。

　　"爸妈之旅"在推向市场后，很快得到了老年人及其子女的认可。目前，"爸妈之旅"系列旅游产品已经成为金龙国际旅行社的品牌产品。

　　资料来源：梁智，刘春梅，张杰. 旅行社经营管理精选案例解析. 北京：旅游教育出版社，2007.

第一节　旅行社产品的内涵与形态

一、旅行社产品的内涵与特征

(一) 旅行社产品的内涵

旅行社产品的内涵可以从两个方面来把握。一方面，从产品的消费者角度，旅行社产品是指旅游者通过购买旅行社所提供的服务，而获得的一次旅游全程的经历。另一方面，从产品的生产者角度，旅行社产品是旅行社为满足旅游者的需要而提供的各种旅游服务及相关物质条件的总和。

旅游者为了获得旅游经历，必须按照旅行社与其达成的旅游合同上的价格，向旅行社支付旅游费用，而旅行社则按照合同规定的服务标准，向旅游者提供为实现旅游者的旅游经历所必需的各种旅游服务。在这些服务中，既包括直接提供的旅游接待服务，也包括旅行社为旅游者安排的旅游过程中住宿、交通、游览、餐饮、购物、娱乐等活动而向其他旅游企业和相关企业或部门所采购的各种旅游服务。

(二) 旅行社产品的构成

1. 旅游吸引物

从广义来讲，旅游吸引物是指能够吸引旅游者到来，并引发其旅游兴趣的任何事物和现象。从狭义来讲，即从旅行社产品的角度来讲，只有那些能够被旅行社在产品开发中利用，并且能够被组合到旅行社产品构成中的事物和现象，才能被看成旅游吸引物。

旅游吸引物是旅行社产品生产的重要"原材料"，其数量、质量和吸引力是产品是否能成为畅销商品的先决条件，也是旅游者能否选择该产品的决定因素。旅行社在开发和生产其产品过程中，能够利用的旅游吸引物种类很多，主要包括自然吸引物、人文吸引物和社会吸引物三大类型。

(1) 自然吸引物。指以大自然造物为吸引力本源的旅游资源。主要分为：①地方景观。如典型地质构造、生物化石点、名山、沙滩、洞穴、火山熔岩景观、自然灾变遗迹等。②水域风光。如海洋、湖泊、瀑布、现代冰川等。③生物景观。如古树名木、奇花异草、草原、野生动物及其栖息地、森林等。

(2) 人文吸引物。指以社会文化事物为吸引力本源的旅游资源。主要分为：①古迹与建筑。如人类文化遗址、军事遗址、古城与古城遗址、现代城市与建筑、园林与景观建筑、亭、台、楼、阁、塔等。②休闲、求知与健身场所与设施。如博物馆、动物园、植物园、主题公园、体育中心、运动场馆、游乐场所、科学教育文化设施、休养、疗养与社会福利设施等。③购物场所。如市场与购物中心、庙会、著名店铺、地方产品。④特殊事件。如探亲访友、参与贸易、会议活动、学术交流、参加国际性或区域性文艺、体育活动等。

(3) 社会吸引物。指旅游目的地居民的生活方式、语言交流、人际交流及特殊的社会活动等。

2. 旅游生活服务

旅游生活服务是指旅行社产品中所包含的住宿、交通、餐饮等项服务内容。这些服务项目是旅游者为顺利完成其旅游活动所必需的。旅游者在选择旅行社产品时，不仅要考虑产品中所包含的旅游吸引物是否能够有助于实现他们的旅游目的，还要衡量旅游过程中的旅游生活服务能否满足他们的需要。旅行社的产品应该至少包含一部分旅游生活服务项目，也有许多产品(如全包价旅游产品)则包括上面的全部旅游生活服务内容。旅游生活服务的质量对于旅行社产品的整体质量具有重要的影响。

3. 导游服务

导游服务包括导游讲解服务和旅行生活服务，是旅行社产品的核心内容。导游讲解服务包括旅行社的导游员在旅游活动期间为旅游者提供的旅游景点现场导游讲解、沿途讲解及座谈、访问时的翻译等内容。旅行生活服务则主要为导游员在旅游期间为旅游者提供的迎接、送行、旅途生活照料、安全服务、旅游客源地与旅游目的地之间及旅游目的地范围内各个旅游城市之间的上下站联络等项服务。由于导游员与旅游者的接触最直接和最频繁，旅游者往往通过导游员的服务来切身感受旅行社的服务质量，所以，导游服务质量的高低往往成为旅游者评价旅行社产品的关键因素。

(三) 旅行社产品的特征

旅行社产品是一种服务产品，具有所有服务产品的共同属性，即产品的不可感知性、生产与消费同步性、差异性、不可储存性和不可转移性。此外，旅行社产品还有其独特的个性，即产品的综合性、脆弱性、预约性和高接触性。

1. 综合性

旅行社产品的综合性是由旅游活动的综合性所决定的，是旅行社产品的最基本特征。这种特征主要体现在：①产品内容的综合性。除了单项旅游服务产品外，绝大多数的旅行社产品都包含着住宿、交通、饮食、游览、娱乐、购物等多方面的服务内容，是一种由多个单项旅游服务项目共同构成的产品。②产品生产的综合性。构成旅行社产品的各个单项服务内容，都是由不同旅游企业及相关企业和部门所生产的，其中任何一项服务内容的供给不利，都会影响旅游者对该产品的评价和选择。旅行社产品的综合性特征，不仅使其不同于制造业的物质产品，同时也使其有别于其他服务行业的服务产品。

2. 脆弱性

旅行社产品的脆弱性又称易受影响性，是从旅行社产品的综合性特征派生出来的。旅行社提供旅游产品的过程和旅游者旅游实现的过程涉及众多的部门和众多的因素,这些部门和因素中任何一个部门和因素发生变化,都会直接或间接地影响到旅行社产品生产和消费的顺利实现。此外,由于旅游活动涉及人与自然、人与社会和人与人之间的诸多关系,其中任何一项关系发生变化,都会引起旅游需求的变化,并由此影响旅行社产品的生产和消费。

3. 预约性

预约性是区别旅行社产品和许多其他旅游企业生产的服务产品的重要标志之一。所有的旅行社产品都必须提前预订,即旅游者或者旅游中间商必须事先同旅行社签订旅游合同或者旅游协议。旅行社按照已经签订的旅游合同或者旅游协议上的要求,向相关的旅游企业或部门预约所需的各种单项旅游服务项目,其中多数单项旅游服务项目可以在旅游活动实际发生时再购买。旅行社产品的预约性特征给旅行社的经营带来了很大的便利和利益。①旅行社的产品生产能够做到真正的"以销定产"。由于旅行社产品生产的预约性特征,使旅行社能够在收到产品生产合同,即与旅游者或者旅游中间商签订旅游协议后,才开始采购生产产品的各种"原材料",并且能够将生产出来的产品全部销售出去。②旅行社产品的预约性特征能够使旅行社既减少资金的占用时间和数量,又避免许多其他企业所必须承受的因产品滞销所造成的资源浪费。

4. 高接触性

高接触性是指购买和消费旅行社产品的绝大多数旅游者都自始至终参与旅行社提供的旅游服务的全过程,从而使作为产品生产者的旅行社及其相关人员与旅游者始终保持着较高程度的接触。不仅旅行社的导游员在旅游过程中经常与旅游者密切接触,而且旅行社的其他相关人员与旅游者的接触频率也较许多其他旅游产品的生产企业人员要高。由于旅行社产品的高接触性,使得旅行社能够更及时地获得旅游者对产品需求和感受程度的准确信息,并根据这些信息调整其产品的内容、价格、质量和数量。

二、旅行社产品的形态

(一)按照旅游动机分类的产品形态

1. 休闲旅游类产品

(1)观光旅游产品。指旅行社组织旅游者前往旅游目的地去参观游览那里的自然风光、文物古迹或民情风俗的一种产品类型。观光旅游产品的品种繁多,主要包括:①自然观光产品。指旅行社组织旅游者前往旅游目的地观赏名山大川、异域景色等自然风光。②人文观光产品。指旅行社组织旅游者欣赏旅游目的地的历史古迹、文化遗产等人文景观。③民俗旅游产品。指旅行社组织旅游者欣赏旅游目的地丰富多彩的民俗风情和参与当地的民俗节庆活动。

(2) 度假旅游产品。度假旅游是指旅行社为了满足人们暂时逃避紧张、枯燥、压抑的工作环境和忙碌的生活节奏，希望到空旷、优美、静谧的环境中去充分放松和休息的心理需求而开发的旅游产品。旅行社组织旅游者利用假期到有阳光、海水、沙滩的海滨度假地，或者山间、湖边等其他风景优美的地方度假，使疲惫的身心得到休整。

尽管度假旅游产品和观光旅游产品同属于休闲旅游产品范畴，但是两者之间存在着较大的差异。首先，度假旅游者不像观光旅游者那样到处"游动"，而往往是选择一个度假地，在那里住上一段时间。其次，度假者多采用散客旅游的方式，特别是父母子女一起外出的家庭旅游方式，而不像观光旅游者那样组成团队进行旅游。最后，度假旅游者的消费水平比较高，对旅游度假区的设施要求也往往高于普通的观光旅游者。

2. 事务旅游类产品

(1) 商务旅游产品。商务旅游产品是旅行社将商业经营活动与旅行游览结合起来，组织来旅游目的地经商的人士在完成商业活动后，返回居住地之前，抽出时间到附近的旅游景点去观光游览的一种旅游产品。参加商务旅游的多为企业的管理人员或销售人员，其旅行经费多由所在公司承担，或由所在公司提供津贴或补助。商务旅游者对季节和气候等因素考虑得较少，他们能够在一年四季中的任何时间前往目的地，其消费水平往往高于其他类型的旅游者，并且经常多次光顾同一个旅游目的地。因此，对于旅行社来说，这是一种出售频率高、季节变化小和经济效益好的产品。

(2) 公务旅游产品。公务旅游产品与商务旅游产品相似，只是消费此类产品的主要是前往目的地进行公务活动的政府工作人员。公务旅游产品的消费者一般在完成公务活动，返回居住地之前，抽出时间到附近的旅游景点去观光游览。公务旅游者的旅行经费由其所在政府部门承担，或提供津贴或补助。同商务旅游者一样，公务旅游者的旅行不受季节和气候等因素的影响。因此，对于旅行社来说，这是一种季节变化小的产品。

(3) 会议旅游产品。会议旅游产品是指旅行社在会议期间或会后组织会议参加者进行参观游览活动的一种产品。参加会议旅游的旅游者不仅消费水平比较高，而且停留的时间也比较长，因此一般能够给生产此类产品的旅行社带来较好的经济效益。

(4) 奖励旅游产品。奖励旅游产品是近年来发展很快的一种旅行社产品。企业为了奖励优秀员工或成绩斐然的销售代理，委托旅行社组织这些员工或销售代理进行观光旅游或度假旅游活动，并由企业承担全部或大部分旅游费用。在旅游过程中，旅行社根据企业的要求，为奖励旅游者安排高档饭店住宿，并提供高标准的饮食和内容新奇独特的游览项目。由于奖励旅游产品的价格一般较高，能够给旅行社带来较大的利润,所以是一种经济效益较好的产品。

3. 个人和家庭事务旅游类产品

(1)探亲旅游产品。探亲旅游产品是旅行社为旅游者到旅游目的地走访亲友提供服务的一种旅游产品。探亲旅游产品具有定向性和客源稳定的特点。参加探亲旅游的旅游者前往的旅游目的地一定是其亲友的居住地,而且受政治、经济等因素的影响一般相对较小。然而,探亲旅游产品往往也包含一定的游览观光等内容。旅行社通过提供探亲旅游产品,可以获得比较稳定的收入。

(2)修学旅游产品。修学旅游是以外出学习为主要目的的一种旅游活动。修学旅游产品的主要购买者是青年学生。另外,也有一部分中年人和少数老年人参加修学旅游。修学旅游的时间一般比较长,短期修学旅游至少为一至两周,长期修学旅游的时间可达到数月甚至一年。修学旅游者在旅游目的地学习的同时,还会利用周末、寒暑假的时间到旅游景点游览观光。修学旅游的种类很多,如针灸修学旅游、书法修学旅游、绘画修学旅游等。我国目前的一些旅行社利用当地的修学旅游资源,大力开发修学旅游,取得了良好的经济效益。

(3)宗教旅游产品。宗教旅游是旅行社针对信仰宗教的人士前往宗教圣地进行朝拜活动而开发的产品。旅行社在为宗教旅游者的朝拜活动提供便利性服务的同时,也在旅游过程中提供游览某些沿途景点的服务,并将两者结合起来,组合成宗教旅游产品。由于宗教旅游活动具有显著的定向性,即某种宗教的信徒只会前往本宗教的圣地朝拜,所以,对于位于宗教旅游目的地的旅行社来说,宗教旅游不啻一种客源稳定的旅游产品。

4. 专项旅游类产品

(1)专业旅游产品。专业旅游是一种具有广阔的发展前景的旅行社产品,参加专业旅游的旅游者以考察和交流知识为旅游活动的主要目的,同时也进行其他形式的旅游活动,如观光游览、度假休闲等。专业旅游多采取团体形式,旅游团多由同一职业或具有共同兴趣的人员组成。一般来说,专业旅游者在旅游过程中比较关注专业性活动的安排,希望能够在游览各种旅游景点的同时,与同行进行专业方面的交流。因此,旅行社在组织和接待专业旅游团时,除安排他们到普通旅游景点参观游览外,还应该设法为他们联系和安排到其专业对口的单位参观访问及同旅游目的地的该专业人员进行座谈交流。这样,会使旅游者认为不虚此行,有利于提高他们对旅行社服务的满意程度。

旅行社能够经营的专业旅游产品很多,如卫生专业旅游、法律专业旅游、教育专业旅游、农艺专业旅游、科技专业旅游等。随着当今国际联系、地区联系的日益加强,专业旅游市场将会有较大的发展。旅行社应该结合所在地区的特点,合理利用本地区的专业旅游资源,大力开发适销对路的专业旅游产品。

(2)探险旅游产品。探险旅游是旅行社利用人们的好奇心理和寻求新鲜事物的欲望而设计和开发的特殊旅游产品。参加探险旅游的多为富于冒险精神的青年旅游者,通常在旅游目的地停留的时间较长。探险旅游的目的地主要是那些人迹罕至或尚未开发的地区,如原始森林、峡谷、高山、极地等。旅游者多为单人旅行或少数几个人结伴同行,并在旅行前就比较熟悉他们的旅行同伴。同观光旅游者不同,探险旅游者往往只携带少量的行李,选择经济等旅馆或价格较低的普通旅馆下榻,他们对饮食的要求比较简单。探险旅游的一个明显特点是旅途艰辛,旅行社在接待他们之前应做好大量准备工作。探险旅游是大众旅游的先导,一些新的旅游地往往为探险旅游者首先发现,然后经过开发建设而成为众多旅游者前往之处。

5. 混合型旅游类产品

旅行社经营的产品中,除了上述的四个特征明显的产品类别外,还有按照旅游市场需求而开发出来的混合型旅游类产品。由于一部分旅游者在外出旅游时,具有两种以上的旅游动机,所以,旅行社在旅游市场上销售的各种具有单一功能的产品往往无法满足大多数旅游者的全部旅游需求,从而可能会使旅游者降低他们对旅行社及其产品的满意程度,减少他们日后继续购买旅行社产品的可能性。对于以通过最大限度地满足旅游者需求来获得经济效益和社会效益的旅行社来说,势必要认真对待旅游者旅游动机的多样性。因此,不少旅行社根据大部分旅游者出游目的多样化的特征,设计和开发出混合型旅游类产品,例如,旅行社开发的含有休闲内容的专项旅游类产品、含有观光旅游项目的探亲旅游产品等。旅行社通过开发混合型旅游类产品,能够更加全面地满足旅游者的需求,有利于实现旅行社的经营目标。

(二)按照旅游活动内容分类的产品形态

1. 包价旅游产品

(1)团体包价旅游产品。指10人以上的包价旅游产品。参加旅游团的旅游者采取一次性预付旅费的方式,将各种相关旅游服务全部委托一家旅行社办理。通常,团体包价旅游产品包含旅游目的地内的城际交通、住宿、餐饮、游览用车、导游服务、交通集散地接送服务、每人20公斤的行李服务以及游览场所门票和文娱活动入场券等。这是目前我国的国际旅行社经营入境旅游的主要产品形式。

(2)散客包价旅游产品。散客包价旅游是指10人以下的包价旅游产品。参加散客包价旅游的多为自愿结伴而行的亲友。散客包价旅游能够较多地照顾旅游者的个性需求。

(3)半包价旅游产品。半包价旅游是一种以降低产品的直观价格,提高产品的竞争能力为目的的旅行社产品。半包价旅游的价格里不包含旅游者的午、晚餐费用。

(4)小包价旅游产品。小包价旅游又称可选择性旅游,是一种选择性很强的旅行社产品。小包价旅游由非选择性部分和可选择性部分构成。非选择性部分包括住房及早餐、机场(车站、码头)至饭店的接送和城际间的交通费用。非选择性部分的费用由旅游者在旅行前预付。可选择性部分包括导游服务、午晚餐、风味餐、文艺节目欣赏、游览参观等内容。可选择性部分的旅游费用既可以由旅游者预付,也可以由旅游者现付。

(5)零包价旅游产品。零包价旅游是指旅游者仅是随旅游团前往和离开旅游目的地,到达目的地后,旅游者可以自由活动的旅行社产品。旅游者通过参加零包价旅游可以享受到团体机票的优惠价格和由旅行社统一代办旅游签证手续的便利。

2. 组合旅游产品

组合旅游是一种产生于 20 世纪 80 年代的旅行社产品,多流行于饭店、交通供应等旅游服务设施相对过剩的地区。组合旅游产品的主要形式是旅游线路。经营这种产品的主要是旅游目的地旅行社。这些旅行社根据对旅游客源市场需求的调查了解,设计出一批固定的旅游线路,并将这些线路的具体内容广泛通知客源市场的旅行社,由后者负责向旅游者推销并按时将旅客送到旅游目的地,由目的地旅行社将旅游者集中起来组团旅游,每团人数不限,只要语言相同即可。旅游者既可随团活动,也可自由活动。旅游活动结束后,旅游团在旅游活动结束的地点解散,各自返回居住地。

组合旅游是一种灵活性较强的旅行社产品。旅行社把来自不同旅游客源地的零散旅客汇集起来,组成旅游团进行旅游,从而避免了一些客源地旅行社因当地旅游者人数较少,不能单独成团,而造成客源浪费的弊病。另外,组合旅游的组团时间较短,有利于旅行社在较短的时间内招徕大量的旅游客源。

对于旅游目的地旅行社来说,旅游团的人数越多,边际成本越低,利润越大。因此,旅行社应该尽量扩大招徕网络,以保证有足够的客源。另外,旅行社还必须做好旅游交通、住宿、餐饮等服务项目的采购工作,建立起一个高效低成本的采购网络,确保旅游服务产品的充分供应。

3. 单项旅游服务产品

单项旅游服务产品是旅行社根据旅游者的具体要求而提供的各种有偿服务。旅行社的单项旅游服务产品种类繁多,其中常规性的产品有:导游服务、交通集散地接送服务、代办交通票据和文娱票据、代订饭店客房、代客联系参观游览项目、代办签证、代办旅游保险等。

随着旅游业的发展和旅游者消费需求的变化,旅行社不断开发出新的单项旅游服务产品,以顺应全球性的散客旅游发展潮流。近年来,以美国罗森布鲁斯(Rosenbluth)旅行社为代表的旅游业发达国家的旅行社,在继续经营传统的单项旅游服务产品的同时,大力开发出诸如帮助企业制定最佳旅行方案、为企业制定旅游费用最节约和旅游服务最优的旅行管理计划、旅游信息管理等新型产品,受到旅游者和客户的欢迎。

4. 差旅计划与管理产品

差旅计划与管理产品是旅行社从公司管理角度,通过对企业差旅费用的系统化管理和集团采购等手段,协助企业做到有效的成本控制和收益最大化的一种旅游产品。旅行社按照各个企业的差旅采购量,按比率收取服务费。

差旅计划与管理产品的内容主要包括:①根据企业的差旅制度,由旅行社帮助企业制定相应的差旅费用标准;②在差旅标准范围内,旅行社尽可能为客户节省差旅费用,或为客户提供更高级别的差旅享受;③旅行社通过批量、多样化采购,从航空公司、酒店等旅游服务供应企业获得更优惠的折扣价、更好的线路和更优化的组合;④旅行社定期向企业提供数据分析,以便及时调整企业的差旅制度。

第二节 旅行社产品的开发与促销策略

一、旅行社产品的设计与开发

(一)旅行社产品的开发原则

1. 市场导向原则

市场导向原则是指旅行社在产品的开发与设计中,必须了解旅游者现实的和潜在的需要,始终坚持以旅游者需要为出发点,着眼于市场的潜在需要。随着国际、国内的政治、经济、科技、社会等外部环境的变化,旅游客源市场也会相应地发生变化。旅行社产品开发设计人员要及时掌握这方面的信息,按照旅游者的需要开发旅游产品,使目标市场的旅游者均感到满意。

2. 独特性原则

所谓产品的独特性,是指产品应具有鲜明的特色,具有"新"和"奇"的特点,能够在市场上对旅游者产生强烈的吸引力。例如,山东省潍坊市举办的国际风筝节、黑龙江省哈尔滨市举办的冰雪节等都属于按照这个原则向市场推出的产品。

3. 针对性原则

针对性原则是指旅行社产品设计人员应针对本旅行社目标市场的特点,设计出符合市场需求的产品。例如,针对欧美地区在文化方面同我国存在较大差异的特点,设计具有浓厚中国文化特色的产品;针对我国南北方在自然风光方面的差异性,设计出江南水乡风光游或塞北草原游等产品;针对毗邻我国的东南亚和东亚地区在文化传统方面同我国有着较大的相似之处的特点,设计出佛教寺庙游、书法修学游等产品,这些都是旅游产品设计的针对性原则的体现。

4. 可进入性原则

可进入性原则是指在产品设计的过程中,应充分考虑产品所涉及的地区和景点是否容易进入和离开。由于交通服务是旅行社产品的重要组成部分,产品的可进入性直接影响到产品的质量和价格。所以,在产品设计过程中必须重视景点所在地区的基础设施和交通状况等因素。

5. 布局合理性原则

旅行社设计的产品有很多是旅游线路。在设计这些产品时,既要突出各地的特点,也要照顾到整条线路的布局,避免在同一条线路上安排风格相近或相同的旅游景点和旅游项目,要避免重复,以免影响游览效果。

6. 经济可行性原则

旅行社在设计产品时应考虑产品的经济可行性,一方面,产品必须能够为旅行社带来一定的经济效益;另一方面,产品的价格不能超过目标市场旅游者的经济承受能力。

7. 可接受性原则

可接受性原则是指旅行社的产品必须既为旅游者所接受,也为当地社会所接受。旅行社产品设计人员在设计产品时,必须充分考虑到旅游客源地区和旅游目的地地区的民族、文化、宗教、环境意识、风俗习惯、国家(地区)法令法规等方面因素,不得设计和销售伤害旅游者或旅游目的地居民的民族尊严、宗教信仰、风俗习惯等的产品以及违反国家(地区)法令法规的产品和危害生态环境与社会环境的产品。

(二)旅行社产品的设计与开发程序

1. 新产品的设计与开发程序

(1)新产品的类型。旅行社开发的新产品主要包括三个类型:①全新型产品。全新型产品是指旅行社根据市场的发展和旅游者需求的变化,开发新的景点、开辟新的旅游线路等。②改良型产品。改良型产品是指旅行社对其原有产品做部分调整或改造,冠以新的名称投放市场的产品。③仿制型产品。仿制型产品是指旅行社以其他旅行社的产品为样品所开发的新产品。

(2)新产品的开发过程。旅行社开发新产品须经过五个阶段,即创意阶段、创意选择阶段、产品研制阶段、产品试销阶段和产品商业化阶段。只要旅行社在其中任何一个阶段中发现新产品存在问题,都必须对其进行修改或者将其放弃。图3-1显示了新产品开发的整个过程。

2. 现有产品的筛选方法

(1)四象限评价法。四象限评价法是在美国波士顿咨询公司(Boston Consulting Group)设计的"市场导向型产品检测模型"的基础上加以改进后提出的,用以对企业产品进行总体分析比较(见图3-2)。旅行社按照产品的市场增长率及其相对市场份额,把现有产品分成明星类产品、问号类产品、金牛类产品和金钱陷阱类产品四个类型,并对不同类型的产品分别采取发展、培养、利用或淘汰的策略。

第三章 旅行社产品的开发与市场营销

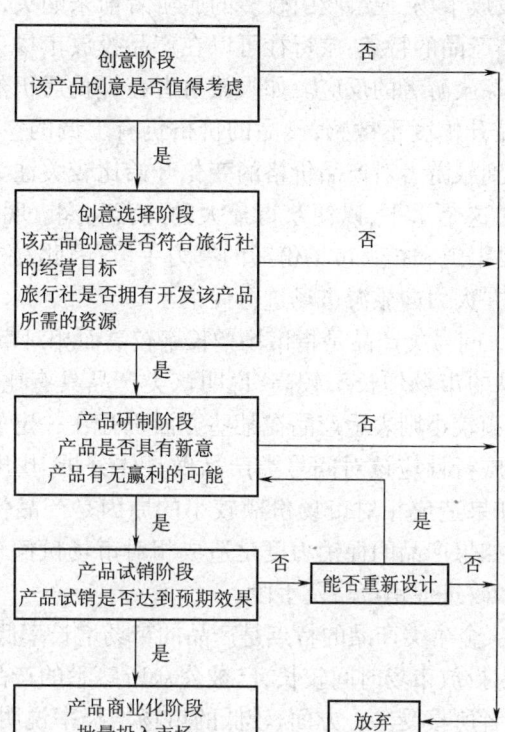

图 3-1 旅行社新产品开发决策过程

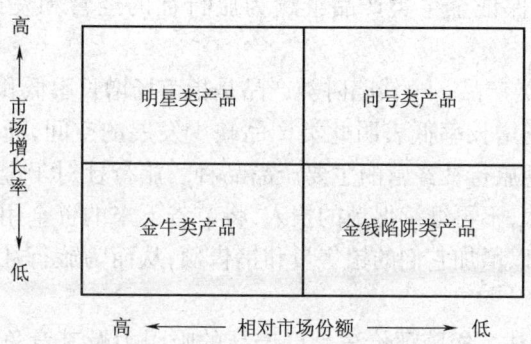

图 3-2 旅行社现有产品分析（四象限评价法）
根据波士顿咨询公司（The Boston Conswltion Group）矩阵整理

资料来源：Charles W. L. Hill, Gareth R. Jones：Strategic Management, IE, Houghton Mifflin Company, 1989.

① 明星类产品。明星类产品是指在市场增长率和相对市场份额均较高的产

品。此类产品一经投放市场,便会吸引较多的旅游者前来购买,从而形成较大的市场需求。针对明星类产品的特点,旅行社可以在产品投放市场一段时间后,适当提高产品的售价,以试探旅游者的反应。如果旅游者在提价后仍然大量购买,说明旅游者对产品价格的提升幅度不敏感,产品的价格仍有上调的空间。旅行社可以继续提升产品价格,直到旅游者对产品价格的变化开始比较关注为止,旅行社应该将产品的售价就保持在这个水平,以便获得最大的经营利润。明星类产品是旅行社获取长期利润的重要渠道和扩大市场份额的有力手段,因此,旅行社必须严格保证明星类产品的质量,并大力向旅游市场进行促销。

② 问号类产品。问号类产品是指市场增长率较高而相对市场份额较小的旅行社产品。问号类产品的市场增长率较高,说明该类产品具有比较强的吸引力和发展前景,相对市场份额较小则表示产品在某些方面仍存在一定的缺陷,如促销力度不够、价格偏高等。旅行社应该对问号类产品做具体分析,找出问题的症结,并制定出相应的对策。如果造成相对市场份额较小的原因是产品价格过高,旅行社可以将价格适当下调;如果产品的促销力度是造成相对市场份额较小的原因,则应该加强产品促销投入和改进促销策略及手段。

③ 金牛类产品。金牛类产品的特点是产品的市场增长率低而相对市场份额较高。金牛类产品多为投放市场时间较长,已被公众所熟悉的产品,其质量一般比较稳定,价格也为旅游者所接受。一方面,较低的市场增长率说明此类产品的消费者群相对固定,市场扩展的空间较小;另一方面,相对市场份额大表明它们是成熟的产品,无须更多的促销投入。由此可见,金牛类产品是销售量比较稳定的产品,能够产生相对稳定的销售收入,是旅行社的重要收入来源。旅行社应该采取维持生产和销售的策略,保证金牛类产品继续为旅行社的经营和发展提供可靠的资金来源。

④ 金钱陷阱类产品。金钱陷阱类产品是指市场增长率低和相对市场份额小的旅行社产品。市场增长率低表明此类产品缺少发展的空间,而相对市场份额小又说明它们不能成为旅行社经营的主要产品品种。旅行社对于金钱陷阱类产品的策略应该是及时淘汰,不再继续促销的投入,将节省下来的资金用于明星类产品和问号类产品的促销,以增加它们的销售量和销售额,从而为旅行社带来更多的客源和收入。

(2) 矩阵评价法。矩阵评价法是以产品的吸引力及其竞争地位为依据评价企业现有产品的方法。这种方法是作者以美国麦肯锡管理咨询公司(Mckinsey & Co.)评价矩阵为基础,结合旅行社产品的特点提出的一种旅行社现有产品筛选方法。矩阵评价法包括三个方面的内容,即吸引力评价、竞争力评价和产品比较。

① 吸引力评价。产品吸引力评价包括四个步骤:首先,确定产生吸引力的重要因素,包括产品的发展潜力、市场规模、获利能力、竞争激烈程度等;其次,根据每个

因素对产品吸引力的重要程度确定权数;第三,评估产品中每一项因素的吸引力;最后,将每一项因素的吸引力的加权数加总,确定产品的整体吸引力(见表3-1)。

表3-1 旅行社产品吸引力:旅游线路 I

产品吸引力因素	权数	系数	加权数
产品市场规模	0.10	3	0.30
产品发展潜力	0.30	5	1.50
产品获利能力	0.20	4	0.80
产品成本	0.05	5	0.25
产品销售渠道	0.10	5	0.50
竞争激烈程度	0.20	3	0.60
产品所处周期阶段	0.05	2	0.10
合计	1.00		4.05

② 竞争力评价。产品竞争力评价指标为产品加权数总和。确定产品加权数总和的步骤为:首先,找出产品在市场竞争中成功的因素,包括产品的市场份额、专业知识含量、知名度、接待服务水平、价格的竞争力和产品成本;其次,根据各因素在保证产品竞争力方面所起作用的重要程度,分别给每个因素规定权数;第三,计算各项因素的加权数;最后,将各项因素的加权数加总,即可计算出产品的竞争能力指数(见表3-2)。

表3-2 旅行社产品竞争力:旅游线路 I

关键性成功因素	权数	系数	加权数
市场份额	0.15	5	0.75
专业知识含量	0.15	2	0.30
产品知名度	0.15	4	0.60
接待服务水平	0.20	5	1.00
价格的竞争力	0.25	5	1.25
经营成本	0.10	3	0.30
合计	1.00		4.20

③ 产品比较。利用矩阵评价法比较产品,应首先绘制产品位置图,纵向表示产品的吸引力,横向表示产品的竞争力。每个圆圈表示一种产品,其位置由该产品在产品吸引力和产品竞争力两个方面所得分数决定。每个圆圈的大小与该产品的销售总额成正比。产品位置图根据产品吸引力的大小和竞争力的强弱,被分成9个单元,其中3个单元代表成功型产品,3个单元代表失败型产品,另外3个单元分别

代表前途未卜型产品、提供赢利型产品和一般性产品。其中,成功型产品相当于四象限评价法里的明星产品;失败型产品相当于金钱陷阱产品;前途未卜型产品相当于问号产品;提供赢利型产品相当于金牛产品。第五个类型的产品被称为一般性产品,一般性产品既没有很大的优势,也没有明显的弱点(见图3-3)。

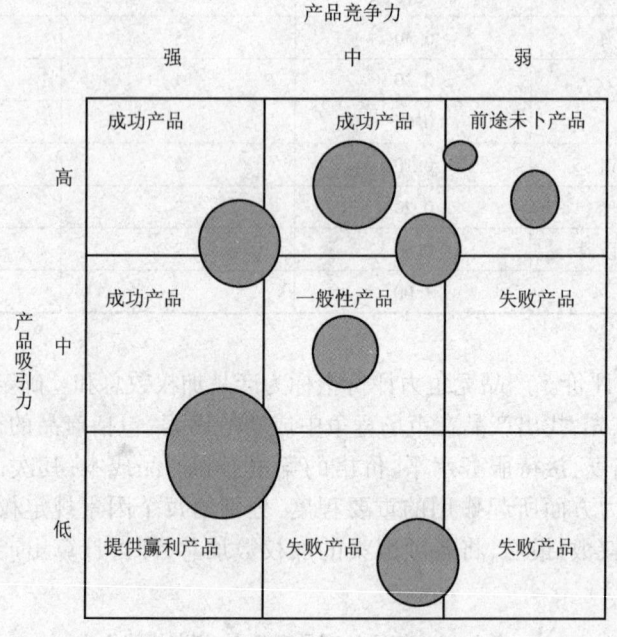

图3-3 旅行社现有产品分析(矩阵评价法)

二、旅行社产品的促销

(一)旅行社产品价格策略

1. 旅行社的产品定价目标

(1)利润最大化。利润最大化是指旅行社在制定产品价格时,力求通过单位产品的高价格或整体产品的薄利多销来获得最大的经营利润。这是最常见的旅行社产品定价目标之一。旅行社之所以以利润最大化作为定价目标,是因为大量的经营利润能够给旅行社带来经营中所迫切需要的现金流量,以便进一步扩大经营规模和市场份额。然而,旅行社所追求的最大化利润是指长期利润而非短期利润,是希望通过其产品在旅游市场上的长期销售获得最大的利润总量。因此,在制定具体的某项产品价格时,旅行社并非一味地将价格抬高,而是根据具体情况来制定既能够实现长期利润最大化的定价目标,又能够为市场上所接受的价格。

(2)投资回报最大化。投资回报最大化也是旅行社常见的产品定价目标,其最终目的在于保护和增加投资者的权益。旅行社希望通过经营,在一定的时期内收回所投入的资金,获得预期水平的投资报酬。为了能够实现这个目标,旅行社在为产品定价时往往采用在产品成本的基础上加入预期水平的投资报酬的定价方法。

(3)保持价格稳定。当旅游市场供求关系与旅行社产品价格经常发生波动时,旅行社往往以保持稳定的产品价格为定价目标。为了保证旅游市场的稳定,在当地旅行社行业中具有较高的威信或影响力的大型旅行社往往先制定一个价格,称为领导者价格。其他旅行社则根据这个价格并对照本企业的实际情况制定自己产品的价格。其他旅行社制定的价格一般略低于领导者价格。旅行社行业采用这种定价方法可以在一定时间和范围内使多数旅行社的产品价格稳定在一定的水平上,避免不必要的价格竞争或价格大起大落的风险,保证各家旅行社均能够获得比较稳定的利润。

(4)维持企业生存。当旅行社处在因旅游淡季、市场竞争激烈、市场竞争态势不利、宏观经济衰退等原因造成的对旅行社产品需求大幅度减退并威胁旅行社生存的困难时刻时,可以将维持企业生存作为定价目标。例如,在旅游淡季,旅行社推出价格低廉的淡季包价旅游产品,就是这种定价目标的一种体现。

(5)保持现状。有些旅行社采取保持现状的产品定价目标,主要是为了应付或避免竞争,保持现有的市场份额。采取这种产品定价目标的旅行社一般以对旅游市场有决定影响的竞争对手的同类产品价格为基础,确定自己的产品价格。这类旅行社往往更加重视非价格竞争,强调以产品促销和开拓销售渠道等方式同其他旅行社竞争,而尽量避免与竞争对手展开直接的价格竞争。

(6)扩大产品销售量。这是一种以牺牲眼前利益换取长远利益的定价目标。采取以扩大产品销售量为产品定价目标的旅行社,通过扩大产品的销售量来提高旅行社产品在旅游市场上的占有率。旅行社往往以降低产品售价的办法来实现这种定价目标。

2. 影响旅行社产品价格制定的因素

(1)内部因素。旅行社销售部门在制定其产品的价格时,首先需要考虑产品内部的因素,这些因素包括:

①固定成本。固定成本是指在一定范围内和一定时间内总额不随经营业务量的增减而变动的产品成本,包括旅行社的房屋租金或房屋折旧、其他固定资产折旧、宣传促销费用、销售费用(电话、传真、往来信函的邮寄费用)、员工工资等。固定成本不能够一次性地放到某一件产品里,只能逐步地转移到旅行社所销售的全部产品中。固定成本转移到每一个产品中的份额同旅行社产品的销售量是一种反比例关系。产品的销售量越大,分摊到每个产品中的固定成本份额就越小。

②变动成本。变动成本是随着旅行社产品销售量的变化而总额发生正比例变化的成本,一般包括交通费用、餐饮费用、住宿费用、导游费用、门票费用等。变动

成本在旅行社产品构成中所占的比重很大,是产品价格的主要决定因素。

③利润。产品的利润是指旅行社通过销售其产品所获得的收入和旅行社为生产和销售这些产品所付出的各项成本费用相抵后的余额,是旅行社经营的财务成果。

(2)外部因素。除了内部因素以外,影响旅行社产品价格制定的,还有一些存在于产品之外,对于旅行社产品价格的制定有着相当重要影响的因素,称为外部因素,主要包括:

①供求关系。旅游市场的供求关系是旅行社在制定产品价格时必须加以考虑的重要因素。当旅游市场上对于旅行社的某种产品的需求量呈增加的趋势时,旅行社可以适当地提高该产品的销售价格;当旅游市场上对某种产品的需求量下降时,旅行社往往采取降低产品销售价格的措施。(见图3-4)

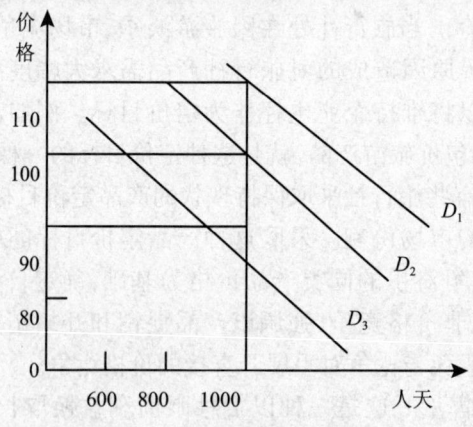

图3-4 旅游市场需求变动状况

②市场竞争状况。旅行社产品市场的竞争状况对旅行社产品价格的制定具有一定的影响。当市场竞争激烈时,产品的价格很难有较大的提高,而在市场竞争缓和时,产品价格的上涨空间就较大。

③汇率。汇率主要影响入境旅游产品和出境旅游产品。旅行社在制定这些产品的价格时,除了需要考虑上述的各种影响价格制定因素外,还应考虑货币的汇率因素。汇率是一个国家的货币用另一个国家的货币所表示的价格。两种货币之间的比价发生变化,会对旅行社产品价格产生一定的影响。

④季节。旅行社在制定产品价格时,必须将产品销售的季节因素考虑进去。一般情况下,旅行社在旅游旺季时会保持其产品售价不变或将产品售价上调;在旅游淡季时则往往将产品售价适当降低,以吸引更多的旅游者。

⑤替代产品价格。替代产品价格也是影响旅行社产品价格制定的重要因素。当替代产品多,且其价格低于本产品时,不利于本产品在旅游市场上的销售。反过

来,如果替代产品少,或其产品价格高于本产品时,则本产品的销售量往往会增加。因此,旅行社在制定产品价格时,应注意替代产品及其价格,并采取适当的措施,保证本产品的销售和旅行社的收入。

3. 旅行社产品定价策略与方法

(1)新产品定价策略。新产品在开发之后,旅行社应制定恰当的定价策略,以便及时打开销路,占领市场并取得满意的效益。旅行社在将新产品投放市场时,一般采用取脂定价策略或渗透定价策略(见表3-2)。

表3-2 旅行社新产品定价策略的选择标准

渗透定价策略	选择标准	取脂定价策略
低	市场需求	高
不大	与竞争产品的差异性	小
大	价格需求弹性	小
大	生产能力扩大的可能性	小
低	旅游者购买力水平	高
易	仿制难易程度	难
大	市场潜力	不大
逐渐	投资回收方式	迅速

①取脂定价策略。又称撇油定价策略或高价策略,是旅行社为新产品制定价格时经常采用的一种定价策略,其主要特点是将产品的销售价格定得很高,力图在较短的时间里将开发这种产品的投资全部收回,并获得可观的投资回报。采用取脂定价策略的旅行社认为,在新产品投入市场初期,竞争对手尚未推出与之竞争的同类产品,开发出新产品的旅行社在旅游市场上暂时处于一种产品垄断的地位。由于新产品投放市场的数量有限,容易造成一时性的供不应求局面,导致产品的价格需求弹性较小,一部分迫切需要这种产品的旅游者愿意付出较高的价格,所以开发和生产该产品的旅行社应该趁此机会以较高的价格在市场上销售这种产品,以便在短期内获得较大的经济效益。一旦竞争对手向市场推出类似产品时,旅行社可以迅速将产品价格降低,以保护所占有的市场份额。

②渗透定价策略。又叫低价策略,是一种通过将新产品低价投放市场,增加产品销售量和开拓市场,并有效地排斥竞争者,以达到长期占领市场的目的的产品定价策略。这种策略与取脂策略正相反,采用这种策略的旅行社尽量把新产品的价格定得低一些,其目的在于使新产品迅速地被消费者所接受,打开和扩大市场,优

先取得市场上的领先地位。当旅行社产品具备大批量接待的能力或旅游市场对该产品的需求富有弹性时,旅行社往往采取渗透定价策略。另外实行非垄断性经营经营的旅行社也经常采取这种定价策略。

(2)心理定价策略。心理定价策略是旅行社利用旅游者对价格的心理反应,刺激旅游者购买产品的产品定价策略。常见的心理定价策略有:

①尾数定价策略。尾数定价策略又称奇数定价策略,是利用旅游者喜欢带尾数价格的心理而采取的产品定价策略。不少旅行社认为,旅游者在购买旅行社产品,尤其是单项服务产品时,从习惯上乐于接受尾数价格而不喜欢整数价格。因此,旅行社经常在定价时给其产品规定带尾数的价格,使旅游者获得一种享受折扣优惠的印象。尾数定价策略多适用于散客旅游产品和单项旅游服务产品的定价。

②整数定价策略。整数定价策略适用于价格较高的旅行社产品,如豪华旅游、团体全包价旅游等。整数定价策略容易使购买这类产品的旅游者产生"货真价实"、"一分钱一分货"的感觉,有利于提高产品的形象。

③声望定价策略。声望定价策略多见于在旅游市场上享有较高声望的旅行社及其产品。采取声望定价策略的旅行社一般将其产品的价格定得高于多数旅行社。然而,由于旅行社及其产品的声望,旅游者能够接受这种高价格,而且还会产生一种购买到优质产品的感觉。

4. 旅行社产品定价方法

(1)成本加成定价法。成本加成定价法是指将单位产品的变动成本总额和一定比例的利润加在一起后确定产品价格的定价方法。其计算公式为:

单位产品价格 = 单位产品变动成本总额(1 + 利润率)

= 综合服务成本 × (1 + 利润率) + 房费 + 餐费 + 城市间交通费 + 专项附加费

成本加成定价法是旅行社的一种常见定价方法,其主要优点是计算简便,而且在市场环境基本稳定的情况下能够保证旅行社通过销售产品获得一定比例的利润。然而,这种方法是以成本为中心的定价方法,它只是从保证旅行社本身的利益角度制定产品价格,忽视了市场需求多变的现实。所以,利用这种方法制定出来的产品价格有时不能够被广大的旅游消费者所普遍接受,甚至会因此而造成旅行社产品在市场上缺乏竞争力。

(2)目标利润定价法。目标利润定价法又称投资回收定价法,是指旅行社为在一定时期内收回投入企业的资金而采用的一种定价方法。首先,旅行社为所投入的资金确定一个回收期限,然后根据投资额和回收期限计算出目标利润率和目标利润额。最后,根据目标利润额、固定成本、单位产品变动成本和预期销售量制定出产品的销售价格。其计算公式为:

$$单位产品价格 = \frac{固定成本}{预测产品销售量} + 单位产品变动成本 + 单位产品目标利润$$

其中：

$$单位产品目标利润 = \frac{产品目标利润总额}{预测产品销售量}$$

目标利润定价法的优点是旅行社可以通过这种定价方法保证实现既定的目标利润和目标收益率,在预定的回收期内收回投资,从而保护了投资者的利益。然而,同成本加成法的定价方法一样,目标利润定价法也是一种从保护旅行社的利益角度制定产品价格的方法,没有充分地考虑到市场需求和竞争的实际情况。此外,这种方法是以预测的产品销售量为基础计算产品价格,而旅行社的产品是需求弹性大的产品,其销售量往往取决于产品的价格。因此,用这种方法计算出来的产品价格难以确保预测的销售量得以实现。

(3)逆向定价法。逆向定价法是指旅行社通过对旅游市场的需求、市场竞争状况及竞争对手的同类产品销售价格等方面的调查,先确定产品价格,然后相应调整产品的内容和成本的方法。这种定价方法的优点是充分考虑到竞争对手的产品价格和旅游者对产品价格的承受能力及对产品的需求状况,因而能够制定出针对性强,既能为旅游者所接受又能与竞争对手抗衡的产品价格。然而,这种定价方法也存在着明显的缺点,即容易造成产品的质量下降和旅游者的不满,并导致客源减少。

(4)边际贡献分析定价法。这种定价方法又称变动成本定价法,是指旅行社所制定的产品价格应包括变动成本(直接成本)及对固定成本的边际贡献的定价方法。这种方法主要用于同类旅行社产品供过于求,市场上卖方竞争激烈,客源不足的时期。旅行社为了保住市场份额,维持企业的生存,必须采用这种暂时不计固定成本,以较低价格吸引客源的方法,以图在今后逐步扭转局面。其计算公式为：

单位产品价格 = 单位产品变动成本 + 边际贡献

单位产品价格 > 单位产品变动成本

这种定价方法的优点是使旅行社在市场条件不利的情况下仍能保住市场份额,并随时可根据市场需求和季节的变化对价格进行调整,具有较大的灵活性。这种方法的缺点是使旅行社蒙受一定的利润损失。另外,由于产品的变动成本经常因旅游服务供应市场变化而发生变动,迫使旅行社不断地重新计算和调整产品的价格。

(5)随行就市定价法。随行就市定价法是指旅行社通过对市场竞争、市场需求及旅游者的反应的不断监测,以随机的方式对产品价格进行相应调整,以期在可能的范围内获得最大利润的定价方法。这种定价方法充分考虑了市场竞争的因素和旅游者的反应,所制定出的产品价格容易为旅游者所接受,并能够使旅行社在市场竞争中取得优势地位。这种定价方法的不足之处是：①旅游者的态度因受众多因素影响而不断变化,从而导致旅行社在判断旅游者态度方面困难很大;②旅行社无法预测产品的销售量和经营利润;③旅行社采用随行就市定价法与其他同类旅行社竞争,容易引起竞争对手的报复,从而导致恶性削价竞争。

(二)旅行社产品促销策略

1. 广告促销策略

(1)自办媒体型广告策略。自办媒体是旅行社开展广告促销活动的重要工具,其优点是旅行社能够自主选择宣传对象,广告的命中率高。自办媒体广告主要采用的方法包括:

①建立户外广告牌。户外广告牌是一种影响力较大的自办广告媒体。户外广告牌一般放置在飞机场、火车站、长途汽车站、水运码头等过往行人较多的公共场所和公路侧旁、建筑物顶部等容易为过往人群注意到的地方。

②散发广告传单。广告传单有单页传单、折叠式传单等形式,由旅行社雇人在公共场所散发或在公共广告栏张贴。广告传单具有能够较详细地介绍旅行社及其产品、传单的制作及散发的成本比较低的优点。

③发放载有企业或产品信息的纪念品。许多旅行社利用载有企业或产品信息的物品进行广告促销。

(2)大众传播媒体型广告。大众传播媒体是旅行社开展促销活动中经常利用的广告信息传播渠道,具有形象生动、影响力强和传播范围广的特点。大众传播媒体广告包括:

①报纸广告。报纸是一种影响面广、费用较低和重复率高的广告媒体。

②杂志广告。杂志是一种以某一阶层读者为宣传对象的广告媒体,具有针对性强、易于保存和读者层稳定的优点。但是,杂志广告也存在着出版周期长和传播范围较小的缺点。

③广播电台广告。广播电台是一种以地方性市场为主要宣传目标的广告媒体,具有价格低和信息传播及时的优点,尤其适用于以农村和偏远地区为目标市场的旅行社产品促销。然而,随着电视、互联网络等新的传播媒体迅速发展,广播电台的受众范围正在逐步缩小。因此,旅行社利用广播电台进行产品促销的效果不容乐观。

④电视广告。电视广告具有传播范围广、信息传送及时、广告形象生动活泼、广告的针对性强、重复率高等优点,是一种影响力极强的传播媒体。电视广告的缺点是广告的播出时间短,难以让观众迅速理解广告的信息。另外,电视广告价格昂贵,许多中小型旅行社难以承受。

(3)联合广告。联合广告是许多中小型旅行社或某种旅行社产品所涉及的各旅游企业为了达到促销的目的所采取的一种广告形式。联合广告分为旅行社之间联合广告和产品导向联合广告两种形式。

①旅行社之间联合广告。在旅行社行业中绝大多数的旅行社是中小型企业,

拥有的资金不多,往往难以在产品促销广告上做大量的投资。然而,随着旅行社产品市场上竞争日趋激烈,旅行社必须设法利用大众传播媒体开展促销活动,以便提高旅行社及其产品在广大旅游者中间的知名度,扩大产品的市场份额,增加经济收益。面对这种困难局面,不少的中小型旅行社采取联合广告的方式,即由各家参与的旅行社共同出资在报纸、杂志、电视、广播电台等大众传播媒体上刊登广告,为其产品作广告宣传。

②产品导向联合广告。产品导向联合广告是指旅行社为了促销某种产品,联合某些与该产品有关的其他旅游企业如旅游景点、饭店、餐馆、航空公司等共同出资在大众传播媒体上刊登广告,进行宣传促销的一种广告促销方式。这种联合广告既使旅游者了解到有关的产品信息,又使每个参与促销的企业节省了一部分广告费用,取得少花钱多办事的良好效果。

(4)互联网广告。近年来,随着信息产业的迅速发展,越来越多的旅行社开始认识到网络的功能和作用,选择在互联网上开展广告促销活动。作为新兴的媒体广告形式,互联网广告具有传播范围广、交互性强、成本低等优点,成为旅行社行业日益重视的促销工具。

2. 直接营销策略

(1)人员推销。人员推销是指旅行社为达到推销其产品的目的,派出推销人员直接上门拜访潜在旅游者或客户的一种促销方式。推销人员通过与潜在旅游者或客户的直接接触,向他们推荐旅行社的产品,解答他们提出的各种问题,引导消费并设法取得购买旅行社产品的合同。人员推销的方法包括:

①人员接触。人员接触是指旅行社派出推销人员或推销小组前往客户所在地进行面对面的宣传促销,介绍旅行社的有关产品信息,鼓励客户购买旅行社的产品。

②会议促销。会议促销是指旅行社推销人员邀请旅游者或客户代表在某一约定地点开会,由推销人员在会上介绍旅行社的产品并进行促销活动。

③讲座促销。由旅行社派遣推销人员前往客户所在地做关于旅行社最新产品的教学式讲座的促销方式称为讲座促销。

(2)电话营销。电话营销是直接营销的第二种形式。旅行社的销售人员根据事先选定的促销对象名单逐一给他们打电话,介绍产品信息,征求他们对产品的意见并询问他们是否愿意购买这些产品。电话营销有两种形式。一种是使用自动播音设备向对方介绍产品、联系方法、购买产品的途径,但是不直接回答对方提出的问题。另一种是由推销人员在电话里向旅游者介绍旅行社的产品,同时还回答对方提出的问题,引导对方选购旅行社的某些产品。后一种方式的成本较高,一般只用于重要的客户。

(3)直接邮寄。直接邮寄是直接营销的第三种形式。旅行社将载有产品信息的旅游宣传册、旅行社产品目录、产品广告传单等促销材料直接邮寄给旅游者和客户。旅行社在邮寄这些材料时应附上印有旅行社通讯地址和贴上邮票或已付邮资的信封以方便和鼓励对方回信。直接邮寄受空间和时间的限制较少，能够接触到较多的旅游者和客户。此外，直接邮寄在各种直接营销形式中的成本最低。但是，同前两种方式相比，直接邮寄从对方所得到的反馈率较低。尽管如此，直接邮寄所得到的信息反馈仍高于各种广告促销形式，是许多旅行社喜欢采用的一种促销手段。

3. 营销公关策略

(1) 新闻发布会。旅行社营销公关的最常用方法是向新闻媒体发送消息，通报有关的特殊旅游产品及其他旅游方面的消息。旅行社在开发出新的产品后，可采取新闻发布会的形式向旅游者及客户进行介绍，所发送的消息必须及时，富有新闻价值，且能够吸引公众对产品的注意力，以便引起他们购买这种产品的兴趣。

(2) 熟识旅行。熟识旅行是指旅行社邀请旅游新闻记者或旅游专栏作家免费旅行的一种公关活动，旨在使他们对旅行社的产品产生浓厚的兴趣和深刻的印象，回去后撰写有关旅行社产品的介绍性文章和报道。

(3) 邀请旅游中间商。旅行社邀请旅游中间商前来对旅行社的有关产品进行实地考察是一种行之有效的营销公关活动。通过这种公关活动，旅行社既能够促进同旅游中间商之间的合作关系，又能够使他们加深对旅行社产品的认识，以便在今后的推销活动中对旅行社的产品做更加有利的宣传和促销。

(4) 专题讲座、学术会议。旅行社可以通过举行专题讲座或赞助学术会议的方式宣传旅行社最新设计和开发的产品，并吸引公众对这些产品的关注。这种方法尤其适用于推销公众不熟悉的自然景观和人造景点。

4. 营业推广策略

(1) 竞赛。竞赛是旅行社营业推广的一种形式，如针对某项旅行社产品知识的有奖竞赛，关于某个旅游目的地情况的有奖竞赛等。在举办这种竞赛时，旅行社通常提供具有一定价值的奖品或前往某个旅游目的地的奖励性旅游作为公众参与竞赛的奖品。通过参加竞赛，公众对于举办竞赛的旅行社及其产品产生一定的印象甚至好感，有利于旅行社产品在今后的销售。

(2) 价格促销。价格促销是指旅行社通过短期降低产品价格来吸引旅游者和客户购买的一种促销方法。营业推广的价格促销不同于旅行社因市场需求变化所采取的降价行为。价格促销是旅行社以临时性的价格下调来吸引旅游者的注意，并吸引旅游者在旅行社所希望的时期大量购买旅行社的产品。当旅游者对产品产生良好的印象后，旅行社还会将价格复原。旅行社的价格促销多集中在节假日期间、新产品试销期间等特殊时期。

(3) 特殊商品促销。旅行社利用特殊商品进行促销也是一种营业推广策略。旅行社以赠送印有旅行社名称或产品名称的T恤衫、钥匙链等的方式，向旅游者或客户提供有关旅行社产品的信息。这种营业推广策略,可以使旅行社收到对其自身及其产品进行"口头宣传"的效果。

5. 互联网促销策略

(1)互联网促销的必要性。旅行社利用互联网进行产品促销,对于扩大旅行社在旅游市场上的影响和产品的销售量与销售范围是十分必要的。

①互联网促销适应旅游市场的发展趋势。随着旅游设施的不断完善和旅游者自主意识的增强,散客旅游日益成为潮流,散客旅游者在整个旅游客源中占有很大的比重。然而,散客旅游者具有居住地相对分散、出行时间的随意性较强和需求多样化的特点,旅行社的传统促销手段往往难以直接对其产生较大的影响,从而加大了旅行社对散客市场的促销难度。网上促销可以解决这方面的难题。由于每一个电脑网络终端都联系着潜在的散客市场,旅行社在网上开辟 E-mail 信箱能够为招徕散客提供直接的便利,从而能够及时将产品信息传递给分散居住的散客旅游者。

②互联网促销有利于扩大客源。互联网具有跨时空、覆盖全球,以多媒体形式双向传送信息和信息适时更新等优点,是其他传播媒体和传统促销手段所无法相比的。旅行社利用互联网来进行促销,不受时间和地域限制,不仅可以同时对多家旅游中间商进行促销,还可以将产品直接深入客源国或客源地区的居民家庭,通过互联网向他们进行一对一的促销,达成即时购买。由此可见,旅行社通过互联网进行产品促销,有利于扩大客源。

③互联网促销有助于降低促销成本。互联网为旅行社提供了个体自身进行促销的手段。由于网络上的促销活动是非实物化的,其成本构成只包括有关人员的劳务费用和极少的信息发送费用,所以,互联网促销的成本远远低于传统的促销手段。另外,旅行社通过网上促销,可以绕开过去一直横亘在它们与旅游者之间的中间环节,与旅游者直接达成交易,从而能够降低交易成本。

④互联网促销有助于增强旅行社促销的效果。旅行社在互联网上进行促销不受时间限制,所发送的产品信息在网上 24 小时有效,可以随时接受网络用户的访问。另外,互联网促销,能够使旅行社根据旅游市场供求信息变化及时矫正、补充和定期更换相关的促销信息,有助于旅游消费者及时了解旅行社最新的产品信息,增强旅行社促销的效果。

(2)互联网促销策略的应用。旅行社采用互联网进行促销,可以采用下列策略:

①精心设置旅游网页。网页设置必须以顾客为中心,更多地反映顾客群体的需要,为潜在旅游者提供深层次的产品信息。大量研究表明,旅游者希望能够在旅游活动开始之前,通过互联网观看到旅行社产品所涉及的旅游目的地风情的照片、录像片段等资料,并能够同已经消费过该产品的人相互交流,以获得有关旅行社产品的详细信息。因此,旅行社应注重网上信息的有用性,使顾客通过网站能轻而易

举地找到他们需要的信息。旅行社应在互联网上提供图文并茂、用语生动、丰富及时的产品信息,以激发上网者的出游欲望。

②加强网上交流。旅行社互联网促销成功的最终目标,是赢得顾客信任和忠诚,从而获得理想的客源和效益。为了实现这一目标,旅行社应该为散布在世界各地的上网者提供网上交流的平台,使上网旅游者之间可以相互交谈,互诉旅游心得体会。满意的顾客在网上的实话实说,对旅行社来说无疑是最好的促销,比任何动听的促销语言都可信得多。同时,旅行社应授权其所有的员工,通过电子邮件、在线论坛等方式与网上顾客交流,及时答复网上顾客的要求和询问。这种交流有助于消除旅行社和顾客之间的信息交流"瓶颈",及时、有效地解决网上顾客的问题,从而为旅行社赢得更多的忠诚顾客。

③提高访问量。互联网促销能否成功的最基本因素是旅行社网站或网页的访问者数量和次数。因此,旅行社应采取有效的宣传策略,使更多的网民了解和访问旅行社的网站或者网页。这些宣传策略包括:a. 在旅行社发行的小册子、印刷品中印制网址;b. 在电视广告、广播广告中宣传旅行社的站点;c. 向顾客发送电子邮件;d. 在热点网站、旅游相关部门,特别是饭店、旅游交通部门的网站中刊登自己的网址。

6. 促销效果的测定

(1)统计法。统计法是旅行社利用统计学原理与运算方法,通过对促销费用与产品销售比率的推算,测定出促销效果的方法。其公式为:

$$促销费用比率 = \frac{促销费用}{产品销售收入}$$

一般情况下,促销费用比率越小,促销效果就越大。

(2)比值法。比值法是旅行社通过对其产品的销售额变化测定促销效果的方法。这种方法简便易行,较为通用。其公式为:

$$R = \frac{S_2 - S_1}{P}$$

其中:R = 促销效果

S_2 = 促销后的平均销售额

S_1 = 促销前的平均销售额

P = 促销成本

(三)旅行社产品的分销渠道策略

1. 旅行社产品分销渠道的类型

(1)直接分销渠道。直接分销渠道又称为零环节分销渠道,是指在旅行社和旅游者之间不存在任何中间环节,旅行社将产品直接销售给旅游者的一种分销渠道。直接分销渠道一般分为两种形式:①旅行社直接在当地旅游市场上销售其产品;②

旅行社在主要客源地区建立分支机构,通过这些机构向当地居民销售该旅行社的产品。

直接分销渠道是一种产销结合的产品销售方式,其优点在于:①简便。旅行社直接向旅游者销售其产品,手续简便,易于操作。②灵活。旅行社在销售过程中可以随时根据旅游者的要求对产品进行适当的修改和补充。③及时。旅行社通过直接向旅游者销售产品,可以及时将旅行社开发的最新产品尽快送到旅游者面前,有利于旅行社抢先于其竞争对手占领该产品的市场。④附加值高。旅行社在销售某项产品时可以随机向旅游者推荐旅行社的其他产品(如回程机票、车票、品尝地方风味等),增加产品的附加值。⑤销售成本低。直接分销渠道避开了横亘在旅行社和旅游者之间的中间环节,节省了旅游中间商的手续费等销售费用。

直接分销渠道的主要不足之处是覆盖面比较窄和影响力相对差。旅行社受其财力、人力等因素的限制,难以在所有客源地区均设立分支机构或销售点,从而使旅行社在招徕客源方面受到不利影响。

(2)间接分销渠道。间接分销渠道是指旅行社通过旅游客源地旅行社等中间环节将旅行社产品销售给旅游者的途径。按照分销渠道所包含的中间环节数量,间接分销渠道又划分为单环节分销渠道、双环节分销渠道和多环节分销渠道。(见图3-4)

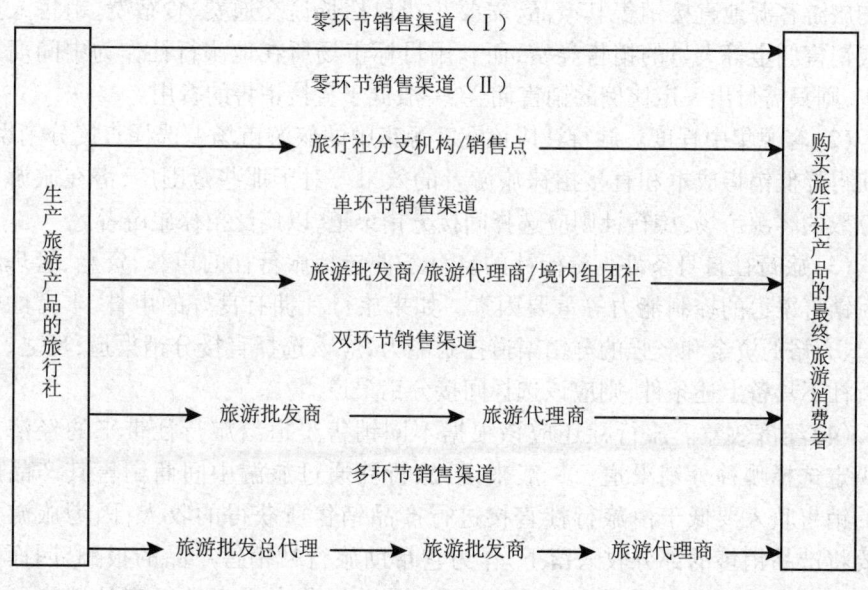

图3-4 旅行社产品销售渠道

间接分销渠道具有许多明显的优点。①影响面广。旅游中间商往往在客源地区拥有销售网络或同当地的其他旅游机构保持着广泛的联系,能够对广大的潜在旅游者施加影响。②针对性强。旅游中间商对所在地区旅游者的特点及其需求比较了解,能够有针对性地推销最适合旅游者需要的产品。③销售量大。旅游中间商是以营利为目的,专门经营旅游业务的企业,具有较强的招徕能力,能够成批量地购买和销售旅行社的产品。

间接销售渠道的主要缺点是销售成本高。由于间接销售渠道中存在着一个或多个中间环节,导致旅行社产品的最终价格提高,容易对旅行社产品的销售量造成某些消极影响。

2. 分销渠道的选择标准

(1) 与客源市场的距离。指旅行社所在地与目标客源市场所在地之间的距离。当目标市场距离旅行社较近或者与旅行社同在一个城市或地区时,旅行社应选择直接分销渠道,以达到节省销售费用、准确把握旅游者的需求变化动向和及时改进产品质量的目的。当目标市场较远时,旅行社应选择间接分销渠道。这是因为:①熟悉市场。由于生产产品的旅行社远离目标市场,很难对那里的潜在旅游者十分了解,而当地的旅行社则因长期与该地区的旅游者打交道,比较熟悉所在地区情况,能够根据当地旅游市场的特点进行有的放矢的宣传促销,吸引更多的潜在旅游者购买旅行社的产品。②节省销售费用。旅行社如果派遣销售人员到远离其所在地的旅游客源地直接销售其产品,需要花费包括长途交通费、食宿费、销售人员工资或销售佣金等大量的销售经费,而利用目标市场所在地旅行社作为中间商进行销售,则只需付出一定比例的销售佣金,一般低于直接销售的费用。

(2) 客源集中程度。旅行社应该在客源集中的旅游市场上选择直接分销渠道,以获得降低销售成本和直接招徕旅游者的效果。对于那些范围广,潜在旅游者非常分散的客源市场,旅行社则应选择间接分销渠道,以广泛招徕旅游者。

(3) 旅行社自身条件。旅行社的自身条件包括旅行社的声誉、资金、管理经验和对销售渠道的控制能力等重要因素。如果旅行社拥有良好的声誉、丰富的管理经验、充裕的资金和较强的分销渠道控制能力,应该选择直接分销渠道;反之,如果旅行社不具备上述条件,则应该选择间接分销渠道。

(4) 经济效益。旅行社还应该根据不同销售渠道给旅行社带来的经济效益来决定选择哪种分销渠道。一般来说,旅行社通过旅游中间商销售其产品所获得的销售收入要低于由旅行社直接进行产品销售所获得的收入,因为旅游中间商要将产品销售的部分收入留下,作为它帮助旅行社销售产品的报酬,因而使旅行社的产品销售利润降低。然而,旅行社通过旅游中间商进行产品销售可以为其节省数目可观的销售费用,从而降低了旅行社产品的销售成本,并提高旅行社的利润。因此,旅行社应该对实际经济效益进行对比,以选择经济效益比较好的分销渠道。

3. 间接分销渠道策略

(1)广泛性策略。广泛性策略是一种以建立广泛而松散的销售网络为手段,扩大产品销售量的分销渠道策略,其目的是建立一个由大量旅游中间商组成的销售网络。在这个网络里,旅行社与其合作伙伴达成默契,由后者向前者提供客源,并由前者根据销售额给予后者一定的报酬。双方之间不存在严格的相互约束关系。前者可以接待由销售网络以外的旅行社所组织的旅游者,后者也可以向前者的竞争对手提供客源。

广泛性策略的优点是:①销售范围广。旅行社可以通过客源地较多的旅游中间商推销其产品,方便旅游者的购买,有利于扩大产品的销售范围。②联系面大。旅行社通过客源地众多的旅游中间商进行产品销售,有利于加强同广大旅游者及潜在旅游者的联系,能够逐步树立起旅行社在广大旅游市场上的形象。

广泛性策略的缺点是:①销售成本高。旅行社必须同客源地大量的旅游中间商保持联系,无论后者提供多少客源,旅行社都必须经常与他们保持联系,并因此花费大量的通讯费用和其他销售费用,提高了产品的销售成本。②合作关系不稳定。广泛性策略对旅行社及其合作伙伴均无严格的约束,双方只是根据各自获利的情况来决定是否继续合作,难以保持稳定的合作关系,并导致旅行社产品的销售量不稳定。

(2)专营性策略。专营性策略是指旅行社在某一个客源市场只同当地一家旅行社建立合作关系,双方互为对方在当地的独家代理或总代理。换言之,前者只向后者提供产品,后者则只向前者提供客源,双方均不得在当地同对方的竞争对手进行业务往来。

专营性策略的优点是:①销售成本低。由于旅行社在一个地区或国家只同一个合作伙伴发生业务往来,所以通讯、业务谈判等产品销售方面的费用比广泛性策略节省很多,有利于销售成本的降低。②合作关系稳定。专营性策略对双方都具有较强的约束力,同时双方的经济利益比较一致,能更好地相互支持与合作,使合作关系比较稳定。

专营性策略的缺点是:①市场覆盖面窄。专营性策略要求旅行社在一个市场只能选择一个合作伙伴,是一种排他性的销售方式。这样,旅行社就无法接触该地区的其他旅游中间商。旅行社产品的销售量受到合作伙伴经营能力的严格限制,不利于扩大产品的销售范围。②风险大。采用专营性策略的旅行社完全依赖其合作伙伴在客源市场上进行产品销售。如果后者经营失误,前者就可能蒙受一定的经济损失。

(3)选择性策略。选择性策略是指旅行社在一个市场上仅选择少数几个在市场营销、企业实力、信誉和市场声誉等方面具有一定优势的旅游中间商作为合作伙伴的策略。

选择性策略的优点是：①销售成本低。由于构成分销渠道的合作伙伴数量较少，所以同广泛性渠道相比，旅行社用于销售方面的成本较低，有利于增加旅行社的利润。②市场覆盖面宽。同专营性渠道相比，选择性渠道所接触的旅游者更为广泛，从而使旅行社的产品能够在当地市场上具有较宽的覆盖面。③合作关系稳定。选择性渠道的合作伙伴同旅行社的业务往来比较多，双方在产品经营方面有着共同的业务兴趣和经济利益，因而在选择性渠道中双方的合作关系比较稳定，很少会发生广泛性渠道常见的合作伙伴"跳槽"现象。

选择性渠道的缺点：①实行难度大。旅行社产品在旅游市场上经常处于买方市场，旅行社寻找理想的合作伙伴难度较大。②具有一定风险。如果旅行社选择的合作伙伴不当，可能对产品销售造成不利影响。

4. 旅游中间商的管理

(1)旅游中间商的选择。旅行社在选择旅游中间商时，应坚持以下标准：①地理位置。旅行社应该选择那些位于旅游客源比集中的地区或毗邻地区的旅游中间商作为合作伙伴，因为他们对其所在地区的旅游市场更加了解，当地的居民也比较熟悉他们。②目标市场。旅行社应选择那些目标群体与旅行社目标市场相一致的旅游中间商作为合作伙伴。③合作意向。旅行社应重点考察和选择那些具有较强的合作意向，并且在经营业务方面比较依赖本旅行社产品的旅游中间商作为合作伙伴。④信誉。旅行社应重点考察旅游中间商的经济实力和偿付能力，并设法了解他们在与其他旅行社交往过程中是否守信用，有无长期拖欠应付账款或无理拒付欠款的历史。⑤声誉。旅行社应选择那些旅游者比较信任的旅游中间商作为合作伙伴，因为旅游者往往通过旅行社在当地的合作伙伴来判断该旅行社及其产品的质量和可信任程度。

(2)旅游中间商的日常管理。旅游中间商的日常管理包括建立客户档案、沟通信息、实施客户评价、采取折扣策略和适当调整客户五项内容。

①建立客户档案。旅行社应该建立起完整的客户档案。客户档案应按照旅游中间商的名称建立。旅行社在档案中记录每一个旅游中间商的历史和现状、输送旅游者的人数、频率、档次、欠款情况、付款时间等信息。通过对这些信息的分析和研究，旅行社销售人员能够对不同旅游中间商的能力、信誉、合作程度、合作前景等做出判断和预测，并据此对他们分别采取相应的对策。

②及时沟通信息。及时沟通信息是旅行社加强对旅游中间商管理的重要措施之一。旅行社及时向旅游中间商提供各种产品信息有助于旅游中间商提高产品推销的效果。同时，旅行社也能够根据旅游中间商提供的市场信息改进产品的设计，开发出更多的适销对路产品。

③实施客户评价。旅行社应对客户档案中的信息进行评价，以掌握每一位旅游中间商的现实表现及合作前景。客户评价应包括：a.积极性。客户的积极性是

配合旅行社销售工作的最好保证。许多旅行社产品是由旅游中间商卖出去的,其积极性直接影响着销售效果。b. 经营能力。经营能力的强弱标志着旅游中间商销售能力的大小,也直接影响旅行社产品的销售。旅行社在衡量客户经营能力时应重点考察其经营手段的灵活性、经营管理能力和市场覆盖面等多项指标。c. 信誉。旅游中间商的信誉是旅行社与其合作的基础,旅行社必须密切注意客户的信誉状况。

④ 采取折扣策略。折扣策略是以经济手段鼓励旅游中间商多向旅行社输送客源、调节旅游中间商输送旅游者的时间或鼓励旅游中间商及时向旅行社付款,以避免不良债权的重要方法。折扣策略包括数量折扣策略、季节折扣策略和现金折扣策略三个类型。

a. 数量折扣策略。数量折扣策略是旅行社为了鼓励旅游中间商多向旅行社输送客源所采取的一种策略。采用这种策略的旅行社以旅行社产品的基本价格为基础,根据旅游中间商销售旅行社产品的销售额给予他们一定程度的折扣。

b. 季节折扣策略。季节折扣是旅行社针对旅游淡旺季明显的特点,为了调节旅游中间商向旅行社输送旅游者的时间所采取的一种管理策略。由于客流量在不同季节的不均衡和旅行社产品不可储存的性质,使得客流量的时高时低现象成为严重影响旅行社经济效益的一个不利因素。为了缓解旅游淡、旺季的矛盾,旅行社采用季节性折扣的策略来调节旅游中间商向旅行社输送旅游者的时间。当旅游中间商在旅游旺季向旅行社输送旅游者时,旅行社按照产品的基本价格或略高于基本价格的产品价格向中间商收取旅游费用;当旅游中间商在旅游淡季向旅行社输送客源时,则可以享受一定比例的价格折扣。通过这种方法,旅行社可以达到鼓励旅游中间商在旅游淡季多向旅行社输送客源,平衡旅行社全年旅游接待流量的目的。

c. 现金折扣。现金折扣又称付款期折扣,是旅行社为了鼓励旅游中间商尽快向旅行社付款,避免或减少拖欠款、呆账等不良债权的管理措施。实行现金折扣的旅行社一般规定,如果旅游中间商能够在双方事先商定的付款期限之前偿付欠款,可以享受一定比例的现金折扣优惠。现金折扣一般应略高于旅游中间商所在地的银行利率,以刺激他们尽早付清所欠旅行社的各种费用。

⑤适当调整客户。旅行社在管理旅游中间商的过程中还可以根据旅游市场、旅游中间商和旅行社的自身发展等因素的变化对与之合作的旅游中间商做适当的调整。当出现下列情形之一时,旅行社应该对旅游中间商进行调整。

a. 旅游市场发生变化。旅行社应根据旅游市场的变化,及时调整与之合作的旅游中间商。例如,在旅游市场上,散客旅游发展迅速,成为一种主要的旅游客源。旅行社根据这一市场动态,选择某些具有一定经营实力并确有合作意向的专营或主营散客旅游业务的旅游中间商作为合作的伙伴。

b. 旅游中间商发生变化。当目前同旅行社合作的旅游中间商发生变化时，旅行社应对其进行适当的调整。例如，某旅游中间商在同旅行社合作期间，出于其自身的原因长期拖欠应付的旅游接待费用。旅行社在发现这一情况后，可相应地采取减少接待该中间商输送的旅游者，必要时停止与其合作等措施以避免更大的经济损失。又如，某旅游中间商违反与本旅行社达成的谅解，擅自将大量旅游者输送给本旅行社的竞争对手，从而急剧地减少了为本旅行社输送的客源。旅行社应针对这一情况，及时采取应对措施，在该旅游中间商所在的旅游市场上积极寻找新的合作伙伴，以逐步取代该旅游中间商。

　　c. 旅行社自身发生变化。旅行社自身发生变化的主要原因有：旅行社产品的种类和档次发生变化；旅行社开辟新的市场或扩大产品销售范围；旅行社的客源结构发生变化。旅行社在自身发生变化并影响与旅游中间商的合作关系时，应适当调整旅游中间商。例如，由于旅游市场的变化，旅行社将其经营的产品种类从以文化观光型的团体旅游产品为主转变为以度假型散客旅游产品为主。根据这一变化，旅行社应选择专营度假旅游产品或散客旅游产品的旅游中间商作为新的合作伙伴，以逐步取代经营文化观光旅游产品或团体旅游产品的旅游中间商。

第三节　旅行社的市场开发与品牌管理

一、旅行社的市场开发

（一）旅行社产品市场的类型

1. 区域型市场

　　区域型市场是指旅行社未曾进入的国家或地区的旅游市场。这些市场可能已经存在。但是，由于历史、地理、交通、企业发展战略方向等原因，旅行社以前没有将其作为自己的客源市场。所以，这些市场的旅游者对于该旅行社一无所知或知之甚少。同时，该旅行社对这些市场的了解也不多。例如，某旅行社以前主要经营日本和韩国的入境旅游市场。那么，北美地区的旅游客源市场就可能是该旅行社一个新的区域型市场。

2. 产品型市场

　　产品型市场是指旅行社未曾接触过的以某个旅游产品作为主要消费需求的消费群体。由于该旅行社以前并未经营过此类产品，所以不熟悉消费该旅游产品的消费群体的收入状况、受教育程度、消费偏好、购买习惯、购买时机、购买渠道等情况，而该旅游消费群体对该旅行社的情况亦不甚了解。例如，某旅行社过去主要经营国内团体旅游产品。因此，差旅计划管理产品的消费对象——企业顾客群体就可能是该旅行社未曾涉足的新的产品型市场。

3. 阶层型市场

阶层型市场是指旅行社以前没有为其提供过服务或产品的社会阶层。由于旅行社以前没有接触过这个社会阶层,所以对其旅游消费特点无从知晓。同样,该社会阶层对这家旅行社也不熟悉。例如,某旅行社以前主要为工薪阶层提供旅游服务。对这家旅行社而言,其他社会阶层的旅游者就可能是新的阶层型市场。

(二)旅行社产品市场的选择策略

1. 选择的目的

(1)降低开发风险。旅行社开发新的市场需要冒一定的风险,而选择最适宜的新市场进行开发是旅行社市场选择的重要目的之一。由于不同的市场所隐藏的风险不同,其转化成危机的可能性也各异。所以,旅行社应选择那些开发风险较低的市场,以降低风险转化成危机的可能性,提高市场开发的成功率。

(2)取得竞争优势。旅行社进入新的市场后,必须能够在新的市场环境里取得竞争优势,以便能够在较短时间里确立企业及其产品在新市场上的地位。所以,旅行社选择新市场的目的之一就是努力发现那些能够充分发挥自己特长的市场,以便能够在进入后取得竞争优势,为日后的发展奠定坚实的基础。

(3)增加经营收益。旅行社选择市场的一个重要目的是发现那些能够为旅行社带来较大经营效益的市场。为此,旅行社应通过对不同市场的分析,确定那些能够产生人口数量大、出游率高、消费水平高的市场作为目标市场进行开发,以便获得最大的经济效益。

2. 选择的标准

(1)可衡量性。作为旅行社选择目标市场的一个标准,可衡量性是指旅行社选择的目标市场应该是可以识别和衡量的。该市场不仅范围明确,而且其容量也能大致作出判断。目标市场的旅游者应对旅游产品的需求偏好具有明显的特征,应与其他旅游市场之间存在明显的区别。

(2)可进入性。可进入性是指目标市场应是通过努力能够使旅行社的产品进入并对该市场的旅游者及其他顾客施加影响。旅行社产品的信息应能够通过一定媒体顺利传递给目标市场的大多数旅游消费者或旅行社在一定时期内有可能将产品通过一定的分销渠道运送到目标市场。另外,可进入性还表示目标市场与旅行社所在国家或地区之间的交通便利,使旅游者能够方便地往返于旅游目的地与旅游客源地之间。

(3)适度的规模。目标市场的规模是指该市场上具有旅游消费能力与意愿的居民人数。然而,从旅游市场营销的角度来看,市场规模不仅包括居民的旅游消费能力和消费意愿,而且包括居民对旅游产品的购买能力和购买频率。旅行社所选择的目标市场应具有一定的规模,使旅行社在进入该市场后能够通过经营获得合理的经营收益。

(4)市场发展潜力。旅行社选择的目标市场不仅能为企业当前经营创造利益,而且还能为旅行社的未来发展带来长远利益。因此,目标市场必须要具有一定的发展潜力。旅行社所选择的目标市场不应处于成熟期或衰退期。因为,处于成熟期的市场已经没有发展的潜力了,而处于衰退期的市场更像是一个陷阱。只有处于初创期或成长期的市场才可能具有发展潜力,成为旅行社可选择的目标市场。

(三)旅行社产品市场的开发策略

1. 旅行社产品市场的进入策略

(1)直接进入策略。直接进入是指旅行社通过在目标市场建立分支机构,直接向当地居民开展市场营销,吸引旅游者购买其产品。这是一种避开中间环节,直接面对消费者的市场开发方式。

直接进入策略的优点是:①进入成本低。旅行社以建立分支机构的方式进入目标市场,省掉了向目标市场旅游中间商支付的佣金或折扣,从而使其进入成本大幅降低。②信息沟通准确。旅行社直接面对旅游产品的最终消费者,不必经过旅游中间商传递,从而减少甚至避免了信息的扭曲和丢失。③有利于树立品牌。旅行社在目标市场以本企业的名义进行宣传和促销,能够使旅游者尽快熟悉本企业及其产品,从而易于树立起企业及其产品的品牌。

直接进入策略的不足是:①市场覆盖面窄。旅行社受财力和人力的限制,很难在目标市场开设大量分布在目标市场各地区的分支机构,所以其在目标市场的覆盖面较窄。②市场进展较慢。旅行社由于刚刚进入目标市场,对于市场环境需要一段熟悉的过程。一般来说,旅行社直接进入目标市场后往往进展较慢,不利于达到迅速占领市场的战略目标。③运营成本较高。旅行社在远离总部的目标市场设立分支机构,需要派遣或雇用一定数量的人员。为了维持分支机构的经营和管理,旅行社需要支付较大的经营管理费用。所以,旅行社采取直接进入方式开发新市场的运营成本较高。

(2)委托进入策略。委托进入是指旅行社与目标市场的旅游中间商建立起委托—代理关系,通过后者进入目标市场的市场开发方式。有时,目标市场的范围广阔,一家旅游中间商难以覆盖整个市场。因此,旅行社可能委托多家旅游中间商充当代理,或者由一家旅游中间商作为总代理,然后由总代理再与目标市场的其他旅游中间商建立委托—代理关系,形成一个委托—代理网络。

委托进入策略的优点是:①市场覆盖面广。旅游目的地的旅游中间商一般都会拥有一些分布在市场各个角落的营销网点。因此,旅行社通过旅游中间商进入目标市场,比通过直接在当地设立分支机构的方式在目标市场的覆盖面更加广阔。如果旅行社采取总代理—分代理的模式进入市场,则其在目标市场的覆盖面会更广。②市场扩展迅速。旅游中间商往往在目标市场经营多年,对于目标市场比较熟悉,所以,旅行社通过旅游中间商进入目标市场,能够迅速打开局面。③运营成本低。旅行社通过旅游中间商进入目标市场,无须建立分支机构和派遣经营管理人员,所以不必承担任何经营管理费用。因此,旅行社采取委托进入的方式开发市场的运营成本远远低于直接进入法。

委托进入策略的不足是:①进入成本高。旅行社通过与旅游中间商的合作进入目标市场,必须向后者支付一定比例的佣金或折扣。另外,旅行社还需要承担与旅游中间商之间的大量通信费用。因此,旅行社采取委托进入法通常比采取直接进入法开发市场所付出的进入成本高得多。②信息失真度高。旅行社采取委托进入的方式开发目标市场,在旅行社与旅游者之间横亘了一个甚至多个中间环节,容易造成信息失真。③不利于树立品牌。旅行社采取委托进入方式开发新市场,主要依赖旅游中间商的宣传和促销。旅游中间商通常使用本企业的品牌进行宣传和促销,很少甚至根本不会提及作为委托人的旅行社的企业品牌和产品品牌。因此,目标市场上的旅游者尽管可能最终购买和消费了旅行社的产品,但是他们却不了解旅行社的品牌。换言之,他们通过购买和消费这些产品,增加了对旅游中间商品牌的认可程度,而对于真正提供这些产品的旅行社的品牌却无从知晓。由此可见,委托进入的市场开发方式不利于旅行社在目标市场上树立自己的企业形象和品牌。

2. 旅行社产品市场的巩固策略

(1)培育市场形象。旅行社进入新市场之后,应积极进行市场形象的培育。为此,旅行社应根据企业的总体发展战略、市场营销战略、市场定位、旅游产品类型、旅游者的消费习惯、旅游者获取信息的主要渠道等情况,开展以培育旅行社的市场形象为主要目标的宣传促销活动。

(2)建立市场品牌。旅行社在培育市场形象的工作取得一定进展之后,应着手建立在该市场上的企业品牌和产品品牌。旅行社必须注重品牌的宣传,维护品牌形象,扩大品牌的影响。为此,旅行社必须扩大旅游产品的销售范围,以提高企业的知名度。同时,旅行社还应努力向市场提供适销对路的优质产品,以提高企业的美誉度。旅行社通过不断地提高企业和产品在目标市场上的知名度和美誉度,使其品牌在目标市场上牢固地树立起来。

二、旅行社的品牌化经营与管理

(一)品牌的内涵与特征

1. 旅行社品牌的基本概念

品牌是指用以区别不同销售者所售产品或服务的名称、词语、图案、标记或其他特征。① 旅行社及其产品的品牌则是旅行社为了与同类企业相区别而创建,具有

---

① 杜江. 旅行社经营与管理. 天津:南开大学出版社,2001.

明显个性特征的企业形象或产品形象。一般来说,旅行社品牌的基本概念包括:

(1)品牌名称。指旅行社品牌中可以用语言表达的部分,包括文字与数字,通常是识别旅行社及其产品的唯一标志,如旅行社的名称、旅游线路的名称等。

(2)品牌标记。旅行社品牌中非文字或数字表述的部分,如旅行社的社徽。

(3)注册商标。指旅行社依法注册的标记或旅游线路名称等,如"三峡""熊猫旅游"等,表明旅行社是这些标记或名称的唯一合法使用者。

2. 旅行社品牌的特征

(1)独特性。旅行社的品牌必须具有能够反映其特色和个性的特点,以便能够使旅游者轻而易举地将其与竞争对手区别开来。因此,旅行社在创建品牌时,应避免以行业内使用频繁的词语或容易与其他旅行社及其产品混淆的标志,以便在旅游市场上凸显本旅行社及其产品的独特性。

(2)恰当性。旅行社的品牌要能够恰当地表达其特点和优点,以帮助旅游者辨认和识别旅行社及其产品的形象。

(3)易于记忆性。旅行社的品牌应便于记忆和使用,而且不会产生歧义。旅行社的品牌名称中不应使用冷僻词语,品牌标志则应形象生动,文字应简洁、易懂,能够易于被旅游者记忆和接受。

(4)灵活性。旅行社在创建品牌时,应注意为日后的发展留有余地,以便在将来业务范围发生变动时,旅行社能够继续使用品牌的名称、标记和注册商标,而不必进行更改。

(二)品牌化经营的意义

1. 赢得竞争优势

旅行社经营的成功在很大程度上取决于它能否赢得足够的市场份额,而市场份额的大小又往往取决于旅行社产品的差异化程度。产品差异化程度越高,旅行社制定高价的可能性就越大,排斥新竞争者的进入壁垒就越高,竞争优势和获利能力就越强。旅行社一旦拥有强势品牌,旅游者对旅行社及其产品的认知度就会大大提高,从而使旅行社以独特的销售点获得市场的竞争优势。由此可见,旅行社实施品牌化经营有利于它在旅游市场上赢得竞争优势。

2. 促进产品的销售

旅行社的品牌能够产生亲和力,使旅游者一闻其名就联想到其提供的优质服务,并对旅行社及其产品产生长期的信任。旅游者购买拥有优良品牌的旅行社产品,可以减少购买的遗憾和风险。因此,旅行社实施品牌化管理,能够增强旅游者对旅行社及其产品的信任,刺激其购买的兴趣,坚定其购买的决心,从而增加旅行社产品的销售数量和扩大产品的销售范围。

3. 提高经济效益

(1)提高产品的附加值。名牌旅行社的产品和普通旅行社的产品一样,都能够满足旅游者的旅游需求。但是,名牌旅行社产品还能够满足旅游者因享受名牌企业的服务所产生的心理满足。换言之,旅游者购买普通旅行社的产品,只能获得旅游消费的利益,而购买名牌旅行社产品则既能够得到旅游消费的利益,又能够获得心理满足的利益。许多旅游者愿意为了获得更多的利益而支付额外的费用。这种额外的费用就是旅行社产品的附加值。旅行社正是通过创立企业品牌和产品品牌,提高其产品的附加值,进而获得更高的经济效益。

(2)扩大市场占有率。随着旅行社产品的日益丰富和旅游买方市场的形成,旅游市场向高价值品牌集中的速度必将加快。旅行社拥有知名品牌,就能增强对市场的感召力,从而获得较高的市场占有率。

(3)增加旅行社的无形资产。在旅游市场上享有盛名的优秀品牌,不仅能给旅行社带来强大的增值功能,而且能够增加旅行社的无形资产。旅行社产品所具有的生产与消费同时性的特点,使名牌旅行社的品牌产品较之制造业的有形品牌产品,能够少受假冒产品的冲击,其知名度、美誉度等无形资产的价值也较有形品牌产品的价值少受损害,并产生更为可观的直接经济效益。

4. 加速集团化建设

发展旅行社集团,必须有一个"名牌"的旅行社为核心企业。只有这样,旅行社集团才有可能为社会公众所认可,为众多成员旅行社带来客源和经济利益,从而也得到他们的认可,乐意成为集团成员。

(三)旅行社品牌的管理

1. 树立强烈的品牌意识

随着市场经济体制的确立,旅行社产品的供求关系已经由过去的供不应求或供求大体平衡转变为供大于求,进而导致旅行社产品市场上的价格战愈演愈烈。一般来说,优质旅行社坚持规范经营,其经营成本亦较高。同时,为了保证产品质量,优质旅行社采购的旅游服务质量高,所付出的代价也较大,导致产品的价格较高,在价格大战中处于劣势。因此,旅行社必须树立强烈的品牌意识,打造具有鲜明特色和个性的企业品牌和产品品牌,努力把产品优势转化为品牌优势,以便在市场竞争中脱颖而出,立于不败之地。

2. 坚持以质量为品牌基础

品牌和质量是紧密相连的,其竞争力源于产品的高质量。纵观各国的著名旅行社品牌,无一例外都在孜孜不倦地追求产品的高质量。旅行社产品质量一旦下降,旅游者便会丧失对其品牌的信任,该品牌的竞争力亦将随之而江河日下。因此,旅行社必须把质量视为品牌的生命,不仅要坚持按照质量标准提供产品,而且要不断开发特色产品,以使旅行社及其产品的品牌赢得长远和广阔的市场。

3. 创品牌与上规模联动

旅行社品牌的建设与企业规模的发展是相辅相成、相得益彰的。一方面,旅行社通过企业规模的扩展,有效地辐射市场,为广大旅游者所熟悉,成为闻名遐迩的强势品牌;另一方面,拥有强势品牌的旅行社,能够利用品牌的强大感召力迅速扩大企业的规模,实现企业资产在品牌旗帜下的集中、优化、扩张。因此,旅行社在品牌管理过程中,必须坚持以实力较强和自有品牌的旅行社为龙头,通过股份制、连锁、兼并等形式组建大型企业集团,以此推动强势品牌的发展,从而形成大品牌与大企业之间互相影响、互相渗透、共同发展的良性循环;同时,旅行社应该借助企业规模,在旅游市场上加大品牌的渗透力度,扩大品牌产品的覆盖范围,提高品牌的知名度。只有这样,旅行社才能既发挥品牌效应,又取得规模效益,迅速提高旅行社及其产品在旅游市场上的竞争力。

典型案例 旅行社产品的开发与旅游服务的采购

2001年年初,天津观光旅行社的周凯总经理在作市场分析时发现,当年是中国共产党成立八十周年,一些高等学校打算组织学生到革命老区进行革命传统教育。周总经理认为,应该抓住这一契机,设计和开发"革命传统教育游"产品。由于这种产品以前未曾面市,能够成功与否,周总经理并非有十分的把握。于是,他首先到革命老区——河北省平山县西柏坡村进行实地考察,了解当地的景点、参观线路、接待设施、导游水平以及往返于天津和西柏坡村所需的时间。同时,他还与当地的乡、村干部及接待单位的负责人座谈,了解景点门票、食宿的价格。通过实地考察,周总经理认为新产品不仅有较大的市场需求,能够吸引较多的旅游者前来,而且由于西柏坡村及其附近地区可用于接待旅游者的住宿设施数量较少,必须提前预订,以保证在旅游旺季时的供给。于是,他便同当地的旅馆和招待所签订了客房包租协议,以较低的价格包租了当年的全部客房。

同年4月,新产品开发成功后,观光旅行社并没有立即大张旗鼓地刊登广告进行宣传促销,而是先在较小的范围进行试销。到了6月底,市场上一些旅行社已经开始推出同类产品时,周总经理认为时机成熟,决定大规模地进行促销宣传。广告刊出后,由于该旅行社的产品在价格、线路、包含的内容等方面均具有较大优势,吸引了大量的旅游者。此时,由于北京、天津等地的旅游者报名踊跃,各家旅行社应接不暇。但是,由于西柏坡村及其附近地区的住宿设施已经被天津观光旅行社全部包租,其他旅行社只好将旅游者安排到平山县甚至石家庄住宿。这样,既增加了往返的交通费用,也减少了旅游者在西柏坡的停留时间,从而引起一部分旅游者的不满。

周总经理及其同事们充分利用了这种对本旅行社十分有利的市场形势。一方面,他们向前来咨询的旅游者介绍该旅行社在提供旅游者住宿方面的优势,吸引更多的旅游者报名参加由该社组织和接待的旅游团队;另一方面,他们又在其包租的旅馆和招待所出现空闲客房时,将其转租给其他旅行社,从而增加了收入。这一年,观光旅行社凭借新开发的"革命传统教育游"产品获得了丰厚的经营收入,为来年的经营和企业的进一步发展准备了更多的资金。

资料来源:作者根据在天津观光旅行社的实地调研结果整理。

思考与练习

1. 组合旅游产品与包价旅游产品之间存在哪些区别?
2. 旅行社在经营产品开发业务时应遵循哪些原则?
3. 旅行社产品市场的直接进入策略有哪些优点?
4. 旅行社在旅游服务采购中可采取哪些策略,这些采购策略的适用范围是什么?

自测题

1. 在旅游市场上受旅游者欢迎程度高但赢利水平低的产品是(　　)。
   A. 明星产品　　　　　B. 问号产品
   C. 金牛产品　　　　　D. 金钱陷阱产品
2. 专营性销售渠道策略一般适用于旅行社(　　)时期。
   A. 开辟新市场　　　　B. 扩大市场份额
   C. 寻找合作伙伴　　　D. 即将退出市场
3. 在下列旅游产品中,属于按照旅游动机划分的产品是(　　)。
   A. 团体旅游　　　　　B. 包价旅游
   C. 散客旅游　　　　　D. 探险旅游

第四章

旅行社的接待业务

篇首案例　不要让游客留下遗憾

　　2005年的冬季，吉林市某旅行社的导游员小陆接待了一个来自香港的旅游团。按照接待计划，旅游团抵达后的第二天早上，旅行社安排他们去松花江边欣赏雾凇，并游览松江中路的景观带。从当地的天气预报来看，第二天的雾凇景色会很好。小陆为旅游活动作了充分的准备。

　　第二天早上，小陆就带领游客们出发了。旅游团里的很多人都是第一次体验到千里冰封的北国风光，很想步行到江边。于是，他们就向小陆提出了步行到江边游览的要求。小陆认为饭店距离江边很近，就爽快地答应了。当小陆陪同游客们走上江桥时，感觉到风力较大，可能会影响雾凇的形成，心里不禁有了几分担心。

　　到了江边，小陆发现，虽然雾凇出现了，但是，却比较稀少，而且很快就会脱落。于是，小陆改变了以往先讲解、后游览的规范导游方式，让游客们抓紧时间拍照和欣赏雾凇奇景。她一边引导客人们欣赏柳树上绽放出的银白色花朵的细节，让客人们体会到雾凇的晶莹剔透，一边向游客们讲解雾凇的成因、出现条件和观赏要领。当她发现了几棵挂着浓密雾凇的松树时，便连忙招呼游客们前来观赏和拍照。客人们的情绪始终十分高涨。大家对小陆的敬业精神和热情的服务态度十分欣赏。

　　当太阳升到天空，雾凇已经基本上脱净时，按照当地旅行社业的接待规范，观赏雾凇的活动应该结束了。但是，小陆却发现游客们的游兴仍浓。为了让游客们不留下遗憾，小陆征求了领队的意见后，决定延长在江边的游览时间。于是，她将游客们集中起来，向大家讲解了清朝的康熙皇帝和乾隆皇帝在松花江边的传奇故事，以及松花江与长白山的民间传说。游客们一边观赏着松花江上的冰雪美景，一边兴趣盎然地听着小陆的讲解，为她那丰富的知识和风趣的语言所倾倒。

　　讲解完毕，小陆又提议游客们到江边进行堆雪人、打雪仗等活动。大家十分高兴地接受了这个建议。于是，小陆一边组织游客，一边教给这些来自炎热南国的游客打雪仗和堆雪人的技巧和要领。游客们在江边上玩得很起劲，一直到了中午，才依依不舍地离开美丽的松花江边。

回到饭店后,小陆不顾疲劳,来到每一位客人的房间,提醒客人们多喝些热水,并作适当的休息。午餐时,她主动找到餐厅经理,请厨房将预订的汤菜改为明火加热的方式,由服务员端上餐桌,使这些同冰雪打了一上午交道的南方游客能够始终喝到热汤。小陆细心周到的服务和对游客们无微不至的关怀体贴,使游客们和领队十分感动。大家在离开吉林市返回香港前,依依不舍地同小陆告别,表示回去后要把这段美好的经历告诉家人和亲朋好友,让更多的人来吉林市旅游。

资料来源:梁智,刘春梅,张杰. 旅行社经营管理精选案例解析. 北京:旅游教育出版社,2007.

第一节　团体旅游的接待与管理

一、团体旅游的类型与特点

(一)团体旅游的类型

1. 入境团体旅游

入境团体旅游,是指由旅游目的地国家的旅行社到其他国家或地区招徕旅游者,或者委托境外的旅行社等机构进行招徕,并将他们组织成10人以上(含10人)的团体,前来旅游目的地国家的旅游活动。入境旅游团体由境外起程,在旅游目的地国家的口岸入境,并在其境内进行一段时间的游览参观活动,最后从入境的口岸或另外的开放口岸出境返回原出发地。

2. 出境团体旅游

出境团体旅游,是指旅游客源国或地区的旅行社招徕本国公民并将他们组织成10人以上(含10人)的旅游团队,前往其他国家或地区进行的旅游活动。出境旅游团体由本国或本地区起程,在旅游目的地国家的口岸入境,并在其境内进行一段时间的游览参观活动,最后从入境的口岸或另外的开放口岸出境返回本国或本地区。

3. 国内团体旅游

国内团体旅游,是指一个国家的旅行社招徕本国公民,并将他们组织成10人以上(含10人)的旅游团队,前往国内的某个或某些旅游目的地进行的旅游活动。国内团体旅游包括旅游团队前往附近的旅游目的地进行的短途旅游和前往其他省(直辖市、自治区)旅游目的地进行的省际旅游。

(二)团体旅游的特点

1. 入境团体旅游的特点

(1)停留时间长。入境旅游团队的第一个特点是在旅游目的地停留的时间比较长。以中国的旅游市场为例,除了少数港澳同胞来内地旅游的团队外,多数入境旅游团队在中国内地旅游时,通常在几个甚至十几个城市或旅游景点所在地停留。因此,入境旅游团队的停留时间少则一周,多则十几天,少数入境旅游团队曾经创下在华旅游时间长达40多天的纪录。由于在旅游目的地停留的时间长,所以入境旅游团队在旅游期间的消费一般较多,能够给旅游目的地带来比较多的经济收益。因此,旅行社在接待入境旅游团队时,应针对这个特点,为入境旅游团队安排和落实其在各地的生活服务和接待服务,使旅游者慕名而来,满意而归。

（2）外籍人员多。入境旅游团队多以外国旅游者为主体,其语言、宗教信仰、生活习惯、文化传统、价值观念、审美情趣等均与旅游目的地国家有较大差异。以我国的旅游市场为例,即使在由华侨或华裔所组成的旅游团队中,多数旅游者由于长期居住在境外,其生活习惯、语言、价值观念等方面也发生了重大变化。例如,许多来华旅游的海外华人已经基本上不会讲汉语,或根本听不懂汉语普通话了。因此,旅行社在接待入境旅游团队时,必须充分尊重他们,为其配备熟悉其风俗习惯、文化传统并能够熟练地使用外语进行导游的人员担任入境旅游团队的全程陪同或地方陪同。

（3）预订期长。入境团体旅游的预订期一般比较长,从旅游中间商开始向旅游目的地的接待旅行社提出接团要求起,到旅游团队实际抵达旅游目的地时止,旅行社同旅游中间商之间需要进行多次的通信联系,不断地对旅游团队的活动日程、人员构成、旅游者的特殊要求等事项进行反复磋商和调整。另外,旅游中间商还要为旅游团队办理前往旅游目的地的交通票预订、申请和领取护照和签证等手续,组织散布在各地的旅游者在事先约定的时间到指定地点集合,组成旅游团队并搭乘预订的交通工具前往旅游目的地。因此,相对于国内团体旅游,入境团体旅游的预订时间一般比较长,有利于接团旅行社在旅游团队抵达前充分做好各种接待准备,落实各项旅游服务安排。

（4）落实环节多。在各种团体旅游接待工作中,入境旅游团体接待业务要求接团旅行社负责落实的环节最多。入境旅游团在旅游目的地停留的时间长,且游览的地点比较多,其旅游活动往往涉及旅游目的地的各种有关的旅游服务供应部门和企业。为了安排好入境旅游团的生活和参观游览,接待旅行社必须认真研究旅游接待计划,制定出缜密的活动日程,并逐项落实整个旅行过程中的每一个环节,避免在接待中出现重大人为事故。

（5）活动日程变化多。入境团体旅游的活动日程变化比较多,如出发时间的变化、旅游团人数的变化、乘坐交通工具的变化等。因此,接团旅行社在接待过程中应密切注意旅游团活动日程可能出现的变化,及时采取调整措施,保证旅游活动的顺利进行。

2. 出境团体旅游的特点

（1）活动日程稳定。出境旅游团的活动日程一般比较稳定,除非发生极其特殊的情况,否则它的活动日程很少发生变化。无论是组织出境旅游团的旅行社,还是负责在旅游目的地接待的旅行社,都必须严格按照事先同旅游者达成的旅游协议,安排旅游团在境外及境内的各项活动。组织出境旅游的旅行社应委派具有丰富接待经验的导游员担任出境旅游团的领队,负责在整个旅行途中关照旅游者的生活。

(2)消费水平高。出境旅游团的消费水平比较高,他们一般要求在旅游期间乘坐飞机或豪华客车,下榻在档次比较高的饭店,并往往要求在就餐环境比较好的餐厅用餐。此外,出境旅游团的购物欲望比较强烈,采购量和采购商品的价值均较大。我国出境旅游团在旅游目的地的购物消费甚至超过来自某些发达国家的旅游者,深受当地商店的欢迎。因此,旅行社的领队在陪同出境旅游团在境外旅游期间,应在当地接待旅行社导游人员的配合下,组织好旅游者的购物活动,满足他们的需要。

(3)文化差异比较大。出境旅游团队的成员中,有许多人从未到过旅游目的地国家或地区,缺乏对那里的历史、文化、风俗习惯等的了解,与当地居民之间存在着较大的文化差异。特别是像我国这样的自身文化传统悠久,出境旅游发展时间较短的国家,旅游者除了在文化上与旅游目的地国家(地区)有较大的差别外,在语言方面也存在着与目的地居民交流的障碍。目前,我国参加出境旅游的旅游者,除个别人外,外语水平一般比较低,许多人干脆根本不懂外语。到达境外后,同当地人交流成为一个严重的问题。有些旅游者由于既不会讲当地语言也不懂国际通用的英语,结果闹出不少的误会和笑话,甚至发生上当受骗的事情。因此,旅行社应选派熟悉旅游目的地国家或地区的风俗习惯、历史沿革,精通旅游目的地语言或英语的导游员担任出境旅游团的领队,在境外充当翻译,以帮助旅游者克服文化和语言方面的障碍。

3. 国内团体旅游的特点

(1)准备时间短。国内旅游团的预订期一般比较短,而且由于不需要办理护照、签证等手续,所以国内旅游团的成团时间较短。有些时候,从旅游者提出旅游咨询到旅游团成团出发,只需要一周的时间,使得旅游客源地的组团旅行社来不及用书面形式及时通知旅游目的地接待旅行社,只好先用电话通知,然后再补发书面旅游计划。旅行社在接待国内旅游团时常会感觉准备时间不像接待入境旅游团或出境旅游团那样充裕。针对这个特点,旅行社应一方面在平时加强对接待人员的培训,使他们熟悉国内团体旅游接待的特点和要求,以便在接到旅游接待计划后能够在较短时间内制定出当地的活动日程,做好各项接待准备。另一方面,旅行社应根据当地旅游资源和本旅行社接待人员的特点,设计出针对不同国内旅游团的接待规范和标准活动日程,使接待人员能够按照接待规范和标准活动日程进行接待准备,提高接待准备工作的效率。

(2)日程变化小。国内旅游者一般对于前往的旅游目的地具有一定程度的了解,并能够在报名参加旅游团时对旅游活动日程作出比较理智的判断,因此他们很少在旅游过程中提出改变活动日程的要求。另外,国内旅游者往往把旅行社是否严格按照事先达成的旅游协议所规定的活动日程安排在旅游目的地的浏览活动看成旅行社是否遵守协议,保证服务质量的重要标志。所以,他们对于旅行社更改活动日程的反感较之入境旅游团和出境旅游团更加强烈。旅行社在接待国内旅游团时,必须注意到国内团体旅游接待业务的这一特点,尽量避免更改活动日程。

(3)消费水平差别大。参加国内旅游团的旅游者生活水平参差不齐,既有收入丰厚的个体或乡镇企业家、外企高级管理人员和工程技术人员、某些经济效益好的企业员工,也有中等收入水平的工薪阶层人士,还有在校的青年学生。不同生活水平的旅游者在旅游消费水平方面的差异很大。例如,有些消费水平高的旅游者可能要求在档次较高的星级饭店下榻和就餐,乘坐豪华客车、增加购物时间,而另一些消费水平较低的旅游者则可能对住宿、餐饮、交通工具等要求不高,希望增加参观游览时间,减少购物时间。旅行社在接待不同的国内旅游团时,应根据他们的消费水平和消费特点,制定适当的活动日程,以满足不同类型旅游者的需要。

(4)讲解难度小。国内旅游团在游览各地旅游景点时,旅游者一般对这些景点事先有所了解,对于导游员在讲解过程中所使用的历史典故、成语、谚语、歇后语等比较熟悉,容易产生共鸣。因此,导游员在导游讲解中可以充分运用各种方法,生动地向旅游者介绍景点的情况,而不必向接待入境旅游团那样,因担心文化上的差异和语言方面的困难而不得不放弃一些精彩的历史典故介绍,也不必担心因旅游者无法理解导游讲解中所使用的各种成语、谚语、歇后语等而影响导游讲解的效果。

二、团体旅游的接待过程管理

(一)准备接待阶段的管理

1. 委派适当的接待人员

接待部门在接到本旅行社销售部门或客源地组团旅行社发来的旅游计划后,应根据计划中对旅游团情况的介绍和所提出的要求,认真挑选最适合负责该旅游团接待工作的导游员。为了能够做到这一点,接待部门负责人应在平时对本部门导游员的性格、能力、知识水平、身体条件、家庭情况、思想状况等进行全面了解,做到心中有数。当接待任务下来时,接待部门经理便能够根据旅游团的特点,比较顺利地选择适当的导游员承担接待任务。例如,在接待专业旅游团时,接待部经理应选择在该专业领域具有一定知识的导游员担任接待人员,以有利于相互之间的交流,有利于导游员更好地为旅游者提供接待服务。又如,在接待主要由中年妇女组成的旅游团时,接待部经理则应为她们挑选一位年龄相仿,对商店购物比较在行的女导游员。这位导游员比较了解旅游者的心理,能够提供具有针对性的服务,使旅游者感到满意。

2. 检查接待工作的准备情况

接待部门经理应在准备接待阶段注意检查承担接待任务的导游员准备工作的进展情况和活动日程的具体内容。对于进展较慢的导游员,应加以督促;对于活动日程中的某些不适当安排,应提出改进意见;对于重点旅游团的接待计划和活动日程,应予以特别关照;对于经验较少的新导游员,则应给予具体的指导。总之,接待部经理应通过对接待工作的准备情况的检查,及时发现和堵塞漏洞,防患于未然。

(二)实际接待阶段的管理

1. 建立请示汇报制度

旅游团队接待工作是一项既有很强的独立性又需要由旅行社加以严格控制的业务工作。一方面,担任旅游团接待工作的接待人员,特别是导游人员应具有较强的组织能力、独立工作能力和应变能力,以保证旅游活动顺利进行。那种动辄就请示汇报,不肯动脑筋或不能动脑筋主动想办法解决问题,遇到困难绕着走的人不能够胜任独立接待旅游团的重任。另一方面,凡事不请示、不汇报,特别是遇到旅游接待计划须作出重大变更的情况也不请示,擅作主张,甚至出了事故隐匿不报的做法也是极端错误的。为了加强对旅游团接待过程的管理,旅行社应根据本旅行社和本地区的具体情况,制定出适当的请示汇报制度。这种制度既要允许接待人员在一定范围内和一定程度上拥有随机处置的权力,以保证接待工作的高效率,又要求接待人员在遇到旅游活动过程中的一些重大变化或发生事故时及时请示旅行社相关管理部门,以取得必要的指导和帮助。只有建立和坚持这种适当的请示汇报制度,才能保证旅游团的接待顺利进行。

2. 抽查与监督接待现场

除了建立适当的请示汇报制度以保证接待人员能够将接待过程中发生的重大情况及时准确地传达到旅行社接待部门,使接待部经理和旅行社总经理等有关的管理人员能够随时掌握各旅游团接待工作的进展情况外,旅行社还应建立旅游团接待现场抽查和监督的制度,由接待部经理或总经理等在事先未打招呼的情况下,亲自到旅游景点、旅游团下榻的饭店或旅馆、就餐的餐馆等旅游团活动的场所,直接考察导游人员的接待工作情况并向旅游者了解对接待工作及各项相关安排的意见,以获取有关接待方面的各种信息。旅行社接待管理人员通过现场抽查和监督,可以迅速、直接地了解接待服务质量和旅游者的评价,为旅行社改进服务质量提供有用的信息。

(三)总结阶段的管理

1. 建立接待总结制度

为了达到提高旅游团接待工作效率和服务质量的目的,旅行社应建立总结制度,要求每一名接待人员在接待工作完成后对接待过程中发生的各种问题和事故、处理的方法及其结果、旅游者的反映等进行认真总结，必要时应写出书面总结报告，交给接待部经理。接待部经理应认真仔细地阅读这些总结报告，将其中的成功经验加以宣传，使其他接待人员能够学习借鉴，并将接待中出现的失误加以总结，并提醒其他接待人员在今后的工作中尽量避免犯同样的错误。通过总结，达到教育员工，提高接待水平的目的。

此外，接待部经理还可以采用其他方式对旅游团接待过程进行总结。例如，旅行社接待部经理可以采用听取接待人员当面汇报，要求接待人员就接待过程中发生的重大事故写出书面总结报告，抽查接待人员填写的《陪同日志》、《全陪日志》、《领队日志》等接待记录方式。通过这些总结方式，旅行社接待管理人员能够更好地了解旅游者接待情况和相关服务部门协作情况，及时发现问题，采取改进措施。

总之，旅行社接待管理人员应通过总结旅游团接待情况，不断积累经验，以便进一步改进产品、提高导游人员业务水平和完善协作网络。

2. 处理旅游者的表扬和投诉

处理旅游者对导游员接待工作的表扬和投诉是总结阶段中旅行社接待管理的另一项重要内容。一方面，旅行社通过对优秀工作人员及其事迹的宣扬，可以在接待人员中树立良好的榜样，激励旅行社接待人员不断提高自身业务素质；另一方面，接待管理人员通过对旅游者投诉的处理工作，既教育了被投诉的导游员本人，也对其他接待人员有警示作用，使大家在今后的接待工作中不再犯类似的错误。

第二节 散客旅游与门市服务

一、散客旅游产品的类型

（一）单项委托服务业务

1. 受理散客旅游者来本地旅游的委托业务

旅游者在外地委托当地的旅行社办理前来本地旅游的业务，并要求本地的旅行社提供该旅游者在本地旅游活动的接待或其他旅游服务。旅行社散客业务人员应在接到外地旅行社的委托通知后，立即按照通知的要求办理旅游者所委托的有关服务项目。如果旅游者要求旅行社提供导游接待服务，旅行社应及时委派本部门的导游员或通知接待部委派导游员前往旅游者抵达的地点接站并提供相应的导游讲解服务和其他服务。如果旅行社认为无法提供旅游者所委托的服务项目，应在接到外地旅行社委托后24小时内发出不能接受委托的通知。

2. 办理散客旅游者赴外地旅游的委托业务

旅行社的散客业务人员在接到旅游者提出的委托申请后，必须耐心询问旅游者的旅游要求，认真检查旅游者的身份证件。如果旅游者委托他人代办委托手续，受托人必须在办理委托时出示委托人的委托信函及受托人的身份证件。旅行社散客业务人员在为旅游者办理赴外地旅游委托手续时,应根据旅游者的具体要求,逐项填写"委托代办支付券"。填好后,散客业务人员将"委托代办支付券"的第一联和第二联交给旅游者,将第三联和第四联留下。

旅游者在旅行社办理旅游委托后又要求取消或变更旅游委托时,应至少在出发前一天到旅行社办理取消或变更手续,交纳加急长途通信费并承担可能由此造成的损失。对于取消旅游委托的旅游者,旅行社经办人员应收回"委托代办支付券",并将其存档。

3. 受理散客旅游者在本地的单项旅游委托业务

散客旅游者在本地的单项旅游委托业务指散客旅游者在到达本地前并未办理任何旅游委托手续,只是当他到了本地后,由于某种需要到旅行社申请办理在本地的单项旅游委托手续。旅行社散客业务人员在接待这些旅游者时,应首先问清旅游者的委托要求,并讲明旅行社所能提供的各项旅游服务项目及其收费。然后,根据旅游者的申请,向其提供相应的服务。如果旅游者委托旅行社提供导游服务,旅行社应在旅游者办妥委托手续并交纳费用后,及时通知接待部门委派导游员或派遣本部门的导游员为旅游者服务。

(二)旅游咨询业务

1. 电话咨询服务

电话咨询服务是指旅行社散客业务人员通过电话回答旅游者关于旅行社产品及其他旅游服务方面的问题,并向其提供购买本旅行社有关产品的建议。散客业务人员在提供电话咨询服务时应做到以下两点:

(1)尊重顾客。旅行社的散客业务人员在接听旅游者打来的咨询电话时,要认真倾听他们提出的问题,并礼貌规范地给予恰当的回答。对顾客要尊重,要友好和气。

(2)积极主动。散客业务人员在提供电话咨询服务时应积极主动,反应迅速。在准确地回答顾客问题的同时应主动向旅游者提出各种合理的建议,抓住时机向他们大力推销本旅行社的各种产品。

2. 信函咨询服务

信函咨询服务是指旅行社散客业务人员以书信形式答复旅游者提出关于旅游方面和旅行社产品方面的各种问题,并提供各种旅游建议的服务方式。目前,旅行社散客部的信函咨询服务主要利用传真设备进行。信函咨询的书面答复应做到语言明确、简练规范、字迹清楚。

3. 人员咨询服务

人员咨询服务是指旅行社散客业务人员接待前来旅行社门市柜台进行咨询的旅游者,回答他们提出的有关旅游方面的问题,向他们介绍旅行社散客旅游产

品,提供旅游建议。在提供人员咨询服务过程中,散客业务人员应做到以下两点:

(1)热情友好。在咨询服务过程中,散客业务人员应热情友好,面带微笑,主动进行自我介绍,仔细认真地倾听旅游者的询问,并耐心地回答旅游者的问题。与此同时,还应该有条不紊地将旅游者的问题和要求记录下来。此外,还应向旅游者提供有关的产品宣传资料,让旅游者带回去阅读,以便旅游者加深对本旅行社及其产品的印象,以促成旅游者产生购买行为。

(2)礼貌待客。旅行社散客业务人员必须坚持礼貌待客,给旅游者一种宾至如归的感觉。礼貌待客显示了旅行社人员的良好素质和对顾客的尊重,会给旅游者留下良好的第一印象。

(三)选择性旅游

1. 选择性旅游的内容

选择性旅游是指由旅行社为散客旅游者所组织的短期旅游活动,如小包价旅游的可选择部分、散客的市内游览、晚间文娱活动、风味品尝、到近郊及邻近城市旅游景点的"一日游""半日游""多日游"等项目。根据国际旅游市场的发展趋势和我国实行双休日制度后出现的周末远足、旅游的热潮,不少旅行社已将目光转移到散客短期旅游这一大有潜力的新市场,纷纷推出各种各样的散客旅游产品,以增加旅行社的经济效益和社会效益,扩大知名度。我国有些地区甚至出现了专营散客短期旅游产品的旅行社。

2. 选择性旅游的销售

(1)建立销售代理网络。建立销售代理网络是旅行社销售选择性旅游产品的另一种途径。旅行社应与国内其他地方的旅行社建立相互代理关系,代销对方的选择性旅游产品。此外,旅行社还应设法与海外经营出境散客旅游业务的旅行社建立代理关系,为本旅行社代销选择性旅游产品。

(2)设计选择性旅游产品。旅行社应针对散客旅游者的特点设计和开发出各种适合散客旅游者需要的选择性旅游产品。这些产品中包括"半日游""一日游""数日游"等包价产品,游览某一景点、品尝地方风味、观赏文娱节目等单项服务产品,"购物游"等组合旅游产品。选择性旅游产品的价格应为"拼装式",即每一个产品的构成部分均有各自的价格,包括产品的成本和旅行社的利润。旅行社将这些产品目录,放在门市柜台或赠送给代销单位,供旅游者选择。

3. 选择性旅游的接待

(1)及时采购。由于选择性旅游产品的预订期极短,所以旅行社的采购工作应及时、迅速。旅行社应建立和健全包括饭店、餐馆、景点、文娱场所、交通部门等企业和单位的采购网络,确保旅游者预订的服务项目能够得以实现。此外,旅行社还应经常了解这些企业和单位的价格、优惠条件、预订政策、退订手续等情况及其变化,以便在保障旅游者的服务供应前提下,尽量降低产品价格,扩大采购选择余地,增加旅行社的经济效益。

(2)搞好接待。选择性旅游团队多由来自不同地方的散客旅游者临时组成,一般不设领队或全程陪同。因此,与团体包价旅游团队的接待相比,选择性旅游团队的接待工作的难度较大,需要配备经验比较丰富、独立工作能力较强的导游人员。在接待过程中,导游人员应组织安排好各项活动,随时注意旅游者的反应和要求,在不违反对旅游者承诺和不增加旅行社经济负担的前提下,可酌情对旅游活动内容予以适当的调整。

二、散客旅游业务的特点

(一)散客旅游的特点

1. 批量小

散客旅游多为旅游者本人单独外出或与其家属亲友结伴而行。同团体旅游相比,散客旅游的批量一般比较小。

2. 批次多

散客旅游的批量虽然比较小,但是采用散客旅游方式的旅游者日趋增加,加上许多旅行社大力开展散客旅游业务,更促进了散客旅游的发展,所以散客旅游者的人数增加得非常迅速。散客市场规模的日益扩大及其批量小的特征使得散客旅游形式呈现批次多的特点。

3. 预订期短

散客旅游者旅游决定的过程比较短,相应地使散客旅游形成了预订期短的特点。散客旅游者往往要求旅行社能够在较短的时间内为其安排好旅游线路并办妥各种旅行手续。

4. 要求多

散客旅游者当中有大量的商务、公务旅游者。他们的旅行费用多由所在的企业、单位全部或部分承担。另外,他们在旅游过程中有很多交际应酬活动和商务、公务活动。因此,他们的旅游消费水平较高且对旅游服务的要求也较多。

5. 变化多

散客旅游者在旅行前往往缺少周密的安排,他们会在旅行过程中临时变更旅行计划,提出各种新的要求,甚至会在旅行前突然由于某种原因而临时决定取消旅行计划。

(二)散客旅游接待的要求

1. 旅行社产品方面

散客旅游者的文化层次通常比较高,而且旅游经验一般比较丰富。他们对旅行社产品的深层内涵十分重视。旅行社在接待散客旅游者时应针对这一特点,多向他们提供那些具有丰富的文化内涵和浓郁的地方与民族特色的产品,增加产品的参与性,以满足他们追求个性化和多样化的消费心理。

2. 预订系统方面

散客旅游者的购买方式多为零星购买,随意性较大。因此,散客旅游对高效、便利、准确的预订系统有着强烈的要求。针对这一特点,旅行社应采用以计算机技术为基础的网络化预订系统,保证散客旅游者能够自由、便利地进行旅游活动。

3. 采购方面

散客旅游者多采取自助式的旅游方式,对于旅游目的地各类服务设施要求较高。旅行社应加强旅游服务的采购工作,建立起广泛、高效、优质的旅游服务供应网络,以满足旅游者的需要。

三、旅行社的门市部业务

(一)门市部地点的选择

1. 目标市场

旅行社在选择门市部地点时应首先考虑其产品的目标市场,并根据其产品的目标市场来设立门市柜台。例如,以过往客人作为主要目标市场的旅行社应在飞机场、火车站、长途汽车站、水运码头等处设立门市柜台;以商务旅游者为主要目标市场的旅行社则经常把门市柜台设立在商务饭店内或附近地区;以当地居民为主要目标市场时,旅行社可以把门市部建立在人口稠密的居民区,而以大、中学校教师和学生为主要目标市场的旅行社必须选择离学校集中地区近的地方。总之,门市部的地址不可距离其目标市场所在地过远。

2. 方便顾客

方便顾客是旅行社选择门市部地点时需要考虑的第二个因素。一般来说,旅游者很少愿意到距离自己居所或工作单位较远的旅行社门市部进行旅游咨询,他们也不愿意为了解旅行社产品而爬楼梯。因此,旅行社应该设立在商业区、居民区、机关企业等较为集中的地方,而且一般都设在临街的门脸房或楼房的一楼。旅行社很少将门市柜台设在闹市区或商场里面,因为在那里,人群的流动速度比较快,不利于旅游者停下脚步寻找旅行社的门市部。如果旅行社将门市设在饭店里,应设在前厅比较显眼的地方,最好能够有临街的单独出入的门,以方便旅游者的进出。

3. 位置醒目

旅行社在选择门市部地点时,还要考虑所选择的地点是否容易被旅游者找到。通常,旅行社把门市柜台设在主要交通干线附近,而不会设在偏僻的里弄。即使紧临交通干线,也要选择适当的位置,使旅游者能够从较远的地方清楚地看到。

4. 旅行社门市部相对集中

有些人主张旅行社不应把门市部的设立地点选在旅行社较多的地区,认为那样会造成旅行社之间的竞争加剧,使新的旅行社门市部难以开展业务。这种看法有失偏颇。事实上,在旅行社相对集中的地区设立门市部虽然会使其在经营方面承受较大的压力,但是这种压力却往往有利于它的发展。由于地处同行相对集中的地区,旅行社门市部可以借鉴同行们的经营经验,变压力为动力,促使旅行社在改善产品质量、降低经营成本、提高服务水平等方面下大力气,以吸引更多的旅游者。同时,旅行社相对集中的地区本身就是吸引旅游者前来咨询和购买旅行社产品的一个重要因素。例如,我国天津市的鼓楼旅游超市,是旅行社门市部相对集中的地方,吸引了大量的天津市民前往进行旅游咨询和报名参加旅行社组织的各种旅游活动,为那里的旅行社提供了重要的客源。

(二)门市部业务人员

1. 业务素质

(1)精通散客旅游产品知识。门市接待人员首先应具备的业务素质是精通散客旅游产品知识,熟悉产品的内容及什么时候、以什么价格能够获得这些散客旅游产品。另外,门市接待人员还应该能够准确地判断各种散客旅游产品的质量并能够清楚地了解产品的哪些特色能够满足旅游者的需要。

(2)理解散客旅游者的需求。门市接待人员必须能够深刻地理解散客旅游者的需求。为了能够做到这一点,门市接待人员必须具备良好的提问能力和倾听能力,能够从旅游者的回答中抓住问题的实质,发现散客旅游者的真正旅游需求。

(3)善于推介散客旅游产品。门市接待人员必须具备较强的产品推销能力,在旅游者的咨询过程中,积极主动地向旅游者介绍本旅行社的散客旅游产品。

(4)具有较高的文字水平。在旅行社门市接待过程中,接待人员除了回答旅游者提出的各种问题并提供咨询意见和建议外,还要填写各种表册和起草各种业务文件。因此,门市接待人员应具有较高的文字水平。

2. 岗位职责

(1)介绍散客旅游产品。门市接待人员的岗位职责是向到访的旅游者介绍旅行社的各种散客旅游产品。为了做好这项工作,门市接待人员必须能够做到:

①熟悉主要旅游目的地的有关情况,包括:a. 主要旅游景点的名称、坐落地点、门票价格、开放时间;b. 饭店、旅馆、餐馆、市内交通等旅游服务设施的类型、价格;c. 抵离目的地的交通工具类型、价格及有关订票、乘坐、行李等方面的规定;d. 旅游目的地国家或地方政府的有关法律、法规、政策;e. 旅游目的地的民俗风情、当地居民的生活习惯、宗教信仰及其对外来旅游者的态度;f. 旅游目的地的主要接待旅行社情况。如拥有哪些语种的导游员、接待散客旅游者的基本价格、能够提供的散客旅游活动项目。

②掌握本旅行社的主要散客旅游产品情况,如:a. 散客旅游产品的种类、价格;b. 办理单项旅游服务的手续、费用;c. 提供选择性旅游活动的内容、价格、出发日期及时间;d. 本地区旅游服务设施的基本概况,如饭店客房价格、地方风味餐馆的菜肴特点及其价格、市内交通的主要运输工具种类及票价等;e. 本地区主要旅游景点情况,如坐落地点、开放时间、主要特色、门票价格等;f. 本地区主要娱乐场所、购物商店情况。

(2)提供旅游咨询服务。门市接待人员的第二项岗位职责是向旅游者提供旅游咨询服务。在提供咨询服务时,接待人员应做到:

①热情接待,注意倾听旅游者提出的问题;

②运用自己所掌握的业务知识,耐心细致地回答旅游者的提问;

③根据旅游者的具体情况,因势利导地向旅游者推荐本旅行社的散客旅游产品;

④当旅游者流露出购买某种旅游产品的意向时,要积极引导其作出购买的决定;

⑤如果旅游者未表示购买本旅行社产品,仍要热情为其解答各种问题,不得流露出不满的情绪。

(3)处理各种文件。门市接待人员应认真整理业务过程中的各种文件,将这些文件存入相关的档案中,并妥善保存。

第三节 旅游服务的采购与管理

一、旅游服务采购的内涵与特点

(一)旅游服务采购的内涵

旅行社所属的旅游产业在国民经济中处于下游地位,而旅行社又是旅游产业链的下游行业。在经营中,旅行社必须向产业链上游的饭店、交通等旅游企业及其他相关行业购买大量"原材料"——旅游服务,以生产和组合旅行社的各种产品。因此,旅游服务采购成为旅行社的一项十分重要的业务。

旅游服务的采购是指旅行社为组合旅游产品而以一定的价格向其他旅游企业及与旅游业相关的其他行业和部门购买相关服务项目的行为。旅行社购买的服务项目构成旅行社产品必要的组成部分。从采购业务的实质上看,旅行社的采购行为和其他企业的采购行为一样,也是一种交换关系。但是,旅行社与饭店等其他旅游企业不同,后者主要采购有形的商品或实物,在采购过程中发生商品所有权的转移,而旅行社只采购旅游设施在特定时间内的使用权,并不产生所有权的转移。

(二)旅游服务采购的特点

1. 比重大

在旅行社的产品构成中,除了导游服务等少量内容来自旅行社自身外,其余的住宿、餐饮、交通、景点、娱乐、购物等产品皆需从相关的旅游企业或部门采购。这些旅游服务及相关服务的总成本在旅行社产品的价值中占很大的比例,必须得到足够的重视。

2. 涉及面广

为了保证旅行社的产品能够满足旅游者在整个旅游过程各方面的需求,旅行社必须采购各个相关行业的产品和服务。因此,旅行社的采购业务所涉及的范围广泛,必须建立起有效的采购网络以保障旅行社产品生产的"原材料"供应。

二、旅游服务采购的原则与策略

(一)旅游服务采购的原则

1. 保证供应

保证供应是旅行社在其采购业务中必须遵循的首要原则。旅行社产品主要由购自其他部门或企业的旅游服务项目所构成。由于旅行社的产品多数采用预售的方式,所以一旦旅行社不能从有关的部门或企业购买到已经预售出去的产品所包含的服务内容,就会造成无法履约的恶果,引起旅游者的不满和投诉,并给旅行社带来经济损失和声誉损害。因此,旅行社在旅游服务的采购工作中,必须坚持保证供应的原则,设法保证采购到已售出的产品中所包含的全部内容。

2. 保证质量

旅行社在采购各项旅游服务时,不仅要保证能够买到产品所需的全部内容的数量,而且要保证其所购买的旅游服务全部符合产品所规定的质量。如果旅行社只是关心所购买的旅游服务项目的数量,而忽视这些项目的质量,将同样会造成旅游者的不满和投诉。所以,旅行社在采购各种旅游服务项目时,必须按照保证质量的原则,为旅游者购买到与其所达成的旅游合同中规定的产品。

3. 降低成本

旅行社产品中的主要成分是购自其他旅游服务部门或企业的旅游服务项目,所以购买这些旅游服务项目的价格构成了旅行社产品的主要成本。换句话说,旅行社经营的成败在很大程度上决定于旅行社采购来的各种旅游服务项目的价格。如果旅行社的采购工作得力,采购到的旅游服务项目价格低于其竞争对手,则旅行社就能够在激烈的市场竞争中挫败对手,获得较多的利润。因此,旅行社必须在保证旅游服务的供应和旅游服务质量的前提下,尽量设法降低成本。

4. 互利互惠

旅行社的产品质量和价格在很大程度上取决于所采购的旅游服务产品的质量

和价格。相关企业的价值链和旅行社的价值链之间的各种联系为旅行社增强其竞争优势提供了机会。旅行社与相关企业的关系,不应该是一方受益而另一方蒙损的零和游戏(a zero sum game),而应该成为一种双方都能受益的关系。因此,旅行社在采购活动中,应该坚持互利互惠的原则,建立起与相关企业和部门之间互利互惠的合作关系,以实现合作最优化和降低总成本的目标。

(二)旅游服务采购的策略

1. 集中采购策略

集中采购是旅行社在采购中经常利用的一种采购策略。集中采购包括两个方面的含义:①旅行社将其各个部门的采购活动集中于一个部门,统一对外采购。②旅行社将其在一个时期(一个星期、一个月、三个月、半年、甚至一年)营业中所需的某种旅游服务集中起来,全部或大部投向经过精心挑选的某一个或少数几个旅游服务供应部门或企业,以最大的购买量获得最优惠的价格和供应条件。集中采购的主要目的是通过扩大采购批量,减少采购批次,从而降低采购价格和采购成本。集中采购策略主要适用于旅游温、冷点地区和旅游淡季。

2. 分散采购策略

分散采购策略主要适用于两种情况:①淡季市场。当旅游市场上出现供过于求十分严重的现象时,旅游服务供应部门或企业无法通过其他渠道获得大量的购买者,而旅游服务又不能够加以储存或转移,迫切需要将其大量空闲的旅游服务项目售出以获得急需的现金收入。在这种市场条件下,旅行社应该选择在旅游团队或旅游者即将抵达本地时,以一团一购的方式进行采购,往往能够用较低的价格获得所需的旅游服务供给。②旺季市场。当旅游服务因旅游旺季的到来而出现供不应求的情况时,旅行社无法从一个或少数几个旅游服务供应部门或企业那里获得其所需的大量旅游服务供应。在这种形势下,旅行社应该采取分散采购的采购策略,设法从许多同类型旅游服务供应部门或企业获得所需的旅游服务。

3. 协作网络策略

旅行社通过与其他旅游服务供应部门或企业的联系和协作,建立起广泛而且相对稳定的协作网络,可以达到保证供应和降低采购价格及采购成本的目的。旅行社在建立采购协作网络的过程中,应该做到:

(1)协作网络必须比较广泛,覆盖面比较广。当一个地区存在大量的旅游服务供应部门和企业时,旅行社应该根据自身的需要和经营实力,尽量同各种旅游服务供应部门和企业加强联系,设法获得它们的合作。这样,旅行社就能够获得比较理想的供应渠道,保证旅行社能够以比较合理的价格获得所需的旅游服务。

(2)运用经济规律,在互利互惠的基础上长期合作。旅行社建立采购协作网络的目的,是发展同相关部门和企业的长期合作关系。因此,旅行社在与这些部门或企业的交往过程中,必须坚持互利互惠的原则,因为只有合作的双方都能够获得利益,这种合作关系才能够长期保持下去。旅行社在采购活动中,应该从长远利益着眼,不应急功近利,为图一时的利益而伤害对方的利益,也不应该乘人之危,利用对方的不利处境迫使对方作出过大的经济利益牺牲。

(3)加强公关活动,建立良好的人际关系。旅行社的采购工作要靠本旅行社的采购人员与旅游服务供应部门或企业的销售人员及其他相关人员的通力合作才能够完成。因此,旅行社的有关部门领导和相关人员应该加强公关活动,设法与对方的相关领导和部门建立起良好的人际关系,使旅行社的采购协作网络能够不断加强和发展。

(三)旅游服务采购的管理

1. 采购合同的管理

合同是指当事人之间为了实现一定的经济目的而明确相互权利义务关系的协议。签订合同是当事人为避免和正确处理可能发生的纠纷而采取的行为,目的在于确保各自经济利益的实现。

采购合同属于买卖合同的范畴。根据《中华人民共和国合同法》的规定,"买卖合同是出卖人转移标的物的所有权予买受人,买受人支付价款的合同。"旅行社的采购合同与一般的采购合同不尽相同,主要原因是旅游采购具有预约性的特点。旅行社的采购往往是一次谈判多次成交的业务,不是一手交货、一手交钱的简单交易,而是一种预约性的批发交易,谈判和成交之间既有时间间隔又有数量差距。旅游采购的这种特点,使得旅行社与协作部门之间的经济合同显得更为必要,以预防各种纠纷的发生。因此,随着我国法制建设步伐的加快和旅游市场环境的不断改善,旅行社应积极推行合同制,利用法律来保护自己的合法权益,并推动旅行社的采购活动日益规范化。

2. 预订与退订的管理

旅行社产品的销售是一种预约性的交易。旅游者在预订了旅行社的产品后,有时会因各种原因要求取消旅游计划。另外,对于旅游目的地的组团旅行社及各地的接待旅行社来说,他们同旅游客源地的旅行社之间签订的旅游合同并无法律上的约束力。在旅行社实际经营中,旅游客源地的旅行社以各种原因和理由要求临时增加或临时取消旅游计划更是屡见不鲜。由于旅行社产品销售的预约性特点,旅行社必须提前制订旅游服务采购计划,并按照这些计划向相关的旅游服务供应部门或企业预订各种所需的旅游服务项目。这样,一旦出现临时增加旅游计划或临时取消旅游计划时,旅行社就必须向有关的旅游服务供应部门或企业提出临时增订或退订旅游服务项目的要求。由于临时性的增订或退订往往会给提供这种服务的部门或企业带来一定的压力或经济损失,所以这些部门往往要求提高临时增订的旅游服务的价格或收取一定比例的退订损失费用。为了尽量减少损失,旅行社应该设法通过友好协商,尽量使对方降低提价的幅度或减少退订损失费用。

典型案例　旅行社门市部的室内布局

● 门市入口及等候区

门市入口及等候区是旅游者走进旅行社门市部后所见到的第一个区域。这个区域应该让人看上去感到十分舒服，能够立即对旅游者产生强烈的吸引力。与此同时，这个区域又应该具有较强的实用性。

在这个区域进行布局设计时，应保证门市部进出通道畅通，等候接待的旅游者所坐的位置不应处在顾客过往的通道上。另外，桌椅不能摆放在刚进门的旅游者的前方视线落点，以免让他们产生杂乱无章的感觉。

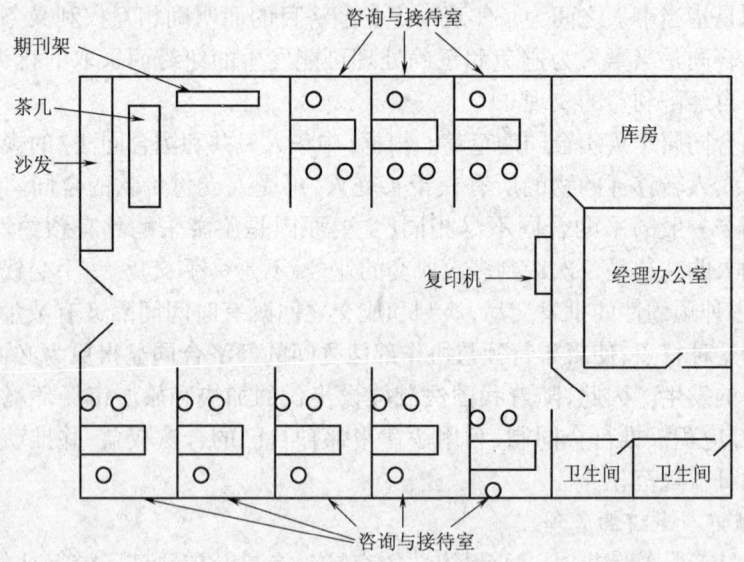

旅行社门市部平面图

● 接待与咨询服务区

接待与咨询服务区是旅行社门市部的核心区域，必须让顾客看上去感到心情愉快，并且产生这里工作效率极高的印象。这个区域的布局设计应该是：

（1）工作人员的座位不能过于拥挤，否则无法保证较高的工作效率。应该为每一位接待员提供一块供他个人使用的工作区域，如有可能，应在各个接待员的工作区域之间设置隔断板或隔断玻璃，以保证他们在工作时不会受到来自其他接待员的干扰。

（2）接待员的办公桌可以沿房间的墙壁摆放，使接待员面对门市部的门口，随时能够看到走进来的旅游者。办公桌的对面应摆放一两把椅子，供旅游者咨询时坐。

(3)区域内应整齐地摆放一些期刊架,上面摆放最近一期的旅游杂志、报纸、旅游目的地介绍、旅游宣传小册子等。

● 后勤工作区

后勤工作区一般不对外开放,除了特殊情况外,不应让旅游者进入这个区域。后勤工作区一般由三部分构成:部门经理办公室、库房和卫生间。

资料来源:梁智. 旅行社运行与管理. 大连:东北财经大学出版社,1999.

思考与练习

1. 入境旅游团体接待业务的特点是什么?
2. 旅行社经营的散客旅游业务有哪些特点?
3. 如何理解旅游服务采购的特点?

自测题

1. 旅游服务合同属于(　　)的范畴。
   A. 技术合同　　　　　B. 委托合同
   C. 买卖合同　　　　　D. 行纪合同
2. 旅行社在选择门市部地点时应首先考虑其产品的(　　)。
   A. 目标市场　　　　　B. 销售网络
   C. 适用范围　　　　　D. 销售价格
3. 旅行社的选择性旅游产品主要包括(　　)。
   A. 一日游　　　　　　B. 二日游
   C. 边境游　　　　　　D. 短程游

第五章

旅行社的人力资源开发与管理

篇首案例　旅行社的"楚才晋用"现象

韩梅从旅游专科学校毕业后,应聘到 A 旅行社工作。她先做了两年的导游员,并在接待部门担任了一年的内勤工作。韩梅工作认真负责,待人热情友好,博得了旅游者的多次表扬。她所制定的接待活动日程,严谨周密,可操作性强,受到接待部经理的好评。接着,又到计调部门从事了三年的旅游服务采购工作。在此期间,每当旅游旺季来临,韩梅总是在关键时刻,成功地按照旅游接待计划采购到交通票据和饭店客房。在淡季时,她所购买的旅游服务的价格又总是十分优惠,为旅行社节省了大量的费用,使旅行社的营业成本得以大幅度地降低。韩梅通过自己的不懈努力,成长为旅行社公认的业务骨干,并且在当地旅行社行业小有名气。

然而,就在一周前,韩梅突然向旅行社提交了辞职报告。她的举动令许多人大感不解。旅行社的总经理更是感到十分的意外。他立即约韩梅谈话,试图弄清韩梅辞职的真实原因,并尽力挽留她。经过谈话,总经理终于了解到韩梅辞职的原因。

原来,A 旅行社是一家国有企业,总经理只有经营权,却没有用人权。旅行社的一些重要部门负责人,多由上级领导推荐。去年年初,旅行社的上级单位——省旅游集团的一名副总推荐其外甥女马某到旅行社担任计调部经理。此人虽然不学无术,但是却有着强烈的嫉妒心理。马某在担任计调部经理后,虽然也认为韩梅是一个不可多得的业务骨干,在工作中对她多有倚重,但是,由于马某担心韩梅可能因业务能力出众,会将其架空,所以不仅不信任韩梅,还经常提防她。马某的卑劣行径,令韩梅感到十分压抑。她曾经撰写了一份建立旅游服务采购协作网络的建议书,并呈交给了马某。但是,马某却连看都不看,就将这份建议书置于柜中。

另外,旅行社的人事部经理乔某是一个心胸狭窄、嫉贤妒能,却又不学无术的人。她依仗着在市政府的某部委当主任的公公的势力,在旅行社中拉帮结派,专门排挤那些不顺从她的人。韩梅作为一名业务骨干,不屑于同这样的人为伍,结果得罪了乔某。所以,当韩梅提出想去旅游学院进修的请求时,乔某一口拒绝,还蛮横地说:"旅行社离开谁都行。要想外出学习,就必须辞职。业务骨干也没有什么了不起的。"韩梅觉得在这家旅行社里无法得到发展,恰巧,一家民营旅行社——B旅行社的董事长十分看重韩梅的业务能力和敬业精神,多次诚恳地邀请她加盟。韩梅虽然对A旅行社存在一定感情,也认为该社的总经理具有良好的个人品质和工作能力,并且对她很重视,但是,想到马某、乔某等人的恶劣行径,经过权衡利弊后,她还是拒绝了A旅行社总经理的诚恳挽留,来到了B旅行社。

韩梅一到B旅行社,董事长立即召开了全社的欢迎大会,并当场宣布任命她为总经理助理兼计调部经理。韩梅非常感激民营旅行社董事长对她的知遇之恩,工作十分努力。她除了主持计调部的日常业务工作和管理工作外,还针对本部门的新员工多、工作不足的现状,经常组织多种形式的业务培训。她和部门里的员工一道,在董事长和总经理的支持下,大力扩展业务领域,建立起了一个高效率的旅游服务采购协作网络,既为旅行社的接待服务质量和市场开拓提供了有力的保障,又使旅行社的营业成本得以大幅度地降低。

韩梅一直想进修深造,但是,由于刚刚进入B旅行社,觉得不好意思马上提出这个要求。另外,想到在A旅行社曾遭到乔某刁难的遭遇,她在这个问题上一直心有余悸。然而,出乎她的意料,在一个大型会议团的计调及接待任务完成后,B旅行社的人事部经理王某主动通知她,说董事长已经同国内一家著名的旅游学府进行了联系,决定派她去该学院进修一年,由旅行社承担全部的学费、住宿费、往返交通费,并提供一笔生活补贴。此外,B旅行社的总经理决定,在韩梅外出进修期间,其工资全部照发。临行前,董事长和总经理分别找她谈了一次话,嘱咐她珍惜这次机会,努力学习,不要惦记着家里和工作。总经理还承诺,只要韩梅在学期间家里出现任何困难,旅行社一定全力以赴地帮助解决。韩梅对此十分感激。在学期间,她不仅努力学习,而且利用各种机会宣传旅行社,通过现身说法,为旅行社招揽人才。

韩梅学成后,回到B旅行社。又是两年的时光过去了,她现在已经担任了该旅行社的副总经理,负责计调业务和员工培训工作。韩梅在这家旅行社一直工作得十分出色,在当地旅行社行业享有较高的知名度。一些旅行社不惜重金聘请她,都被她婉言谢绝了。韩梅觉得,B旅行社为她提供了温馨的工作环境和良好的个人发展空间,使她的才能得到充分的发挥。她要用更出色的工作业绩来回报企业。

资料来源:梁智,刘春梅,张杰. 旅行社经营管理精选案例解析. 北京:旅游教育出版社,2007.

第一节 旅行社人力资源的开发

一、旅行社人力资源的内涵与特点

(一)旅行社人力资源的内涵

人力资源,是指能够独立参加社会劳动,推动整个经济和社会发展的人口总和,包括劳动年龄内具有劳动能力的人口和劳动年龄外参加社会劳动的人口。

旅行社是人才密集型的企业,人力资源不仅在其全部资源中所占比重较大,而且在其经营中所创造的效益也超过其他资源所创造的效益。与其他旅游企业相比,旅行社的人力资源在推动企业发展和实现企业预期经营目标方面所发挥的作用更为突出。因此,旅行社的人力资源除了具有一般人力资源的特征外,还具有受教育程度高、知识范围广、专用技术强等特征,是一种高素质的人力资源。

(二)旅行社人力资源的特点

1. 创造性

旅行社的业务以旅游者为服务对象,必须针对旅游者追求新、特、异的消费特点,提供具有新颖奇特的创意和功能的产品,才能够满足旅游者不断变化着的消费需求,在竞争激烈的市场环境中得以生存和发展。另外,旅行社是一个以人力资源为主要资源的企业,人力资本在其资产构成中所占比重很大,其经营管理人员与业务人员是否具备较强的创造性,对于旅行社的经营和发展具有重要意义。正是这些因素导致了旅行社的人力资源具有明显的创造性的特点。

2. 主动性

多数国家或地区的旅行社行业属于零散型行业,即行业内有许多旅行社在进行竞争,没有任何一家旅行社占有显著的市场份额,也没有任何一家旅行社对整个行业的发展具有重大的影响。即便在少数旅游发达国家(如德国、美国、英国),尽管一些大型旅行社已经形成了较大的企业集团,但是同其他行业的大型企业集团相比,企业的规模仍然较小,企业的经营实力仍相对较弱。旅行社规模小、实力弱、经营分散的现状,导致旅行社的抗风险能力普遍较差。因此,旅行社必须比其他行业的企业更加积极主动抢抓市场机遇,在激烈的竞争中发展壮大,从而增强其抗风险的能力和提高企业的经营效果。对于旅行社来说,任何因循保守、不思进取、盲目乐观和故步自封的经营思想和经营人员都是致命的缺陷,将导致旅行社无法继续生存。然而,旅行社的恶劣生存条件也造就了大批具有较强的主动性和进取意识的经营管理人员和具体业务人员。

3. 独立性

旅行社业务的一个突出特点是分散性,即由某一位员工单独实施和完成某一项产品销售、旅游服务采购或旅游接待任务。尽管旅行社制定了各种请示汇报的制度,但是,由于旅行社的许多业务活动必须现场完成(如旅行社产品信息的咨询),或者需要员工远离旅行社所在地实施(如导游员带领旅游团在外地进行游览观光),所以必须授予从事这些工作的员工一定的现场处置权力,允许他们"先斩后奏",当场做出决定,事后再向有关领导汇报。旅行社的这种工作性质导致其员工比其他旅游企业员工(如饭店的服务员)具有更大的独立性。

4. 流动性

旅行社的行业进入壁垒较低,造成行业内的企业数量众多,并产生了对旅行社专业人员的大量需求。相比之下,旅行社人才市场的供给则相对不足,导致大量的员工不断地从一家旅行社离开,进入到另一家旅行社,即所谓的"跳槽",从而使旅行社人力资源产生较大流动性。旅行社人力资源流动性的特点既给旅行社及时招聘所需人才提供了良好机遇,也向旅行社提出了如何保留和吸引优秀人才的严峻挑战。

5. 知识性

旅行社是知识密集型企业,不仅导游人员需要掌握较多的知识和接受较高层次的教育,具有较高的文化修养,而且其他的工作人员如产品开发人员、销售人员、财务人员等都必须具备较高层次的知识水平,接受过专业教育。据有关调查资料显示,各个旅游行业中,旅行社行业的员工平均受教育的程度和知识层次均名列前茅。

(三)旅行社人力资源的类型

1. 领导型人才

领导型人才又称为统帅型人才,是指具有较强的决策、领导、组织、指挥和协调才能,能够驾驭全局的人才。领导型人才是担任旅行社高层管理者的最佳人选。但是,旅行社对领导型人才的需求量并不大,一般来说,一家旅行社只需配备一名或两名具有此类素质的人员,担任旅行社的总经理或副总经理。

领导型人才的特点是:

(1)知识全面。领导型人才应具有比较广泛的旅行社业务知识、企业经营管理知识及旅行社经营管理所必需的各种相关知识,熟悉旅行社的主要业务类型和各个岗位的职责范围及运作程序,掌握旅行社行业的经营环境特点和旅游市场供需状况及其发展趋势。

(2)能力出众。领导型人才应具备较强的洞察能力、判断能力、决策能力和前瞻能力,能够根据旅游市场的发展趋势和企业所处的经营环境,为旅行社制定长远的发展目标及实施战略。

(3)品质优秀。领导型人才应善于团结各种类型的人士,虚心听取和采纳各方面的意见和建议,知人善任,调动下属的工作积极性,带领旅行社的全体员工为实现旅行社的长远目标而努力奋斗。

2. 参谋型人才

参谋型人才又称为军师型人才,是指在旅行社经营管理的某一个方面或某几个方面具有比较丰富的理论知识和实践经验,能够为旅行社的经营管理和企业发展出谋划策的人才。参谋型人才不必具备领导、组织、协调、指挥等方面的才能,他们主要充当总经理的咨询顾问。

参谋型人才的特点是：

(1)专业知识丰富。参谋型人才应是某个业务领域的专门人才,具有该领域的丰富理论知识,并熟悉该业务领域的业务特点、运行程序和发展趋势。

(2)分析能力卓越。参谋型人才具有卓越的分析能力,能够看出表面上互不相干事物的内在联系,并从系统的角度进行分析。他们善于深入和系统地分析问题的本质。参谋型人才的逻辑思维能力较强,能够对事物作出符合常理的判断,使其向领导者提出的建议具有较大的可行性和有效性。

(3)说服能力强。参谋型人才具有较好的说服能力,注重表达意见的方式和方法,能够使领导者在较短的时间里了解自己的真实想法,说服他们接受自己的意见和建议。

3. 开拓型人才

开拓型人才是指旅行社内勇于和善于探索,能够不断地发现新的市场机会,并积极进行开拓的专门人才。开拓型人才是担任旅行社市场开发和产品开发任务的合适人选。

开拓型人才的特点是：

(1)预测能力强。开拓型人才具有超群的预测能力,能够根据所掌握的信息和对市场的了解,迅速而准确地发现新的市场机会。由于他们比一般人更能够准确地预测到市场的发展趋势和旅游消费者偏好的变化,并且善于抓住稍纵即逝的市场机遇,所以往往能够成功地为旅行社开拓出新的市场或开发出新的产品。

(2)兴趣变化快。开拓型人才的兴趣变化较快,而且从不满足于现有成就所带来的快感。他们往往见异思迁,不愿意经营现有市场和产品,而是根据自己的兴趣,不断地寻找新的机会,以显示自己的才能。

(3)个性鲜明。开拓型人才往往具有鲜明的个性,喜欢标新立异,独往独来,不善于交际与协调。然而,正是这种性格上的特点,使他们能够打破常规,不拘一格,不受现有观念的局限,出奇制胜,开发出充满新意的产品和开拓出新的市场。

4. 交际型人才

交际型人才,又称公关型人才,是指那些善于同各种人打交道,能够利用各种关系和手段为旅行社解决各种难题和建立协作网络的专门人才。交际型人才适宜负责旅行社的公共关系、旅游服务采购、旅游者投诉处理等项工作。

交际型人才的特点是：

(1)乐于求同。交际型人才的性格中具有较大的灵活性。他们愿意寻求与他人的共同点,而不愿意坚持原则。他们不喜欢同别人争论,遇到难题时,他们或者设法绕开,或者达成妥协。

(2)善于协调。交际型人才是处理棘手问题的高手,善于疏通和协调各种关系,能够使意见对立的双方最终达成妥协,实现合作。

(3)交往广泛。交际型人才喜欢与他人建立友谊和良好的个人关系。他们交往的范围广泛,愿意同各种性格的人交往。一般来说,交际型人才拥有相当广泛的关系网络,并能够利用这种关系网络为旅行社解决各种难题。

5. 管家型人才

管家型人才是指旅行社中具有较强的专业知识和管理能力,善于团结本部门的员工,维护本部门的利益,调动员工的工作积极性的专门人才。旅行社需要较多的此类人才。他们是部门经理的最适当人选。

管家型人才的特点是:

(1)业务知识丰富。管家型人才具备丰富的本部门业务知识及相关知识,是本部门的业务专家,能够具体指导员工进行业务活动,并能够承担业务培训的工作。

(2)管理能力较强。管家型人才具有较强的管理能力,能够充分调配现有资源达成本部门工作目标。在工作中采取积极主动的行动策略,善于在仍存在不确定因素的情况下,对环境作出客观、正确的判断,并采取积极的行动。

(3)部门意识浓厚。管家型人才具有浓厚的部门意识,能够团结和调动本部门的员工努力工作,关心本部门员工的工作和生活,得到本部门员工的衷心拥护。他们对于本部门的目标十分清楚,能够自觉维护本部门的利益,但缺少全局性意识,有时会为了本部门的利益而损害其他部门的利益,甚至损害整体利益。

6. 原则型人才

原则型人才,又称官僚型人才,是指那些坚持原则,严格按照规章制度办事,从来不肯通融的人才。原则型人才适宜担任财务、纪律检查、人事等部门的工作。

原则型人才的特点是:

(1)原则性强。原则型人才具有极强的组织纪律性和法制观念。他们能够认真履行岗位职责,一切照章办事,从不照顾私情。他们将现行的规章制度视作圭臬,从不怀疑其合理性与时效性,只要制度允许的事情,他们就予以办理;凡是制度不允许的,就坚决抵制。他们有时显得不近人情,却能够为旅行社堵塞各种"冒跑滴漏"。

(2)灵活性差。原则型人才性格固执,工作一丝不苟,认真负责,严格按照工作程序履行职务。但是,他们缺少灵活性,不能够根据实际情况因地制宜地处理好问题。

7. 监督型人才

监督型人才是指习惯从悲观的角度看问题,对人和对事十分挑剔,喜爱发表批评言论的人才。监督型人才适宜从事质量监督工作。

监督型人才的特点是:

(1)不满现实。监督型人才对现实抱不满和悲观态度,经常从反面看待旅行社的各种经营措施和产品开发构想,喜欢发牢骚,讲怪话。然而,他们的这种性格使其能够进行换位思考,从不同的角度对旅行社的相关决定和举措提出意见,完善旅行社的经营管理,避免出现"一言堂"的现象。

(2)喜欢挑剔。监督型人才的性格十分敏感,尤其喜欢对他人的工作进行品头论足式的批评,有些令人讨厌。但是,他们也能够发现和指出旅行社经营管理和产品质量方面存在的瑕疵之处,有利于旅行社提高产品质量和经营管理水平。

8. 技术型人才

技术型人才是指那些拥有一技之长,只喜欢钻研本专业的知识和技能,不关心本职工作以外事情的专门人才。这些人才构成了旅行社的主要专业技术队伍,是旅行社导游接待、旅游产品设计等岗位的最佳人选,也是旅行社需要大量引进和保留的专业人才。

技术型人才的特点是:

(1)专业技能强。技术型人才对于专业技能十分热爱,刻苦钻研,在业务知识的学习方面精益求精。他们以自己出色的专业技能而自豪,并且十分愿意在工作中加以展示。但是,他们的视野相对狭窄,对本专业以外的知识和技能不感兴趣,也不关心本职工作以外的事情。

(2)敬业精神好。技术型人才热爱自己的工作,将其视为自己生活中的一个重要内容,认为现在的工作岗位给他们提供了展示自己才华的机会。他们在工作岗位上兢兢业业,从不偷懒耍滑,是具有强烈敬业精神的优秀员工。

二、旅行社人力资源开发的内容与任务

(一)旅行社人力资源开发的概念

旅行社的人力资源开发,是指旅行社以本行业对人力资源的特殊要求为依据,运用科学的管理方法,对其人力资源进行最优化的组合和利用,以获得最佳的经营效果。旅行社应采取一系列方法和有效途径,系统而合理地开发员工的各种工作能力,使其工作的积极性、创造性和主动精神得到最大程度地发挥。人力资源开发的着眼点,是对员工个人能力的开发,即通过挖掘、利用和发挥员工个人内在的性格特征、气质和能力,做到事得其人、人尽其才、才尽其用。通过人力资源的开发,旅行社员工的个人目标伴随着企业的发展而得到实现。

(二)人力资源开发的内容

1. 制订科学合理的人力资源计划

人力资源开发部门应该以企业的经营管理目标为指导,研究旅行社经营管理和企业发展对人力资源的需求量和需求标准,做好旅行社人力资源数量的预测和质量评估,并制订人力资源开发计划。

2. 招聘和录用所需员工

人力资源开发部门应按照旅行社人力资源开发计划和相关部门或岗位对不同员工的基本素质、专业知识、专业技能和操作能力的要求，在旅行社内部或外部招聘和录用员工，达到人与岗位的最佳组合。

3. 建立完善的考核体系和奖惩制度

人力资源部门应按照旅行社的业务性质和岗位要求，制定出相应的考核制度和奖惩制度，作为科学地考核和评估员工的工作成绩的标准，作为员工提升、调职、培训和奖励的依据。

4. 建立科学的薪酬福利制度

人力资源部门应根据国家和地方的相应劳动法律法规及旅行社的具体情况，建立科学的薪酬福利制度，以有效地调动员工的工作积极性。

（三）人力资源开发的任务

1. 造就优秀的员工队伍

（1）根据旅行社经营发展的需要，广开才路，招纳贤才，组织符合旅行社经营业务要求的员工队伍。

（2）加强对员工队伍的培训。通过培训，不仅要提高员工队伍的业务素质，也要提高员工队伍的政治思想素质，强化服务观念，确保员工队伍从数量和质量上符合旅行社经营发展的需要。

（3）通过科学的管理和有效的激励方式，激发旅行社员工的主动性和创造性，使员工热爱旅行社，热爱本职工作，各尽所能地发挥出最大的作用，最终形成一支高素质的优秀的员工队伍。

2. 建立科学的人力资源开发利用体系

（1）建立一套招聘员工的科学的程序和方法，为旅行社挑选一批事业心强、有培养前途的员工。

（2）建立一套科学的培训制度和方法，有效地提高旅行社员工的素质和能力。

（3）采取科学的定岗定员、优化结构的措施，以发挥员工队伍最佳的群体效应。

（4）运用科学的管理和激励方法，创造一个良好的人事环境，使员工安心工作，乐于工作，进取向上，最大限度地发挥员工的积极性和创造性。

三、旅行社的员工选择与聘用

（一）影响旅行社选择员工的因素

1. 外部环境因素

（1）宏观经济形势。不断变化的宏观经济环境不仅直接影响旅行社的运行，而且也影响旅行社对员工的选择。当经济繁荣时，旅行社的市场空间相对较大，对员工的需求量增加；当经济衰退时，旅游消费市场疲软，旅行社产品滞销，导致旅行社对员工的需求量减少。

(2)政治与法律环境。旅行社在选择员工时还要受到其所在国家或地区政治与法律环境的影响。政治与法律环境是指旅行社所在的国家及其政府有关劳动、人事等方面的法律法规和政策的相关规定。这些法律法规和政策对旅行社的用工制度起着指导和规范的作用,是旅行社在选择员工时必须考虑的重要因素。

(3)社会环境。社会环境是指社会对旅行社的期望和看法。旅行社在选择员工时,会在一定程度上受到所在地的居民、社会团体及当地舆论的积极或消极影响。例如,有些地方将导游员看做一种令人羡慕的职业,许多优秀的青年人愿意到旅行社担任导游员。这种社会环境有利于旅行社对员工的选择;反之,某些地方的社会舆论认为导游员不是一种稳定的职业,从而对旅行社选择员工产生了负面影响。

(4)劳动力供给状况。劳动力市场的供求状况、劳动力结构的变化以及劳动者对工作和薪金的期望,对旅行社选择员工具有重要影响。①当劳动力的供给大于劳动力的需求时,旅行社选择员工的余地较大;反之,则选择的余地较小。②当劳动力结构的变化有利于旅行社时,旅行社能够招聘到全部符合岗位标准的员工;反之,则旅行社要么无法完成其招聘计划,要么只能招聘到一部分符合条件的员工,而被迫招聘另一部分不符合上岗条件的员工,对他们进行额外的培训,使之达到岗位要求。后一种做法增加了旅行社的成本。③当劳动者对工作和薪金的期望值较低时,旅行社可以用较低的工资招聘到其所需要的员工;反之,旅行社则被迫支付较高的工资,或者减少招聘的数量。

2. 旅行社方面的因素

(1)旅行社的经营目标。旅行社的经营目标,是其选择员工的一个重要因素,它决定了旅行社设置哪些部门和岗位以及这些部门和岗位对员工的选择标准和招聘数量。

(2)旅行社的发展战略。旅行社的发展战略决定了其对所招聘员工的潜在素质的要求,并且在一定程度上影响着旅行社招聘新员工时的考察重点。

(3)旅行社的业务性质。旅行社的业务性质对旅行社招聘的人才类型具有重要影响。经营入境旅游和出境旅游业务的国际旅行社,往往需要招聘外语程度较高的人员,而专门经营本国公民在国内旅游业务的旅行社则不需要此类人员。

(4)旅行社自身的财力资源。旅行社选择员工时,还必须根据自身的财力资源,量力而行。一般来说,财力相对充裕的旅行社有能力支付较高的薪酬和提供较好的工作待遇,因而能够招聘到业务能力较强和知识水平较高的人才,而财力资源相对紧缺的旅行社则不可能提供同样的薪酬。

(5)旅行社的人力资源现状。旅行社在招聘员工时,必须根据其现有员工的构成和不同部门或岗位人员缺位的实际情况,制订招聘计划,进行招聘。

3. 应聘者方面的因素

（1）能力因素。能力是指一个人所具备的知识与才能，它包括人的智力创造力和特殊能力。然而，应聘者的能力必须与旅行社需要其担负的工作任务相匹配。换言之，应聘者必须具备胜任其所应聘岗位工作任务的能力。有些旅行社在挑选员工时，过分看重应聘者的学历，而忽视其实际能力。这种做法是不适当的，因为学历仅能证明应聘者智力中的一部分，只能证明应聘者的受教育程度，而不能证明他拥有旅行社经营管理或实际业务工作所需要的全部能力。因此，旅行社在员工选用方面，应坚持学历与技能并重，适当向技能倾斜的原则。

（2）性格因素。性格是一个人长期习惯所形成的一种稳定的心理特征，是影响其工作绩效的一个重要因素。不同的工作岗位对于员工的性格有着一定的要求。例如，导游员岗位比较适合那些善于向别人打交道的外向型性格的人员，而财务岗位则应选择作风严谨的内向型性格员工。因此，旅行社在选择员工时，应详细了解员工的性格，根据其性格特点合理安排其工作岗位。另外，旅行社还应根据团队性格的特点合理调整团队构成，并根据员工的性格特质为其选择良好的合作者，以便使得员工个体及旅行社整体的绩效均能够得到较好的提高。

（3）价值观因素。每个人均会有自己的价值取向，不同的价值观指导人的思维产生不同的行为。如果员工不能与企业的价值观相容，甚至不能认同企业的价值观，那么工作上的冲突、观念上的冲击将是十分激烈的。这种冲突和冲击甚至会产生巨大的组织抗力以及破坏力，危及旅行社的整体利益和员工的个人利益。因此，旅行社应选择那些具有与旅行社相同或相近的价值观的应聘者，以增加相互之间的认同感，避免因价值观方面差异所导致的损失。

（二）旅行社聘用员工的程序

1. 制订用人计划

（1）职务分析。职务分析是指旅行社人力资源开发部门依据旅行社的总体发展目标和经营管理活动的需要，对旅行社各个岗位的任务、责任、性质及任职人员应具备的条件进行认真的分析研究，并作出明确的规定。

（2）岗位要求。旅行社人力资源开发部门应在职务分析的基础上，用书面形式详细规定每个岗位的工作内容、职责、要求及其特性，并且明确规定各个岗位的操作规程、标准和具体要求。

2. 开展招聘活动

（1）部门申请。各部门根据本部门业务活动或管理工作的实际需要，依据旅行社的用人计划，向人力资源开发部门提出书面用工申请。申请文件中必须详细而具体地说明所申请用工岗位的缺员现状、所需要招聘员工的知识结构和专业技能水平、所需招聘员工的人数。

（2）申请审核。由人力资源部门根据旅行社的用人计划及相关规定，逐项审核用工部门的书面申请。审核完毕,决定是否同意进行招聘。如果拟招聘的岗位是部门经理、副经理或业务骨干,还应上报总经理批准。

(3)进行招聘。人力资源开发部门根据经过审核或批准的用工申请,进行招聘。招聘活动分为:①内部招聘。指旅行社向企业内部员工通报相关岗位用人信息,接受其他部门或岗位的员工应聘。内部招聘具有员工信息真实、有利于激励员工士气和招聘费用低廉的优点。但是,内部招聘有可能造成旅行社管理队伍"近亲繁殖"的现象。②外部招聘。指旅行社向外界发布用工信息,吸引外界人员前来应聘。外部招聘具有选择范围较广、有利于吐故纳新、调整旅行社现有员工结构和提高员工整体素质等优点。但是,外部招聘存在着招聘成本较高、旅行社与应聘对象之间的信息不对称及可能伤害现有员工利益的缺点。

3. 挑选及录用员工

(1)挑选员工。旅行社在挑选员工时可采用履历表挑选和直接挑选两种方式。①履历表挑选。旅行社根据需要,要求应聘者提交其履历表,履历表包括如下内容:工作意向、个人特长、学历、学位、工作经历和个人照片等。为了保证应聘者提供信息的可靠性,旅行社还可以要求应聘者提供以前工作过的单位或就学的学校等单位出具的介绍信和推荐信。在此基础上,旅行社对初次应聘的人员进行笔试、面试,以决定是否录用。②直接挑选。旅行社通过笔试、面试,直接对应聘者进行较为深入的考察了解,并以此作为录用的依据。

(2)签订合同。旅行社在经过挑选并决定录用后,应以书面形式正式通知被聘用者。在经过被聘者的认可和接受后,双方依法签订劳动合同。

第二节 旅行社人力资源的管理

一、旅行社人力资源的培训

(一)旅行社开展人力资源培训的意义

1. 提高旅行社的经营管理水平

旅行社的员工包括全体管理人员和各种业务人员,是旅行社经营管理活动和业务活动的主导力量。他们的知识水平、业务能力和经营管理水平,直接决定着旅行社经营管理活动的成败。因此,旅行社加强对员工的培训,必然会促进旅行社整体经营管理水平的提高,为旅行社的生存和发展奠定坚实的人力资源基础。

2. 培养员工的适应能力

旅行社作为一个以人力资源为主要资源的服务性企业,其员工必须具有较强的适应能力。由于业务的发展和工作的需要,旅行社有时必须将员工从一个岗位转换到另一个岗位,或者将一些从事具体业务工作的员工提升到管理岗位上来。旅行社通过对他们的培训,培养他们的适应能力,使他们能够迅速适应新的岗位,顺利地在新岗位上工作。

3. 挖掘员工的潜在能力

潜在能力是指蕴藏在员工身上,但尚未被管理者及员工本人所觉察到的能力。旅行社通过培训,不仅能够提高员工的经营管理水平、业务能力、知识水平和适应能力,还能够有效地挖掘员工的潜在能力。一旦员工的潜在能力被挖掘出来,将会有效地提高员工的工作效率,为旅行社经营和员工的自身发展都带来较大的益处。

4. 增强旅行社的核心竞争力

进入知识经济时代,劳动者的个人智慧和知识终于从企业发展的资本意义上获得承认,个人开始意识到智慧和知识可以作为资本参与到企业创业和发展之中,而企业也认识到人力资源是形成企业竞争力的要素。旅行社作为劳动密集型企业,人力资源的质量是旅行社的重要核心竞争力。因此,旅行社加强人力资源的培训,将使旅行社增强其核心竞争力,在激烈的市场竞争中能够脱颖而出,获得生存与发展的机会。

(二)旅行社人力资源培训的内容

1. 职业道德培训

职业道德培训,是旅行社人力资源培训的一项重要内容。包括:①使员工了解国家发展旅游业的意义和旅行社在旅游业中的作用,帮助员工树立主人翁意识、职业自豪感和荣誉感;②使员工了解本旅行社的经营目标、经营理念,自觉维护企业形象;③培养员工正确的劳动态度和敬业精神,树立良好的服务意识,增强职业责任感,自觉养成良好的职业道德;④增强员工的团队意识与合作精神,培养精益求精的工作作风;⑤提高员工的遵纪守法意识和道德水准,自觉地遵守国家的法律法规,遵守旅行社行业的规章和本旅行社的各种规章制度,坚持诚信原则,树立正确的价值观,培养高尚的道德情操。

2. 知识培训

旅行社经营应顺应时代,适应宏观和微观经营环境的变化,通过培训使员工掌握工作所必需的大量知识,实现旅行社人力资源的现代化和知识化。知识培训的主要内容包括:

(1)专业知识。包括旅行社产品知识、旅行社市场知识、旅行社资本运营知识和旅游接待知识。

(2)旅游理论知识。包括旅游学知识、旅游经济学知识、旅游心理学知识、管理理论和消费者心理学知识。

(3)相关学科知识。包括地理、文化、自然、科技、历史、民俗、政治、经济、社会等相关学科的知识。

(4)旅游法规知识。包括旅游法规、经济法律法规、消费者权益法律法规等法律法规知识。

(5)其他相关知识。包括礼仪知识、外语知识、旅游电子商务等方面的知识。

3. 能力培训

旅行社通过能力培训,使员工掌握完成本职工作所必须具备的各种能力。这些能力包括:

(1)业务能力。指旅行社员工为开展相关的业务工作所必须具备的能力,包括旅行社产品设计与开发能力、旅游服务采购能力、导游接待能力、公共关系能力、销售能力和应付突发事件的能力。

(2)管理能力。指旅行社管理人员为保障企业的正常经营活动所实施有效管理活动的能力,包括决策能力、计划能力、组织能力、协调能力、信息收集处理能力和财务管理能力。

(3)经营能力。指旅行社为实施经营活动所应具备的能力,包括市场开拓能力、创新能力和资本运营能力。

(4)学习能力。指旅行社的员工为胜任工作岗位的要求和实现个人发展所具备的学习各种知识和技能的能力。包括严肃的治学态度、严谨的学风和理论联系实际的学习方法。

(三)旅行社人力资源的培训方式

1. 岗前培训

岗前培训,是提高旅行社员工素质的重要措施。根据国家旅游局提出的在旅游行业中实行"先培训后上岗"的制度要求,新员工在进入旅行社之后,应接受岗前培训。岗前培训的内容有旅行社介绍、敬业精神、服务观念、操作规范、业务知识、导游知识、外事纪律、旅行社规范、规章制度等。

2. 在职培训

在职培训,又称岗位培训,是指对具有一定业务知识和操作实践经验的职工进行有组织的集中教育、不脱产或短期脱产的培训。培训的内容基本上贯穿于整个旅行社工作的过程。开展岗位培训能提高现有员工的业务素质,不断提高业务水平。

3. 脱产培训

脱产培训是指旅行社的员工离开工作岗位到有关院校或培训机构接受比较系统的专业教育。学习的内容包括语言、政策法规、旅行社业务知识、导游知识、管理知识、旅游经济学、旅游心理学、旅游市场学等知识。其特点是学习的知识比较系统、全面,对于文化层次比较低或希望提高自己学历的员工较为适合。

4. 适应性培训

适应性培训,又称应用性培训或转岗培训,是指旅行社针对一些员工因工作需要,从一个岗位转向另一个岗位,为使转岗的员工在短时间内掌握新的工作知识和技能,而对他们进行的培训。培训的方法可采用请专家上门讲课、现场观摩等。

5. 专题性培训

指旅行社针对员工在某些知识领域的需求,聘请有关专家或社内工作经验丰富的人员就某一个专题进行培训。培训的内容包括外国语知识、客源国(地区)的相关知识、旅游目的地国家(地区)的相关知识、旅游法律法规知识等。

二、旅行社人力资源的绩效评估与管理

(一)绩效的性质与特点

1. 绩效的性质

旅行社人力资源的绩效,又称工作绩效,是指旅行社员工在其工作岗位上所完成的工作数量、质量及效率状况。绩效必须经过一定程序的评估,才能够生效。

2. 绩效的特点

(1)多因性。多因性是指绩效的产生受到多种因素的影响。一般来说,影响绩效的主要是激励、技能、环境和机会四项因素。

(2)多维性。多维性是指绩效需要从多角度和多方面进行评估,以全面评价员工的工作成绩。

(3)动态性。员工的工作绩效是变化的,随着时间的推移,绩效差的可能变好,绩效好的可能变差。

(二)绩效评估的原则与内容

1. 绩效评估的原则

(1)公开性原则。公开性原则,是指旅行社应明确规定绩效评估的标准、程序和责任,并且将这些标准、程序和责任向全体员工进行公开的说明。公开性原则会使员工对绩效评估的工作和结果产生信任感,并且能够确保评估的权威性。

(2)客观性原则。客观性原则,是指旅行社坚持实事求是,按照客观事实和评估标准对员工进行评估,不能带有任何领导者的主观因素和个人偏见。旅行社在评估员工的绩效时,只要员工的工作表现和结果达到了旅行社规定的标准,就可以认为他是一名合格的员工。那种置评估标准于不顾,在员工之间进行比较,搞"末位淘汰"式评估的旅行社,只能是哗众取宠于一时,最终会导致员工离心离德的恶果。

(3)直接性原则。直接性原则,是指应当由员工的直接上级负责评估其工作绩效。这是因为,直接上级最了解员工的实际工作(成绩、能力和适应性),也最有可能反映真实情况。间接上级(上级的上级)对直接上级作出的评估结果一般不应轻易修改。当然,这并不排除间接上级在对评估结果的疑问调查清楚后,通过直接上级对评估结果进行必要的调整和修订。由员工的直接上级进行评估,不仅能够明确评估的职责,而且能够将评估工作与日常管理有机地结合起来,有利于对员工的

管理。

(4)反馈性原则。反馈性原则,是指绩效评估的结果一定要反馈给被评估者本人,并向其就评语进行必要的解释说明,肯定成绩和进步,指出缺点和不足,为今后的努力方向提供参考性意见。

(5)差别性原则。差别性原则,是指旅行社应针对不同等级和层次的员工,制定相应的绩效考核标准。这些考核标准之间应具有明显的差别界限,以便根据被评估者所应承担的职责和拥有的权力对其绩效进行恰如其分的评价。

2. 绩效评估的内容

(1)职务评估。职务评估包括考察员工对本职工作的熟练程度和考察员工的工作能力和适应性,以决定是否需要调动其工作或调整其职务。

(2)奖金评估。奖金评估是旅行社为了决定员工应获得的奖金数额,而对其工作成绩和超额劳动进行的客观评价。

(3)提薪评估。提薪评估是以员工过去的工作成绩和今后可能发挥的作用为依据进行的绩效评价,其目的是决定被评估者未来相应的工资水平。

(4)晋升评估。晋升评估以提升员工的职务或工资级别为目的,对其绩效进行的综合性评估。晋升评估以旅行社平时积累的评估资料为基本依据,全面考察被评估者的职业道德、知识水平和工作能力,以决定是否应给予被评估者以相应的职务晋升或工资级别提升。

(三)绩效评估的目的与作用

1. 绩效评估的目的

绩效评估既是一种正式的员工评估制度,也是管理者与员工之间的一项管理沟通活动。旅行社按照科学的绩效评估原理,通过系统的绩效评估方法,考核员工在岗位上的工作行为和工作效果,作为决定其工资级别、奖金数量和职务升降的直接依据。旅行社绩效评估的最终目的,是通过改善员工的工作表现,实现企业的经营目标,并提高员工对工作岗位和旅行社的满意度和职业成就感。

2. 绩效评估的作用

(1)管理方面的作用。绩效评估对旅行社的管理具有重要的作用,主要体现在以下四个方面:

① 薪酬调整和奖金发放的依据。旅行社关于员工工作绩效的评估结论,对员工本人是公开的,并且要获得员工的认同。因此,绩效评估的结果对被评估者具有较强的说服力,并且能够作为旅行社调整员工的薪酬和发放奖金的重要依据。

② 调整职务和岗位的依据。绩效评估的结果能够客观地对员工是否适合该岗位作出明确的评判,并且成为旅行社晋升、降职、调岗甚至辞退员工的重要依据。

③ 进行正式沟通的机会。绩效评估为管理者和员工之间创造了正式的沟通机

会,使管理者(评估人)和员工(被评估人)能够面对面地讨论评估的结果。一方面,管理者能够及时了解员工的实际工作状况及深层次的原因;另一方面,员工也能够了解到管理者的管理思路和计划。通过绩效评估和沟通,管理者与员工之间的相互了解和信任得到加强,旅行社管理的透明度和工作效率也得到提高。

④ 获得员工信息的渠道。通过绩效评估,企业管理者和人力资源部门可以及时准确地获得员工的工作信息,通过整理和分析这些信息,可以对企业的招聘制度、选择方式、激励政策及培训制度等一系列管理政策的效果进行评估,及时发现政策中的不足和问题,从而为完善企业政策提供有效的依据。

(2)激励员工的作用。旅行社实施绩效评估,不仅有利于企业的管理,而且有利于对员工的激励。绩效评估的激励作用主要表现在以下两个方面:

① 了解企业对员工的评价。绩效评估是员工获得旅行社对其工作的评价信息的正规渠道。通过这种正规的信息渠道,员工能够了解到其在企业中的位置和旅行社对其工作成绩的真实评价,有利于员工在以后的工作中发扬自己的长处,克服存在的不足。

② 了解企业对员工的期望。绩效评估还能够使员工了解旅行社对其未来发展的期望,为员工确定未来发展的方向,提供了重要的参考依据。

(四)绩效评价的指标体系

1. 总经理的评价指标体系

(1)市场开发:市场覆盖率、客户留住率;

(2)产品创新:新产品开发成功率、产品开发费用率;

(3)产品销售:销售额增长率、市场增长率;

(4)旅游接待:接待人次、接待人天、顾客满意度;

(5)财务资源:资金成本率、现金充足率、现金周转率;

(6)赢利能力:销售净利率、成本费用利润率、应收账款回收率;

(7)人力资源:专业人员培训比率、员工比率、员工周转率;

(8)组织管理:组织结构的改造、管理方法的革新和组织规模的变化。

2. 市场营销人员的评价指标体系

(1)市场占有状态:市场占有率、市场覆盖率;

(2)拥有客户情况:新客户增长率、客户留住率评价;

(3)销售额及销售费用:销售额增长率、销售量计划完成率、销售费用占有率;

(4)劳动效益:全员销售率。

3. 市场研究与产品开发人员的评价指标体系

(1)研究与开发的成本与效益:创新产品销售比例,新产品开发成功率;

(2)研究与开发质量:新产品的市场增长率,新产品的市场占有率。

4. 旅游接待人员的评价指标体系

(1)接待数量:接待人次、接待人天;

(2)接待质量:人均停留天数、接待人天收入;

(3)接待效果:旅游者满意度、客户满意度。

5. 旅游服务采购人员的评价指标体系

(1)采购效率:采购的及时性、旺季保障情况;

(2)采购效果:采购费用率、采购价格、采购网络。

6. 人力资源开发与管理人员的评价指标体系

(1)企业人员的变动情况:员工比率、离职率、员工固定率;

(2)工作状况:出勤率、迟到率、加班加点率;

(3)教育培训情况:人均受训率、教育训练时间;

(4)人员激励情况:包括激励政策、激励手段、业绩考核等。

7. 财务人员的评价指标体系

(1)资金筹集:现金充足率、资金成本率、利息保障倍数、现金流动比率;

(2)资金管理:资金周转率、应收账款周转率、流动资产比率。

(五)绩效管理的方法

1. 设立绩效目标

旅行社在设立绩效目标时,应坚持下面三个原则:

(1)导向原则。依据旅行社的总体目标设立部门或个人目标。

(2)SMART原则。即旅行社的绩效目标应具体(Specific)、可以衡量(Measurable)、经过努力可以实现(Attainable)、相互关联(Relevant)并要以一定的时间为考核范围(Time-based)。

(3)承诺原则。上下级共同制定目标,并形成承诺。

2. 记录绩效表现

旅行社应记录员工工作表现,并尽量做到图表化、例行化和信息化。一方面,为绩效管理的辅导和评估环节提供依据,促进辅导及反馈的例行化,避免主观性和偏见性的绩效评估;另一方面,绩效表现记录本身对旅行社的管理是一种有力的推动。

3. 辅导及反馈

旅行社的管理者应通过观察下属的行为,并对其工作表现给予适时的表扬和批评,来帮助员工改善业绩。旅行社的管理者需要事先与下属就行为的评判标准进行沟通,并且只是在下属需要的时候,才密切地监督他们。一旦他们能自己履行职责,就应该放手让他们进行自我管理。

4. 绩效评估

在绩效管理过程中,评价是一个连续的过程,而绩效评估是在此过程中依据设定的评估方法和标准进行的正式评价。鉴于绩效结果一般需要较长时间才能体现出来,以及绩效评估等级的敏感性,所以,旅行社进行绩效评估的间隔应为半年至一年。

5. 反馈面谈

反馈面谈包括两方面的内容:①评估者与被评估者对绩效评估结果进行沟通并达成共识;②评估者与被评估者共同分析绩效目标未实现的原因,从而找到改进绩效的方向和措施。在反馈面谈时,管理者应做好充分的准备,并掌握必要的面谈沟通技能,克服反馈面谈的心理压力和畏难情绪,避免造成反馈面谈失效甚至产生负面作用的结果。

6. 制订行动计划

旅行社的管理者应根据反馈面谈达成的改进方向,帮助员工制订绩效改进目标、个人发展目标和相应的行动计划,并落实在下一阶段的绩效目标中。

第三节 旅行社企业文化建设

一、企业文化的构成

(一) 旅行社的物质文化

1. 企业环境

企业环境是旅行社企业文化的外在表征,体现了旅行社企业文化的个性特点。旅行社的企业环境包括:①工作环境。旅行社的工作环境,是指为员工创造的工作氛围,体现了旅行社对员工情绪、需求、激励的重视程度。②生活环境。旅行社的生活环境包括旅行社为员工提供的居住、休息、娱乐等生活服务设施和为员工及其子女提供的学习条件。

2. 企业标识

企业标识是旅行社企业文化的可视象征之一,主要包括旅行社的名称、标志等方面的内容,是旅行社企业文化个性化的反映。

(二) 企业行为文化

1. 企业目标

企业目标是旅行社以经营目标形式表达的一种企业观念形态的文化。旅行社将企业目标作为一种意念和信号传达给员工,引导他们的行为。

2. 企业制度

企业制度是指旅行社的行为规范,是保证旅行社正常运转所必不可少的重要因素。旅行社企业制度的基本功能包括:①企业价值观的导向;②实现企业目标的保障;③调节企业内部人际关系的基本准则;④组织企业生产经营、规范企业行为的基本程序和方法;⑤企业的基本存在和功能发挥的实际根据。

3. 企业民主

旅行社的企业民主,是旅行社企业文化的一个重要方面,包括员工的民主意识、民主权利、民主义务等一系列参与企业经营管理的措施和活动,其核心是一种"以人为本"的价值观和行为规范。企业民主有利于确立员工的主人翁地位,改善管理者与被管理者之间的关系,提高旅行社在市场竞争中的应变能力。

4. 企业文化活动

旅行社的企业文化活动包括以下四种类型:①文体娱乐性活动;②福利性活动;③技术性活动;④思想性活动。旅行社的企业文化活动具有功能性、开发性和社会性特点。

5. 企业人际关系

人际关系,是指人们在社会生活中发生的交往关系,体现了双方的互动行为。旅行社的企业人际关系具有两种基本形式:①纵向关系,即旅行社的管理者与被管理者之间的上下级关系;②横向关系,即旅行社员工之间的相互关系。

(三)企业精神文化

1. 企业哲学

旅行社的企业哲学,是指旅行社的经营哲学,是对旅行社全部行为的一种根本指导。旅行社企业哲学的根本问题是旅行社的人与物、人与经济规律的关系问题。

2. 企业价值观

旅行社的企业价值观,是指旅行社的管理者及其员工据以判断是非的一种标准。旅行社的企业价值观,是旅行社企业文化的核心,为旅行社的生存与发展提供了基本方向和行动指南。

3. 企业精神

企业精神,是指现代意识与企业个性结合的一种群体意识。现代意识是现代社会意识、市场意识、质量意识、信念意识、效益意识、文明意识、道德意识等汇集而成的一种综合意识。企业个性,则包括了企业的价值观念、发展目标、服务方针和经营特色等基本性质。

旅行社的企业精神,是旅行社全体员工经过长期培育,并且为他们所认同的一系列群体意识的信念和座右铭,也是旅行社在为谋求生存与发展,实现自身的价值体系和社会责任而从事经营的过程中,所形成的一种人格化的群体心理状态的外化。

4. 企业道德

企业道德,是指旅行社调整内外关系的职业行为规范的总和。它是一种内在的价值观念和企业意识。旅行社的企业道德,是旅行社经营管理理论与实践的一种必然产物,也是旅行社在实践中求生存、求发展的主体性的强烈表现。

二、企业文化的建设

(一) 旅行社企业文化的特点

1. 服务性

服务性是旅行社企业文化的一个显著特点。旅行社是以向旅游者提供旅游服务为主要经营业务的服务性企业,其产品是无形的旅游服务。对于旅行社来说,旅游者对其产品的满意程度是评价其产品质量的最终标准,也是旅行社能否在激烈的市场竞争中生存和发展的关键。尽管旅游者的满意度可能受到很多因素的影响,但是,对旅游者满意度影响最大的是旅行社员工的服务意识、服务态度和努力程度。因此,旅行社必须把培养员工的服务意识作为其企业文化建设的中心任务。

2. 文化性

旅行社向旅游者提供具有浓厚的文化气息的特种服务产品,使旅游者获得文化性的享受。一方面,许多旅游者的旅游动机带有强烈的文化色彩,希望了解和欣赏旅游目的地的特色文化。旅行社应该加强对员工的培养,使其对本国文化有深入的了解,以满足旅游者的文化需求。另一方面,旅行社的员工还应努力学习和熟悉有关客源国或地区的文化背景和价值观,以便提供具有针对性的服务。因此,旅行社应该将提高员工的文化素养和培养员工的文化意识,作为企业文化建设的一项重要内容。

3. 协调性

旅行社的产品具有高度的综合性,涉及旅游者旅游过程中食、住、行、游、购、娱等方面。其中许多服务是旅行社自身所不能提供的,需要通过旅游服务的采购来满足其产品组合的需要。其中任何一个环节的服务质量,都会直接影响旅行社最终产品的质量和旅行社的形象。这就要求旅行社的各级管理人员和全体员工具有强烈的协作意识,以确保各个环节的服务质量和整个服务过程的顺利完成。

4. 经营性

经营意识是每个企业都需要培养和树立的基本意识,对旅行社这样的企业尤其重要。旅行社业务的特点决定了旅行社经常面临市场供求关系不断波动和激烈市场竞争的强大压力,经营难度很大。为了保证生存与发展,旅行社需要在全体员工中树立明确的市场导向观念、市场竞争观念和经济核算意识,即要求全体员工具有强烈的经营意识。

(二) 旅行社企业文化建设的作用

1. 观念转变

旅行社进行企业文化建设,有利于帮助旅行社员工转变价值观念。一方面,旅行社应鼓励员工继承和弘扬优秀文化传统,积极主动地为旅游者提供优质服务;另一方面,旅行社应引导员工摒弃错误或落后的价值观念,努力学习国外先进的管理思想和经营方法,自觉地按经济规律办事,为实现企业的目标而努力。

2. 完善制度

旅行社通过企业文化建设,鼓励员工参与制定和修订企业的各项制度,从而实现企业制度的完善与落实,并保证企业的正常运转。

3. 群体识别

企业文化建设有助于旅行社的群体识别,使其与竞争对手之间出现明显的区别。这种群体识别能够帮助旅游者比较容易地在众多的旅行社中间进行选择,并成为本旅行社的忠诚顾客。

4. 激励员工

旅行社实行企业文化建设,能够充分调动旅行社员工的积极性与创造性,以激励他们为企业的生存与发展做出自己最大的努力,创造更多更高的企业成果。旅行社企业文化建设不仅要用先进的观念去鼓励员工,而且还应用生动活泼、丰富多彩的企业文化对他们加以熏陶。

5. 增强凝聚力

旅行社通过企业文化建设,可以使员工产生对本职工作的自豪感和使命感,对本企业的认同感和归属感,因而将自己的思想、目标、行为融合到企业中,从而产生强大的凝聚力。

6. 增加辐射力

旅行社企业文化作为一个系统,不仅在企业内部产生影响,而且还要与外部环境进行交流,要受到外部环境的影响,并相应对外部环境产生反作用。旅行社员工在与社会各方面交往中,会反映出自身的价值观念和文化特点,旅行社产品的销售、服务也会反映出该旅行社的文化内涵。旅行社企业文化的这种社会影响,能够加深社会对旅行社的精神、理念和作用的理解。

7. 加强约束力

旅行社的企业文化是一种软约束,能够对全体成员的行为形成一种无形的群体压力。这种压力包括舆论的压力、理智的压力和情感的压力。企业文化带来的这种无形的、非正式的和不成文的行为准则,使员工们能够按照价值观的指导进行自我管理和控制,从而弥补了规章制度产生的硬约束所造成的不足和偏颇。

(三)旅行社企业文化建设的策略

1. 提高旅行社的物质文化

旅行社在建设企业文化的过程中,应大力增加对企业物质文化的投入,改善旅行社的企业环境。旅行社应努力做到:①整顿旅行社的社容、社貌、社风;②加强职工教育,注重智力投资和人才培养,丰富员工的业余文化生活,营造活跃的思想氛围;③提升旅行社产品与服务的美誉度,树立旅行社完美的社会形象。

2. 加强旅行社的制度文化

旅行社的管理者应该加强企业的规章制度建设,切实弄清企业的家底,了解员工的心态,把握企业运行的脉搏。同时,旅行社的管理者还应该正确审视国家的政治、经济气候,把握政府的政策,掌握并预见市场动态,与外界的变化保持动态调适,为旅行社创造一个良好的制度环境。

3. 丰富旅行社的精神文化

旅行社的管理者应努力促进企业文化的不断演进,建立起本企业的价值观,构筑出真正企业化的、能反映企业特点并被员工所普遍认可的理念。另外,旅行社的管理者必须树立起能够真正鼓舞员工的斗志、激发员工热情、激励员工为企业的目标而拼搏的企业精神,从而促使企业管理体制步入更高境界。

典型案例:WS旅行社的"总经理选举"

1998年,J市WS旅行社的张总经理因年满六旬,申请退休。该社所属的TBS旅游发展集团(控股)总公司经过研究决定,同意张总经理退休。同时,总公司决定派总公司的纪律检查委员会孙副书记、人力资源部刘总监和工会李副主席前往WS旅行社,召集中层干部以上的人员,进行民主测评,推荐新的总经理人选。

然而,WS旅行社是一家成立时间较早的国有企业,由于历史的原因,该社存在着严重的派性。其中,该社散客部王副经理曾任接待部经理,三年前,他因擅自向旅游者索要小费和多次带旅游者到非定点商店购物,收取大量回扣,遭到旅游者的投诉。当时,该社石副总经理在社务会上提出,应该给予王某行政处理,并且调离接待部门。张总经理接受了石某的建议,给予王某行政记过处分,并将其调到散客部任副经理。另一名副总经理赵某为了拉拢王某,私自将会议情况告诉了王某。从此,王某便对石某怀恨在心,伺机报复。另外,销售部经理许某认为,石某年富力强,是其升迁的障碍。于是王某找到许某,说明将联络其他人反对提名石某继任总经理,而要推选赵某出任此职,两人一拍即合。随后,他们便分头私下串联,煽动对石某的不满情绪,极力吹捧赵某。

总公司派来的孙某、刘某和李某来到WS旅行社后,不做任何调查研究,立即召开中层会议,宣布进行民主测评,推选总经理的继任人选。孙某甚至在会上说,这次充分发扬民主,谁得到的选票多,谁就是下一任总经理。当时,张总经理曾表示异议,向他们提出忠告,要求他们慎重行事。但是,孙某等人置若罔闻,我行我素。选举后,孙某将选票带回总公司。不出所料,赵某获得的选票最多,顺理成章地当上了总经理。

赵某就任总经理后,王某等人认为他们为赵某的"荣升"立下"汗马功劳",要求赵某予以"报答"。赵某不顾其他副总经理的反对,擅自决定为王某"平反"和"恢复名誉"。不久,赵某又提拔许某为总经理助理。赵某的做法,在员工中间引起强烈的不满。另外,由于赵某只善于拉帮结派,以小恩小惠收买他人,对于旅行社业务一窍不通,特别是他顽固地认为,旅行社开展促销活动是"浪费金钱",应该实行个人承包,导游员接待旅游团应向旅行社缴纳"人头费"。结果,不到两年,WS旅行社在赵某的领导下,市场份额日渐缩小,接待质量下降,旅游者投诉不断,经营效益连年滑坡,甚至到了亏损的地步。WS旅行社开始拖欠员工工资,一部分业务骨干纷纷跳槽,到其竞争对手那里去另谋出路。

直到此时,总公司的领导们才发现赵某不能胜任,决定将其调到总公司担任"处级调研员",行政级别不变。同时,总公司的领导们考虑派孙某等人到WS旅行社,召开中层干部会,进行民主推荐,继任该社的总经理。

资料来源:作者根据实地调查和与有关部门负责人的谈话记录整理(注:案例中的企业和人员均系化名)。

思考与练习

1. 旅行社人力资源的内涵是什么?
2. 旅行社应如何进行绩效评估?
3. 旅行社的企业文化建设有哪些作用?

自测题

1. 旅行社的企业文化是一种(　　　)。
   A. 硬约束　　　　　　B. 企业制度
   C. 软约束　　　　　　D. 企业规章
2. 多数国家或地区的旅行社行业属于(　　　)行业。
   A. 文化型　　　　　　B. 垄断型
   C. 智力型　　　　　　D. 零散型
3. 企业精神,是指现代意识与企业个性结合的一种(　　　)。
   A. 群体意识　　　　　B. 企业意识
   C. 关系总和　　　　　D. 协调关系

第六章

旅行社的质量管理

篇首案例　旅行社违反承诺,旅游者索赔

2005年6月26日,B市的某大学校友团一行20人,参加N省HB旅行社所组织的"H市草原风光4日游"旅游团,前往N省H市进行游览观光。7月初该旅游团的部分游客返回B市后,向N省旅游质量监督管理所提出投诉,反映HB旅行社在导游服务、交通工具、饭店设施、餐饮质量等方面违反承诺,侵害游客们的合法权益:

(1)导游服务方面:该旅游团在N省的H市旅游期间,负责接待的H市HB旅行社委派当地某中学的一名历史教师孙某充当该团的地陪。在整个旅游期间,孙某始终没有佩戴或出示过导游证。因此,游客们认为HB旅行社违反国家的相关法规,委派无证人员担任旅游团的导游,加之孙某缺乏带团经验,导游讲解技能较差,使游客们无法享受HB旅行社在旅游合同中所承诺的优质导游服务。另外,旅游团在Y市参加漂流活动时,导游员孙某事先未作任何安全提示,也未采取任何防范措施,导致漂流艇在接近终点时被岸边伸向河中的树木撞翻,3名游客落水,所幸河水不深,未造成人身伤害,但一名游客的高档皮鞋和高档水晶眼镜被河水冲走,损失近4 000元。

(2)交通工具方面:在旅游合同中,HB旅行社承诺提供依维柯牌空调客车。但是,旅游活动伊始,汽车的空调就不能正常运转。游客们向司机询问,得到的回答是:这辆车是司机个人的,被HB旅行社包租来接待这个旅游团。汽车的空调机早就坏了,由于时值旅游旺季,旅游接待任务繁忙,所以一直没有进行修理。当时的天气酷热,而游客们被迫在整个旅途中忍受着汽车里的闷热。

(3)饭店设施方面:在Y市游览期间,游客们被HB旅行社安排在当地的一家名为"凤凰山庄"的饭店。该饭店的设施陈旧、简陋。到了晚上,该饭店的供水系统发生故障,导致游客们无法使用厕所和洗漱。

(4)餐饮方面:在旅游过程中,旅行社安排的餐饮不仅质量差,而且数量少,游客们不是挨饿,就是被迫自掏腰包加菜。

游客们认为,HB旅行社违反在广告和旅游合同中的承诺,导致游客们乘兴而去，败兴而归，深感被 HB 旅行社所欺骗。因此，他们请求 N 省旅游质量监督管理所依照国家的相关法规，严肃处理 HB 旅行社，并要求 HB 旅行社赔偿他们的经济损失。

N 省旅游质量监督管理所在接到游客的投诉后，立即进行了调查，并引起 HB 旅行社总经理于某的高度重视。于某亲自打电话向游客们就该旅行社个别人员的恶劣服务态度，给游客们在旅游过程中造成的不便表达深深的歉意，承诺将严肃处理相关责任人员，按照国家的相关规定赔偿游客们的损失。于某指派该社接待部经理范某专门负责处理此次事件。范某多次主动到游客们的家里，诚恳地向游客道歉，并询问游客们的赔偿要求。同时，HB 旅行社向 N 省旅游质量监督管理所汇报协商的经过，并指出导游员孙某系该社聘用的兼职导游员，具有导游资格。但是，该导游员在接待期间未佩戴导游证的行为是十分错误的，已给予孙某扣发导游服务补贴的处罚，并决定今后不再聘用孙某为该社接待旅游团。

11 月 12 日，游客们致信 N 省旅游质量监督管理所，表示他们充分理解了 HB 旅行社为表示歉意和诚信所作的积极努力，并达成了协议，接受该社就此事提出的最终补偿方案，现双方就解决此事达成的协议已得到有效实施。游客们对该社为此所作的努力表示满意，因此同意撤销对该社的投诉，同时对 N 省旅游质量监督管理所为维护 N 省及 H 市在旅游市场上的形象和游客利益所作的努力表示感谢。

资料来源：作者根据实地调查所获资料整理。

第一节　旅行社服务的质量管理

一、旅行社服务质量的内涵

（一）服务产品设计质量

旅行社产品的设计，是保证其整体产品质量的基础。服务产品设计质量，是指旅行社所设计的服务产品，是否既能够在使用价值上满足旅游者的旅游需求，也能够使产品的销售价格与产品所提供的使用价值相一致。

（二）旅游接待服务质量

旅游接待服务，是指旅行社的门市接待人员和导游人员提供的服务，是旅行社产品使用价值的实现过程。旅游接待服务质量要保证购买旅行社产品的旅游者在旅游过程中获得物质方面和精神方面的双重满足。

（三）环境质量

1. 硬件环境质量

硬件环境是指旅行社在接待旅游者的整个过程中，所利用的各种设施设备及其他硬件项目。硬件环境可以分为两大类型，即旅行社自身硬件环境和相关旅游服务供应部门的硬件环境。硬件环境质量,反映了旅行社为旅游者提供的各种旅游设施设备,在满足旅游者旅途中的生活和游览需要方面的水平。

2. 软环境质量

软环境是指旅行社内部各部门之间的协调和旅行社与相关旅游服务供应部门之间的合作,目的在于保证旅游活动能够顺利进行。这些协调与合作关系的融洽程度,反映了软环境的质量水平。

二、旅行社服务质量管理的意义与评价标准

(一)旅行社实施服务质量管理的意义

1. 提高旅游者的满意度

旅行社实施服务质量管理,适应了旅游者对优质服务产品的需求。事实表明,所有旅游者希望享受优质服务的心理要求是一致的;有的旅游者甚至将为了享受高水平的服务作为旅游动机。由此可见,服务本身已成为一种特殊的旅游资源。旅游接待服务必须最大限度地满足旅游者的需求,从服务态度、方式、技能、项目等多方面力求招徕和吸引更多的客源。

2. 提升旅行社的企业形象

服务质量反映了旅行社的经营管理水平。特别是导游的服务直接面对旅游者,他的一言一行和一举一动都会受到旅游者的注意,导游的服务质量,不仅代表一个国家旅游业的服务水平,也体现着一个国家人民的精神面貌,所以,英国称导游为"民间大使"不无道理。就我国来说,国外旅游者到中国来旅游,所见所闻无不涉及我国的政治、经济、文化、教育、历史、社会风尚和生活习俗等,导游生动的讲解和优质的服务有助于旅游者了解我国的悠久历史、灿烂文化、锦绣山河、名胜古迹,以及社会主义建设的伟大成就,从而使旅游者了解中国,喜欢中国,增进友谊。由此可见,服务质量的优劣,给旅游者的印象如何,不仅直接关系到旅游业和旅行社的企业形象和声誉,关系到旅游业和旅行社的兴衰成败,而且在很大程度上关系到国家的形象。

3. 创造良好的经济效益

提高服务质量是旅行社市场竞争的主要手段。谁的服务质量高,谁就更能吸引旅游中间商和旅游者。服务质量的优劣直接影响着旅游者的购买欲望,高水平、高质量的服务才能赢得客源,有客源才会产生经济效益。所以说,服务与效益是统一的,而不是对立的。优质服务是旅行社产生经济效益的源泉。

4. 提高员工的积极性

旅行社的生存主要依靠经济效益,因服务好而产生好的经济效益也能使旅行社的总体收益增加,而好的经济效益又可以提高员工提供优质服务的积极性,可以说,优质服务也是经济体制改革的要求。

5. 扩大客源的范围

旅行社的优质服务不仅是吸引"回头客"的重要手段之一,还会使旅游者主动向亲朋好友做宣传介绍,成为不需成本的但最有说服力的"广告",帮助旅行社招徕新的客源,产生新的经济效益。

(二)服务质量的评价标准

1. 影响质量评价的因素

(1)有形因素。旅行社服务的有形性,是指旅行社产品中的有形部分:旅行社和相关部门的硬件设施设备、服务设施的外观、宣传品的摆放和员工的仪表仪容等。由于旅行社产品的本质是一种无形的服务,而实现服务所借助的有形因素直接影响到旅游者对旅行社产品质量的感知。因此,旅行社产品中所包含的有形成分必然成为旅游者判断旅行社产品质量的重要因素。

(2)可靠性因素。旅行社产品的可靠性,是指旅行社能够按时而准确地履行服务承诺的能力。由于旅行社的服务产品涉及多个相关部门,有很高的不确定性,因此旅游者在评价旅行社的服务产品质量时,最看重可靠性因素。只要旅行社在其提供服务的过程中出现不能兑现其承诺的行为,必然会导致旅游者对服务产品质量的不满。

(3)快速响应性因素。旅行社服务的快速响应,是指旅行社随时愿意为旅游者提供快捷有效的服务。旅行社是否能够及时地满足旅游者的各种合理要求,表明旅行社是否具备了以服务为导向的经营观念,即是否将旅游者的利益放在了第一位。

(4)保证性因素。旅行社服务的保证性,是指旅行社服务人员具有友好的态度和胜任工作的能力,具体包括服务人员完成任务的能力、对旅游者的礼貌和尊敬、与旅游者有效地沟通和将旅游者最关心的事高度重视的态度。保证性因素影响到旅游者对旅行社服务质量的信心和安全感及其对旅行社服务质量的判断。

(5)移情性因素。旅行社服务的移情性,是指旅行社的服务人员设身处地地为旅游者着想和对旅游者给予特别关怀。这要求服务人员具有接近旅游者的能力和敏锐的洞察力,能够正确地理解旅游者的需要。

2. 旅行社方面的评价标准

(1)旅行社所提供的旅游计划中,旅游线路安排合理、旅游项目丰富多彩、劳逸程度适当,能够满足旅游者在旅游过程中游览和生活的需要;

(2)旅行社应保证制定的旅游线路和日程能顺利实施,不耽误或删减旅游的游程;

(3)旅行社应按质按量地提供计划预定的各项服务,如保证饭店档次、餐饮质量、车辆规格、导游水平和文娱、风味节目等;

(4)旅行社应保证旅游者在旅游过程中的人身及财产安全,保证其合法活动不受干预和个人生活不被打扰；

（5）旅行社及旅游活动所涉及的相关旅游服务企业的服务人员不仅要有合格的文化素养和服务技能，还要有高尚的职业道德、强烈的服务意识和良好的服务态度，能够创造一种宾至如归的旅游氛围。

3. 旅游者的评价标准

（1）预期质量与感知质量的比较。旅游者通过将预期质量与感知质量进行比较，对旅行社产品的质量进行评价。预期质量，是指旅游者在接受旅行社提供的实际服务之前，对旅行社产品质量所产生的心理预期。感知质量，是指旅游者在旅游过程中实际体验到的旅行社服务质量。当旅游者的感知质量大于或等于其预期质量时，旅游者就会认为旅行社产品的质量优秀，对旅行社的服务感到满意。当旅游者对旅行社产品的感知质量低于预期质量时，旅游者就会认为旅行社产品的质量低劣，并且对旅行社产生不满情绪。

（2）过程质量与结果质量的比较。旅游者评判旅行社产品的另一个标准是过程质量与结果质量的差距。旅游者在评价旅行社产品的质量时，不仅要考虑购买该产品过程中旅行社所提供的服务是否令其感到满意，而且要考虑在消费该产品后能否达到其预期的目的。尽管过程质量和结果质量对于旅行社的服务质量均十分重要，但是多数旅游者更加注重结果质量，因此，只有当他们认为结果质量高于过程质量，或者不低于过程质量时，才会对旅行社产品的质量感到满意。

三、旅行社质量管理的内容与方法

（一）旅行社质量管理的内涵

1. 旅行社的全面质量管理

旅行社的全面质量管理，是指旅行社的一切经营管理活动，都要立足于设法满足旅游者的需求。全面质量管理，要求旅行社从产品质量、服务质量和环境质量三个方位进行全面的考察，实施全方面、全因素的管理。

2. 旅行社的全过程质量管理

（1）旅游活动开始前阶段的质量管理。在旅游活动开始前，旅行社质量管理的重点是加强对旅游产品的设计、宣传、销售和接待等方面的质量管理，严格控制信息收集、经营决策和接待服务准备等环节的工作质量，防止出现吸引力差或不具有赢利能力的产品，确实保证旅游产品的质量。

（2）旅游活动进行中阶段的质量管理。旅行社在旅游活动开始后，应将质量管理的重点转移到对服务质量和环境质量的管理。①服务质量管理。旅行社在旅游活动开始后，必须对导游员的服务态度、服务方式、服务项目、服务语言、服务仪表、服务时间和职业道德等方面实施标准化、程序化和规范化管理，使旅游者通过导游的服务而对旅行社产生信任和好感。此外，旅行社在此阶段还应加强旅行社内部各部门之间协调和配合方面的工作质量管理,以确保旅游团队的活动顺利。②环境质量管理。旅行社除了管理其服务质量外,还应对环境质量实施管理,主要指对旅行社的各协作单位的服务质量实施监督。旅行社必须选择质量美誉度高的单位作为合作伙伴,并督促他们按照合同或协议提供优质服务。

(3)旅游活动结束后阶段的质量管理。在此阶段,旅行社质量管理的重点是旅游产品质量的检查和评定、提供售后服务及处理旅游者的表扬和投诉。旅行社的质量管理人员应主动征求旅游者的意见,认真听取旅游者的反映和感受,总结经验,以便进一步提高服务质量。

3. 旅行社的全员质量管理

旅行社的全员质量管理,是指旅行社要求全体员工对服务质量作出保证与承诺,共同向旅游者提供服务。旅行社服务质量的优劣,是旅行社各个部门、各个环节全部工作的综合反映,涉及旅行社的全体员工。因此,旅行社必须充分调动全体员工的积极性,不断提高人的素质,培养质量意识,全员参与旅行社的质量管理,以便从根本上保证旅行社的服务质量。

(二)旅行社质量管理的实施

1. 产品质量管理

(1)产品设计质量管理。旅行社的产品质量,一般是指旅游线路和旅游节目设计安排的质量。产品设计的质量管理应侧重于:①旅游线路安排要合理。旅行社在产品设计方面应注意避免旅游线路中出现不必要的重复或往返,以避免旅游者因过多的线路重复或往返产生厌烦情绪。如发现确实存在不必要的重复或往返,应设法加以适当调整。②产品内容要符合旅游者的需要。旅行社所设计的旅游线路和节目中的各个项目必须真正符合旅游者的需要,能够使旅游者通过游览和参观得到生理上和心理上的满足。如果发现有些项目徒有其名,不能达到旅游者的期望,则应予以删除,并代之以真正符合旅游者需要的项目。③交通工具要得到切实保障。旅行社在检查其产品设计时,应注意所安排的交通工具是否能够得到切实的保障。鉴于我国目前的交通状况,旅行社管理者在对产品设计进行质量管理时应特别加以注意。一般来说,根据我国多数地区的交通条件,旅游者的城市间交通工具不应安排为过路列车或航次较少的民航航班,以避免在旅游旺季时因火车票或飞机票供应紧张而不能保证旅游者按计划抵离。④游览项目要避免雷同。游览项目雷同是旅行社产品设计的大忌,必须设法避免。旅行社管理者应认真核对旅游线路中的各地方节目安排,一旦发现雷同节目,应及时加以改正。

(2)产品销售质量管理。产品销售质量管理是为了避免在日后的接待过程中旅游者因对旅行社产品价格产生疑义而造成投诉。旅行社管理者在产品销售质量管理方面应着重了解产品的销售价格是否合理,有无价实不符的情况。如果发现旅行社产品价格与实际服务内容之间存在较大的偏离,应设法予以适当的调整。

(3)产品促销质量管理。产品促销质量管理是指对旅行社的广告等宣传促销内容的管理。旅行社必须实事求是地促销,如实地向旅游者介绍产品的内容,旅行社管理者如发现本旅行社的促销中存在任何与事实不符的宣传内容,应坚决予以剔除,以免影响旅行社的声誉。

2. 采购质量管理

(1)服务设施的采购质量管理。采购质量管理的第一项内容是检查旅游服务供应单位的服务设施情况。良好的服务设施是提供优质服务的首要条件。任何旅游服务都不可能脱离一定的设施条件而存在。因此,旅行社管理者应经常到一些主要的旅游服务供应单位实地考察,了解它们的设施设备情况。如果发现某个旅游服务供应单位的设施设备不具备接待旅游者的条件,则应坚决将其从旅游服务采购名单中删除,不能向其采购任何旅游服务项目,以保证旅游接待质量。

(2)服务质量的采购质量管理。旅游服务供应单位提供的服务是否符合国家、行业的标准,能否达到旅行社产品的要求和满足旅游者的期望是旅行社采购质量管理的第二项重要内容。旅行社管理者应通过导游员、旅游者的反馈意见和实地考察,检查各个旅游服务供应单位的服务质量。对于那些服务质量好的单位,旅行社应该加强与他们的合作,建立长期的供销关系;对于那些服务质量存在一定差距的单位,应指出其服务上的差距,并提出改进的要求。经过一段时间的考察,发现确实改进,服务质量明显提高并已达到有关标准的,旅行社可以同其建立合作关系;对于那些服务质量较差,经指出后仍不改进或改进程度较小,无法达到有关标准和不能满足旅游者要求的单位,旅行社应终止同它们的合作关系,不再从那些单位采购服务产品。

3. 接待质量管理

(1)接待服务态度的管理。旅行社接待质量管理应首先从端正接待人员尤其是导游人员服务态度入手。良好的服务态度能够对旅游者产生一种强烈的吸引力,而低劣的服务态度则会对旅游者产生一种排斥力。旅行社管理者应通过现场抽查、向旅游者调查等方式考察和了解接待人员的服务态度。对于那些服务态度热情、受到广大旅游者喜爱的接待人员应予以适当的表扬和奖励,鼓励他们继续努力为旅游者提供热情周到的服务;对于那些服务态度较差的接待人员,应向他们提出严肃的批评,要求他们立即改正;对于少数服务态度恶劣、屡教不改的接待人员,则应坚决将其撤离接待岗位。

(2)导游讲解水平的管理。导游讲解是旅游接待业务的核心,其水平高低直接影响旅游者对旅行社服务质量的评价。旅行社管理者通常采取现场抽查的方式检查导游员的导游讲解水平。旅行社通过对导游人员的导游讲解水平的监督和管理,发现其中可能存在的不足并加以纠正,以确保旅游者享受到高质量的旅游接待服务。

(3)接待业务能力的管理。旅游接待人员的业务能力包括独立实施日常旅游接待的能力和处理各种突发事件的能力,是旅游接待业务顺利完成的重要保证。旅行社管理者应通过日常的观察和定期考核,判断接待人员的业务能力,并作出适当的评价,以便量才使用,要由业务能力强的人员承担比较重要和比较复杂的接待任务,而将比较容易的接待任务交给那些业务能力相对比较弱的人员。同时,旅行社管理者还应注意不断对具有不同业务能力的人员进行具有针对性的业务培训,使业务能力较强的人得到进一步的提高,并使那些业务能力相对较弱的人经过一段时间的培训和锻炼,逐步胜任复杂和重要的接待任务。

4. 环境质量管理

(1)制定规定和标准。旅行社对自己直接能控制的环节,即旅行社内部相关部门的工作质量,应根据国家标准或行业标准,结合本企业的实际情况,制定质量标准、操作规程与岗位责任,并通过与奖罚制度相结合的方法使之得以贯彻。

(2)实行合同管理。旅行社对于不能直接控制的环节,即旅游供应单位所提供的旅游服务产品的质量,应采取签订合同的办法来保证其所提供产品的服务质量。旅行社应严格选择旅游服务供应商,并通过双方所签订的合同,约束对方供应优质服务及其他优质产品。在合同中,应明确规定有关服务的质量标准,以及达不到标准的惩罚办法。

(3)主动规避风险。旅行社应对企业无法控制而又可能经常发生的质量问题早做预防,并尽力避开。如某景区(点)交通运力紧张、客房供应不足、传染病流行、气候恶劣等,旅行社应早做准备,要么提前做好交通工具和客房预订准备工作,要么尽量避开,不安排旅游者到这些地区,以减少不必要的质量纠纷的发生。

第二节 旅游投诉的管理

一、旅游投诉的内涵与类型

(一)旅游投诉的内涵

旅游投诉,是指旅游者认为在旅游过程中其利益受到损害,向旅行社管理者提出的申诉。旅游投诉必须具备投诉的主体、投诉的客体、投诉请求和投诉的事实依据等要件。

1. 旅游投诉的主体

旅游投诉的主体,是指旅游活动中的直接利益关系者,即参加旅行社组织的旅游活动的旅游者。

2. 旅游投诉的客体

旅游投诉的客体,是指给旅游者的合法权益造成损害,或旅游者认为给其合法权益造成损害的旅游服务企业、部门或人员。

3. 投诉请求

投诉请求,是指旅游者就其合法权益受到损害的程度,依据国家的相关法律法规或地方法律法规的相关规定,向旅行社管理者提出的赔偿或补偿的具体要求。

4. 投诉的事实依据

投诉的事实依据,是指旅游者在旅游过程中其合法权益所受到的损害过程及其后果,或认为其合法权益所受到的损害过程及其后果。旅游者应以这些过程和结果为依据向旅行社的管理者提出投诉。

(二)旅游投诉的类型

1. 理性的旅游投诉

理性的旅游投诉,是指旅游者因其合法权益受到损害,或认为其合法权益受到损害,依据国家或地方的相关法律法规,向旅行社管理者提出合理的赔偿或补偿请求的投诉行为。

2. 非理性的旅游投诉

非理性的旅游投诉,是指旅游者以过度的维权方式,向旅行社提出超出合理范围的赔偿要求或补偿请求的投诉行为。近年来,由于我国旅游法制建设相对滞后,部分旅行社和其他旅游企业对旅游者的正当维权行为采取搪塞敷衍甚至置之不理的恶劣态度,引起旅游者的强烈不满,少数不理智的旅游者在其合法权益受到损害时,不是依据法律规定的程序进行投诉,而是采取罢吃、罢住、罢游、拒不登机或动辄以媒体曝光相威胁的方式,造成旅游者与旅行社之间的矛盾激化。

二、旅游投诉产生的原因

(一)理性旅游投诉产生的原因

1. 旅游服务部门的原因

(1)旅游交通服务方面的原因。在旅游活动中,某些旅游交通服务部门或企业提供质量低劣的服务,可能会造成旅游者的不满和投诉。旅游交通的低劣服务主要表现在交通工具的抵离时间不准时、途中服务质量低劣和忽视安全因素三个方面。

① 抵离时间不准时。航空、铁路、公路、水运的交通部门或企业因其自身原因,造成交通工具的抵离时间不准时,迫使旅游者无法按预定计划抵达或离开旅游目的地,造成旅游者被迫延长在旅游目的地某一个城市的停留时间及缩短在另一个城市的停留时间,有时甚至被迫取消对某个城市或地区的旅游计划。这种现象严重地损害了旅游者的利益,经常招致旅游者的投诉。

② 途中服务质量低劣。有些交通部门、企业或司乘人员认为其任务就是简单地将旅游者按照计划或合同按时运送到目的地,不重视提高服务质量,在服务过程中态度生硬粗暴或懒散敷衍,对于旅游者提出的合理要求熟视无睹,不闻不问,造

成旅游者的不满和投诉。

③忽视安全因素。安全是旅游者旅行期间十分关心的一个因素。旅游者往往对于那些不重视交通安全的旅游交通部门、企业或司乘人员深恶痛绝。因此,运输安全是旅游者旅游活动顺利进行的重要保证。然而,有些交通部门、企业或司乘人员只关心本部门、企业的经济利益,忽视飞行安全或行车安全,给旅游者的生命财产造成损失,成为旅游者投诉的一个重要原因。

(2)旅游住宿服务方面的原因。饭店、旅馆等旅游住宿服务设施,是许多旅游活动成功与否的重要因素之一。因此,旅游住宿服务方面如果出现质量问题,往往会导致旅游者的不满和投诉。一般来说,旅游住宿服务企业引起旅游者不满和投诉的质量问题主要包括设施设备条件差、服务技能差、服务态度差和卫生条件差四个方面。

①设施设备条件差。有些饭店或旅馆的设施设备比较陈旧,维护保养差,给旅游者的休息带来诸多不便。

②服务技能差。有些饭店或旅馆由于对服务人员的服务技能培训缺乏足够的重视,或者贪图一时的经济利益而大量雇用没有经过正规服务技能培训的临时工或实习生,并让这些人单独上岗为客人服务。由于这些人缺乏服务经验,服务技能差,无法向旅游者提供符合规范的服务,导致旅游者的不满和投诉。

③服务态度差。一些饭店、旅馆的服务人员缺乏职业道德,不尊重顾客,对旅游者态度生硬,说话时要么爱答不理,要么出言不逊,甚至为了一点小事就与旅游者大吵大闹。还有的服务人员在向旅游者提供服务时敷衍搪塞,不负责任。旅游者由于无法忍受他们的恶劣态度,于是向旅行社提出投诉。

④卫生条件差。卫生条件差往往是由于饭店管理不善,忽视对有关部门和员工的教育,不重视维护饭店、旅馆的卫生环境所造成的。有些饭店、旅馆的经营者片面强调经营效益的重要性,为了降低经营成本,将承担客房、公共卫生区、餐厅等处卫生工作的人员大量裁减,使得卫生工作难以正常进行。还有的饭店、旅馆经营者热衷于轰轰烈烈的面上卫生,忽视平常人们不容易注意到的地方,形成诸多卫生死角,藏污纳垢。而正是这些角落里滋生的蚊蝇、蟑螂等爬进旅游者下榻的客房或出现在餐厅里,使旅游者感到无法忍受,提出投诉。

(3)餐饮服务方面的原因。餐饮服务是旅游活动的主要构成要素之一,其服务质量的优劣,是影响旅游者对旅游活动满意度的一项重要指标。如果提供餐饮服务的企业未能向旅游者提供令人满意的服务产品,可能会导致旅游者向旅行社提出投诉。一般来说,旅游者对餐饮服务的不满和投诉主要集中在菜肴质量低劣、就餐环境恶劣、服务态度差和服务技能差四个方面。

①菜肴质量低劣。造成菜肴质量差的原因主要有:一是厨师没有按照菜谱上规定的主、副料配比进行烹调,造成菜肴的质量下降;二是厨师的烹饪技术差,做出

的菜肴口味与规定要求不符;三是菜肴的分量不足。

②就餐环境恶劣。有些餐馆或餐厅的就餐环境比较差,如餐厅里摆放的餐桌、餐椅已经损坏,餐厅未加修理就让客人使用;餐厅里的卫生条件差,出现蚊蝇、蟑螂等害虫;餐具没有清洗干净;厨房与餐厅隔离较差,导致厨房里烹饪的味道渗透到餐厅里,影响客人就餐的情绪;等等。

③服务态度差。餐厅或餐馆的服务人员服务态度差主要表现在:一是对待客人冷若冰霜,对客人提出的要求不予理睬或寻找借口推诿;二是服务时懒懒散散,不主动向客人介绍本餐厅的特色产品,客人询问时,表现出不耐烦的神情;三是服务态度恶劣,与客人大吵大闹;四是对待客人不能一视同仁。对某些客人曲意逢迎,而对另一些客人则瞧不起。

④服务技能差。有些餐厅为了节省员工工资开支,大量雇用未经专业培训、服务技能较差的实习生或临时工,并让他们单独为旅游者服务。尽管在这些人当中不乏热心为旅游者服务的人员,但是由于缺乏必要的专业训练,因而无法提供规范的餐厅服务,有的甚至给旅游者造成损失,如将菜汁溅在旅游者身上、将旅游者点的菜肴上错桌等,招致旅游者的不满。

(4)其他服务方面的原因。除了上述部门或企业因其服务欠佳造成旅游者投诉外,其他一些旅游服务部门如游览景点、娱乐场所、购物商店等也会因服务质量低下造成旅游者向旅行社提出投诉。

2. 旅行社自身的原因

(1)活动日程安排不当。旅行社对于旅游者的活动日程安排不当,往往是造成旅游者投诉的重要原因。活动日程安排不当,通常表现为活动内容重复、活动日程过紧、活动日程过松和购物时间过多四种形式。

①活动内容重复。有些旅行社在安排旅游者的活动日程时只考虑本地区的特色,而没有综合考虑整条旅游线路上各地的旅游景点情况,造成旅游活动内容重复、单调。

②活动日程过紧或过松。有些旅行社的接待人员在安排旅游者的活动日程时,不顾旅游者年龄偏大的特点,将旅游活动日程安排得过紧,有时甚至安排旅游者一天参观三四个规模较大的游览景点,结果造成旅游者要么疲劳不堪,要么跑马观花,无暇欣赏。而有些旅行社的接待人员则将活动日程安排得稀稀松松,往往是上午很晚才出发,下午很早就将旅游者送回饭店,使旅游者感到旅行社不负责任,浪费旅游者的时间和金钱。

③购物时间过多。有的旅行社只顾本旅行社的经济效益,将游览景点的时间安排得很紧,挤出较多的时间安排旅游者多次到在本旅行社定点商店购物,结果造成旅游者的不满。

(2)接待人员工作失误。旅行社接待人员擅自改变活动日程,不提供导游服务,因责任心不强或缺乏经验造成各种责任事故,服务态度恶劣以及强迫旅游者参加自费项目等,都是导致旅游者不满和提出投诉的原因。

① 擅自改变活动日程。有些旅行社的接待人员在接待过程中,未与旅游者或领队商量并征得同意,也未向旅行社有关领导请示,便擅自将活动日程做较大的变动,减少旅游计划中规定的游览项目或者擅自增加购物时间和次数,从而引起旅游者的不满。

② 不提供导游服务。有些导游员将旅游者领到游览景点后,不是按照旅游合同的规定向旅游者提供导游讲解服务,而是游而不导,或只做简单的介绍之后便不再理睬旅游者,或者在前往游览景点及从游览景点参观结束返回饭店的途中,与司机聊天或打瞌睡,不进行沿途导游讲解。

③ 造成各种责任事故。有些旅行社接待人员工作责任心不强,麻痹大意,遇事敷衍搪塞;也有些旅行社的接待人员缺乏接待经验,导致漏接、误机、误车、误船、行李丢失或损坏等责任事故,给旅游者的旅游活动带来不便或造成损失。

④ 服务态度恶劣。有些旅行社接待人员不尊重旅游者,在接待过程中不热情,态度生硬,经常顶撞旅游者或与旅游者大吵大闹。还有的接待人员在接待过程中厚此薄彼,对旅游者不能做到一视同仁,使部分旅游者产生受歧视的感觉。

⑤ 强迫旅游者参加自费项目。有些旅行社的接待人员,为了得到回扣等不正当收入,与少数景点的不法经营者相互勾结,采用强迫、欺骗、引诱等手段,安排游客参加自费活动项目,增加了旅游者的旅游支出,招致旅游者的投诉。

(3)旅行社间因团款纠纷,将矛盾转嫁给游客。有些组团社和接团社在团款的支付方面产生矛盾时,不是通过协商解决,而是采取甩团的行为,将矛盾转嫁给游客,损害了旅游者的合法权益。

(二)非理性旅游投诉产生的原因

1. 旅行社方面的原因

(1)处理旅游投诉的措施不妥当。旅游者向旅行社提出投诉,是维护其自身合法权益的正当行为,应该受到旅行社的高度重视和充分理解。妥善处理旅游投诉对旅行社改进自身工作,增强旅游者的忠诚度,减少对旅行社的负面影响等具有不可忽视的重要作用。然而,有些旅行社管理者不重视旅游投诉的接待和处理,认为旅游者提出投诉是"无事找事"、"贪图小便宜"、"勒索旅行社"、"给旅行社添麻烦"等。因此,他们对旅游投诉的接待和处理往往不到位,甚至与旅游者产生对立,从而刺激旅游者的投诉向非理性方向演变,更进一步影响到旅行社企业的经济效益和社会效益。

(2)应对旅游危机的机制不健全。有些旅行社的管理人员缺乏危机意识和应对能力,没有为旅行社建立起旅游危机的预见、预防、控制和应对机制。当旅游危机发生时,旅行社管理人员难以临危不乱地妥善解决所出现的问题,从而导致旅游者及旅行社自身合法权益受到严重侵害,并可能引发旅游者的非理性投诉。

(3)举证不可抗力的责任不完善。翔实、充分的相关证据、资料是从容面对非理性投诉、维护旅行社企业合法利益所必需的。但是,一些旅行社管理人员和员工不重视举证不可抗力的责任,在经营活动中忽视证据的搜集和保存工作。当旅行社的服务质量受不可抗力因素的影响而降低,从而遭到旅游者的非理性投诉时,旅行社往往因为举证不力,导致其不应承担责任的主张未得到法律支持,并使非理性投诉的旅游者因此获益。这种情况往往在一定程度上助长了非理性旅游投诉现象的产生和蔓延。

2. 旅游者方面的原因

(1)旅游活动期望值过高。根据帕拉苏拉曼关于"服务质量是顾客感受到的服务与他们期望的服务之间的差距"的论断,如果旅游者感受到的服务低于其所期望的服务时,往往认为服务的质量低下。因此,如果旅游者在购买旅行社产品时,对旅游活动抱有过高的期望值,而旅行社又未加以提醒,则旅游者往往会在旅游过程中或者旅游活动结束后,感到其合法权益受到严重侵害。一些旅游者在过高期望情绪和求全责备心理的支配下,会产生严重的不满情绪,并可能向旅行社提出非理性的投诉要求。

(2)旅游合同内容理解不当。一些旅游者不熟悉旅游服务质量标准、旅游法规和旅行社管理体制等知识,在购买旅游产品时没有细致地研究旅游合同各项条款和内容。他们对于在旅游活动中应得到的旅游服务内容理解不当,难以准确地对旅游质量加以界定,往往在维护自身合法权益时,采取一些过激的行为,提出非理性的投诉。

(3)法律意识淡薄。有些旅游者的法律意识淡薄,在依法开展旅游活动和维护自身权益方面存在一定程度的认识偏差。一方面,少数旅游者随意签约、毁约,强行逃避违约应尽责任,并在自行违约时不愿支付违约金,与旅行社争执不下,发生非理性投诉;另一方面,一些旅游者滥用"精神损失"概念,要求赔偿损失时漫天要价,提出不切实际的巨额赔偿要求,认为只有这样才有可能获得更多利益。

三、旅游投诉的处理

(一)理性旅游投诉的处理

1. 了解旅游者的理性投诉心理

(1)要求尊重的心理。有些旅游者向旅行社提出投诉是因为他们认为没有受到旅游接待人员或其他旅游服务人员的尊重,或受到的尊重不够,所以向旅行社管理者提出投诉以维护其尊严。这种旅游者多属事业上取得了一定成就或拥有一定社会地位的人士。他们往往十分看重别人对待他们的态度。如果旅游接待人员或其他旅游服务人员对他们表示出较高的尊重态度,他们通常就会从心理上感到满足,而一旦有人有意或无意地表现出对他们的不尊重,他们就会感到格外委屈,难以容忍。

具有要求尊重心理的旅游者投诉时的目的,主要是通过投诉获得其所希望得到的尊重,而对于经济补偿则不十分纠缠,也不太关注旅行社管理者是否会严肃处理被投诉的有关人员。有的时候,当投诉者从旅行社管理者那里得到尊重的表示后,甚至会请求不要惩罚被投诉者。旅行社管理者应针对这种旅游投诉者的心理特征,在处理其投诉时主动表示对其遭遇的同情,并对其表示较大的敬意,使其感到旅行社确实尊重他(她)们,以平息他(她)们的怨气。

(2)要求发泄的心理。要求发泄是另外一些旅游者投诉时的心理状态。他(她)们因对旅游接待人员或其他旅游服务人员的服务感到不满,觉得受了委屈或欺骗,希望向别人诉说其心中的不快。这种人在投诉时喋喋不休,反复诉说其不幸遭遇,或态度激动,往往使用激烈的语言对被投诉者进行指责。

具有要求发泄心理的旅游者提出投诉的主要目的,是向旅行社管理者发泄其胸中的不满和怨气。当他(她)们的怨气发泄完毕,并得到某种安慰后,往往会感到心理上的满足,而不再提起经济赔偿的要求。有些旅游者,甚至还会对其在投诉时使用的激烈语言表示后悔和歉意。旅行社管理者在接待这种旅游投诉者时,应针对其心理特点,耐心地倾听其投诉,不要急于安抚对方,也不要为了急于弄清事情的真相而打断对方。当投诉者将所要说的话全部讲完后,旅行社管理者应给予适当的安慰。一般情况下,旅游者会对这种处理方法感到比较满意。

(3)要求补偿的心理。当然,也有一些旅游者,其提出投诉的主要动机是要求得到一定的补偿。这种要求补偿的心理可能是物质性的,如希望旅行社向其退还部分旅游费用;也可能是精神性的,如希望旅行社管理者向其表示道歉。

旅行社管理者在处理这类投诉时,应根据对其投诉的事实和心理进行全面而具体的分析,依据相关政策和法律规定作适当的处理。如果确实因旅行社接待服务的失误给旅游者造成经济损失或精神损失的,可以适当给予一定的经济补偿或赔礼道歉;如果旅游者因误会而向旅行社投诉的,则可以婉转地加以解释,以消除误会。同时,旅行社还可以向其赠送一些小礼品,以满足其要求补偿的心理。

2. 理性旅游投诉的处理程序

(1)倾听投诉。旅游投诉分书面投诉和口头投诉两种形式。旅行社管理者在接到旅游者的书面投诉时,应仔细阅读来信,理出投诉的要点。在接待提出口头投诉的旅游者时,管理者应耐心倾听旅游者讲述的意见。倾听旅游者投诉时,应做到:①端正态度。旅行社管理者在倾听投诉时应态度严肃,给旅游者一种认真对待其投诉的印象,切不可面带微笑,使投诉者误认管理者没有把他(她)的意见放在心上,或产生被嘲笑的感觉。②认真倾听。旅行社管理者在倾听旅游者投诉时不应打断旅游者的叙述,无论旅游者的投诉理由是否正当,都必须让他(她)把话讲完,必要时还要引导他(她)将埋藏在内心的怨气和不满全部发泄出来。③头脑冷静。管理者在接待旅游者投诉时必须保持冷静的头脑,不管旅游者的态度如何激烈,都不得同其争吵或对其进行指责。

(2)询问情况。旅行社管理者在倾听旅游者的投诉后,应首先表示对其遭遇的同情,使旅游者感到管理者通情达理,愿意解决其所投诉的问题,得到心理上的安慰。然后,管理者应就旅游者投诉中尚未讲清楚的关键情节进行询问,以便了解旅游者投诉的事实。最后,管理者应就旅游者能够坦诚地向旅行社反映情况表示感谢,指出这是对旅行社的信任和爱护,并答应尽快对旅游者所提出投诉的事实进行调查和处理,并将处理结果反馈给旅游者。

(3)调查事实。旅行社管理者应立即着手对旅游者投诉所涉及的人员和事情经过进行调查核实。在弄清事实的基础上,采取适当的方法进行处理。

(4)进行处理。旅行社管理者在对旅游者投诉的事实调查清楚的基础上,应根据具体情况对旅游投诉进行妥善处理。对于涉及旅行社员工的投诉,如果经过调查,发现旅游者的投诉与事实相符,应立即采取适当的措施,按照旅行社的有关制度和规定对当事人进行批评教育;情节严重并造成严重影响或经济损失的,还应根据错误的严重性和造成的后果给予扣发奖金、暂停接待工作、赔偿经济损失、通报批评、行政记过、留社察看、解聘或开除等处分。

对于涉及其他旅游服务供应部门或企业的投诉,经过调查证明确属该部门或企业责任的,则应通过适当渠道向该部门或企业的有关领导反映。如果发现该部门或企业屡次出现旅游者因同类情况进行投诉,旅行社则应减少直至停止与其合作,不再采购其服务或其他旅游产品。

(5)答复处理结果。旅行社管理者在完成对旅游投诉的处理之后,应及时将处理结果以口头或书面形式通知旅游者。在答复时应诚恳地向旅游者表示歉意,希望能够得到其谅解,并愿意继续为其提供优质服务。如果处理结果涉及经济赔偿,旅行社还应征求旅游者的意见,以适当的渠道和方式进行赔偿。如果经过调查发现旅游者的投诉与事实出入较大,属于旅游者的误会,旅行社管理者则应向旅游者做实事求是的解释,并欢迎他(她)在今后继续关心和监督旅行社的服务质量。

旅游投诉得到妥善处理后,旅行社管理者应将旅游者投诉的原因和处理结果向旅行社的有关部门和人员公布,以提高员工对服务质量重要性的认识。同时,管理者还应根据旅游者的投诉,对出现问题的地方进行检查,以提高服务质量。

(6)记录存档。旅行社应将旅游投诉的内容和处理经过做详细真实的记录,并存入档案,以备将来必要时核对。

(二)非理性旅游投诉的处理

1. 处理旅游者非理性投诉的原则

(1)守法原则。学法懂法和依法办事是解决社会现实矛盾冲突的保障,处理旅游者非理性投诉必须坚持法律原则。按照法律法规和行业规定开展经营工作应成为旅行社及其从业人员和旅游者的自觉行动。正常的旅游活动是由一个个相互关联的环节串联起来的,这些相互串联的环节又是由一个个委托代理协议或合同规定、规范的,任何不尊重、不遵守已签订协议或合同的做法都应该被视为违法行为。

(2)主动原则。在处理旅游者非理性投诉时,旅行社必须积极主动调查了解情况,力争迅速答复,并时刻以旅游者权益和社会利益为最高利益。对待游客非理性投诉,既不能全盘否定,也不能随意肯定,不要匆忙做出判断、决定。要对投诉问题有全面的认识和周全的考虑,同各有关方面进行多次核实,在此基础上再根据事实进行处理。因不可控因素导致的服务缺陷,需要对游客进行耐心解释,可以通过主动提供超常服务和对游客的加倍关心照顾得到弥补或解决。高效及时、积极主动、公平公正地处理游客非理性投诉事件,既维护了旅游者的正当利益,也从根本上保障了旅游企业及其从业人员的权益。

(3)诚心原则。在对待旅游者非理性投诉时,态度上要表现出诚恳,谈话时要体现诚意,行动中要感觉到诚心。通过不打断游客说话、耐心倾听、不断地点头和尽可能让游客发泄心中不满等手段来展示工作人员的敬业精神;通过心平气和地劝说、耐心细致地解释、虚心接受建议和立即改善服务等办法来换得旅游者的理解与支持。

(4)沟通原则。及时有效与旅游者沟通思想、交换看法是处理非理性投诉的重要原则。俗话说"公说公有理,婆说理更强",旅行社企业与旅游者各有自己的立场和观点,代表着不同利益诉求,对同一问题有不同的看法和处理办法是十分正常的。但只肯定一方否定另一方的非此即彼做法根本不可能求得谅解、达成共识,这就要求旅行社方面必须加强与旅游者沟通协调。通过沟通,相互从对方的立场看问题;通过沟通,寻找双方满意的解决方案。

2. 处理旅游者非理性投诉的要点

"提前预防,及时发现,妥善处理"是处理旅游者非理性投诉的三个要点,在处理投诉中要抓好这三大环节,并利用科学有效的措施和方法对投诉事件发生过程进行全方位的监控、分析、判断和处理。

(1)提前预防。要提醒游客签订合同时,一定要看清住宿、用餐、交通等各方面的标准,要注意"准三星"、"车游某地"、"远眺景点"等;要提前告知观光游览过程中需要注意的细节,避免旅游者在不知情时造成经济利益受损。

(2)及时发现。一旦发现游客有挑剔和责难的苗头时,从业人员要主动拜访旅游者,认真倾听他们的指责言语,必要时要做些笔记,克制守礼地疏导说服游客,在

（3）妥善处理。面对旅游者的非理性投诉时，要合情合理又合法地开展工作，做到既要坚持原则，又要注意处理具体问题的灵活性；既竭力争取旅行社正当利益，又能够让游客满意。要耐心解释投诉游客提出的挑剔性问题，同时虚心接受"挑剔中的合理部分"，并且着手改正存在的问题和服务缺陷。

第三节 旅游事故处理与旅游保险

一、旅游事故的类型

（一）旅行社工作事故

1. 漏接事故

漏接旅游者简称"漏接"，是指旅游者已经按照旅游计划抵达旅游目的地，而旅行社派出的接待人员未能按时赶到飞机场、火车站或码头迎接旅游者，致使旅游者焦急等待的事件。造成漏接事件的原因很多，包括由于旅行社接待人员准备工作不细致，责任心不强，或上下站的旅行社之间或接待旅行社内部人员之间沟通不及时，或由于天气原因及交通工具故障，迫使旅游者临时更换其他航班、车次或船次提前或滞后抵达。第三种原因造成的漏接事件比较罕见，属于非旅行社责任事故。其余两种原因造成的漏接均为旅行社的工作失误。

2. 错接事故

错接旅游者简称"错接"，多发生在旅游团的接站时。旅行社接待人员误将本应由其他旅行社或本旅行社其他人员接待的旅游团作为自己所应接待的旅游团接走。造成错接事件的原因是接待人员工作疏忽，即在接待前没有认真核实客源地组团旅行社或旅游中间商的名称、旅游团代号、旅游团人数与领队姓名，而只是其中一两项内容与旅游计划相似就认为是所要接待的旅游团。错接是旅行社接待人员的一种工作失误。

3. 误机（车、船）事故

旅行社接待人员由于疏忽大意或工作差错导致旅游者未能够按照旅游计划确定的航班（车次、船次）离开本地，被迫延长在本地停留时间的事件称为"误机"、"误车"或"误船"，是一种比较严重的工作失误。误机、误车或误船不仅会对旅游者造成不利影响和损失，也会给旅行社造成重大经济损失。

（二）旅游者个人事故

1. 旅行证件丢失事故

旅行证件是旅游者在旅行期间用于证明其身份的证明。旅游者在旅行时必须随身携带合法和有效的身份证件，以便在入出边境、国境及乘坐飞机、火车、轮船时向边防检查机关和机场(火车站、码头)等处安全检查机关出示,接受检查。由于旅游者的身份不同,前往的旅游目的地各异,所持的旅行证件也不同。入境的外籍旅游者和出境的中国旅游者在旅行过程中所须携带的旅游证件为护照、签证或集体签证、旅行证;香港、澳门地区的居民除外籍人士外,回内地探亲或旅游时,应持"香港特别行政区居民身份证"或"澳门特别行政区居民身份证";台湾同胞来大陆旅游须持"台湾同胞大陆旅行通行证";中国公民在境内旅游时则应持身份证。它们分别是不同类别旅游者旅行中必备的交有关方面查验的重要证件,必须随身携带。若不慎丢失或被窃,都会给其旅行带来许多麻烦。

2. 钱物丢失事故

旅游者初到一地时,由于人地生疏,环境不同,甚至语言不通,会产生一种孤独感和不安全感,存在拘谨心理和戒备心理,因而在行动上处处谨慎小心。随着时间的推移,旅游者逐渐对周围的环境熟悉起来,原来的拘谨心理和戒备心理逐渐消失,代之而来的是某种程度的懒散心态。在这个时期,旅游者丢失现金或物品的情况时有发生,给旅游者的旅行生活带来不便,导致他们情绪低落,给旅行社的接待工作造成一定困难。

3. 旅游者走失事故

旅游者走失有两种情况,一是游览过程中走失,二是自由活动时走失。造成第一种情况的原因有:①导游员未向旅游者讲清停车位置、在游览景点的停留时间和游览路线导致旅游者走失;②旅游者对某项事情发生兴趣,在不知不觉中掉队或忘记了在游览景点的停留时间。导致第二种情况的主要原因是旅游者在单独外出活动时因迷路而无法返回其下榻的饭店或旅馆。

(三)旅游安全事故

1. 旅游交通事故

旅游交通事故(见表6-1、表6-2)是指旅行过程中因交通工具故障、驾驶员操作失误或旅游者个人行为不当导致旅游者受伤或死亡的事故。在旅游交通事故中,不少属于重大或特大事故,如飞机失事、火车出轨或相撞、轮船失事、汽车相撞或翻车等,给旅游者带来生命和财产的严重损失。

2. 旅游治安事故

旅游治安事故是指在旅游过程中发生,对旅游者的生命或财产构成威胁或造成损害的各种治安事故。旅游治安事故涉及的范围较广,如旅游者在旅游过程中受到骚扰、诈骗,所带财物被盗、被抢,旅游者被伤等。这些事故的发生会使旅游者的身心健康和生命财产受到损害或威胁,严重地影响旅游活动的进行。

3. 饭店火灾事故

作为旅游安全事故之一的饭店火灾事故是指旅游者下榻的饭店因防火意识薄弱、消防管理疏漏、工作人员操作失误、自然灾害引发或犯罪分子纵火等原因造成的饭店失火。饭店火灾事故往往严重威胁旅游者的生命和财产安全,并对旅游活动造成严重的负面影响。

表6-1 旅游安全事故等级分类

旅游安全事故等级	对旅游者人身造成伤害的程度	对旅游者财产造成损害的程度
轻微事故	旅游者轻伤	经济损失在1万元人民币以下
一般事故	旅游者重伤	经济损失在1万元至10万(含1万)元之间
重大事故	旅游者重伤致残或死亡	经济损失在10万元至100万(含10万)元之间
特大事故	多名旅游者死亡	经济损失在100万元以上,或性质特别严重,产生重大影响

资料来源:根据国家旅游局《旅游安全管理暂行办法实施细则》整理。

表6-2 旅游安全事故类型

事故类型	造成事故的原因	事故的种类	对旅游者造成的危害
交通事故	交通工具故障;驾驶员操作失误;旅游者行为不当	飞机失事;火车失事;轮船失事;汽车相撞、翻车;旅游者被过往车辆撞伤(死)	造成旅游者受伤、致残或死亡;旅游者财产蒙受严重损失;旅游活动受到严重影响
治安事故	各种犯罪分子作案	偷窃;诈骗;骚扰;抢劫;凶杀	旅游者财产受损失;旅游活动受到干扰;旅游者生命受到威胁
火灾事故	有关人员疏忽大意;犯罪分子作案	饭店或旅馆失火;餐馆失火;游览景点失火;娱乐场所失火;购物商店失火	旅游者生命受到威胁;旅游者财产蒙受损失;旅游活动受到影响
食物中毒事故	食物变质;食物不卫生;犯罪分子作案	轻度食物中毒;重度食物中毒	旅游者身心健康受到影响;旅游者生命受到威胁;旅游活动受到影响
溺水事故	游客到非开放游泳场所游泳;游客在乘船游览或旅行途中不慎落水;犯罪分子作案	游客失足落水;游客因体力不支溺水;游客被犯罪分子推入水中	旅游者身心健康受到影响;旅游者生命受到威胁;旅游活动受到影响

资料来源:作者根据相关资料整理。

4. 食物中毒事故

食物中毒是指旅游者在旅游过程中因食用变质或不卫生食物造成的中毒事故。食物中毒事故往往对旅游者的身体健康造成损害,轻者导致旅游者呕吐、腹泻,重者可造成旅游者致残或死亡。

5. 溺水事故

溺水事故,是指不谙水性的旅游者在旅游过程中不慎跌入海洋、河流、湖泊等水体中,导致气管内吸入大量的水阻碍呼吸,或因喉头强烈痉挛,引起呼吸道关闭,出现窒息甚至死亡的事故。

二、旅游事故的处理

(一)旅行社工作事故的处理方法

1. 漏接事故的处理

(1)如果漏接事故是由于旅行社接待人员或其他人员工作疏忽或内部沟通不及时造成的,接待人员应向旅游者诚恳地赔礼道歉,求得旅游者的谅解。旅游者在本地游览期间,接待人员应积极地采取弥补措施,力求消除因漏接而导致的各种消极影响。

(2)如果漏接事故是由于旅游中间商、组团旅行社在旅游者所乘交通工具或出发时间变更后未及时通知接待旅行社所造成,事故的责任并非应由接待旅行社承担。尽管如此,接待人员应该认识到,旅游产品是由多方面的服务组成的,无论是哪个环节出了差错,都会影响到产品的质量。对于旅游者来说,他们是从旅行社购买的旅游产品,无论是哪个方面的原因造成的漏接都是不应该的。因此,接待人员除了客观地向旅游者讲明情况外,还要向旅游者表示歉意,并要努力做好导游服务工作,挽回不利影响。

(3)如果因交通工具出现故障或天气原因,旅游者临时更换其他航班(车次、船次)提前或滞后抵达而造成旅行社漏接事故时,接待人员应实事求是地向旅游者说明原委,但是不能表白旅行社不承担任何责任,而是应该提供热情周到的服务,照顾好旅游者在当地旅游期间的生活和游览活动,使旅游者不因漏接事故而影响其参加旅游活动的情绪。

(4)如果接待人员按照旅游计划上规定的时间抵达机场(火车站、码头)后,发现旅游者所乘坐的航班(车次、船次)发生延误,未能接到旅游者时,应该立即和旅行社接待部内勤人员联系,查明原因,并将变更情况及时通知饭店等有关部门,以便采取适当的应变措施,减少或避免损失。

2. 错接事故的处理

(1)同一家旅行社的接待人员错接应由另一位接待人员接待的旅游者时,一般无须再交换所接待的旅游者,而应尽心尽力地按照实际接到的旅游者的旅游计划为旅游者服务。

(2)不同旅行社接待人员之间发生错接事故时,双方必须交换所错接的旅游者,并向旅游者实事求是地说明情况,诚恳地道歉。

3. 误机(车、船)事故的处理

(1)立即设法与机场(火车站、码头)联系,争取安排旅游者乘最近班次的交通工具离开。

(2)如果无法购得当天其他航班(车次、船次)的交通票据,可设法购买最近期的飞机票(火车票、船票),使旅游者尽快赶赴旅游计划中的下一站。

(3)如果时值旅游旺季,旅行社无法购买到近期的正常航班(车次、船次)的交通票据,可采取包机(车厢、船)或改乘其他交通工具的方式,使旅游者能够尽快前往下一站。

(4)旅游者无法立刻离开本地时,必须稳定旅游者的情绪,妥善安排他们在当地滞留期间的食宿、游览等事宜。

(5)及时通知下一站对旅游计划做必要的变更。

(6)旅游者离开后,要认真查清造成事故的原因,明确相关责任并处理好善后事宜。

(二)旅游者个人事故的处理方法

1. 旅游者丢失旅行证件事故的处理

(1)如果旅游者是外籍人士,所丢失的旅行证件是护照,则应由当地接待旅行社开具证明,旅游者持证明到当地公安机关报失,然后持公安机关证明至所在国驻华大使馆或领事馆申请新护照,最后再持新护照到公安机关办理签证手续。

(2)如果华侨旅游者丢失中国护照,则由接待旅行社开具遗失证明,再持遗失证明到省、直辖市或自治区公安机关或获得授权的其他公安机关报失,申请新护照,然后至侨居国驻华大使馆或领事馆办理入境签证手续。

(3)我国香港同胞在内地旅游期间丢失"香港特别行政区居民身份证",应由接待旅行社开具遗失证明并由失主持证明到遗失地的市、县公安机关挂失。公安机关出入境管理部门经审查后签发一次性有效的"中华人民共和国出境通行证"。

(4)我国澳门同胞在内地旅游期间丢失"澳门特别行政区居民身份证",应由接待旅行社开具遗失证明并由失主持证明到遗失地的市、县公安机关挂失。公安机关出入境管理部门经审查后签发一次性有效的"中华人民共和国出境通行证"。

(5)我国台湾同胞在大陆旅游期间丢失"台湾同胞大陆旅行通行证"后,应由接待旅行社开具遗失证明并由失主持证明到遗失地的市、县公安机关挂失。公安机关出入境管理部门经核实后发给一次性有效的入出境通行证。

(6)中国公民在国内旅游期间丢失身份证,应由遗失地负责接待的旅行社出具遗失证明,并由失主持证明到当地公安机关挂失,公安机关经核实后开具身份证明。

2. 旅游者丢失钱物事故的处理

(1)如果旅游者丢失现金后,旅游过程中的生活将发生一定的困难,接待人员可协助其给家中打电话,请迅速汇寄部分现金,以保证其旅游活动继续正常进行。

(2)如果旅游者丢失信用卡,接待人员应提醒失主尽快用电话通知发行该信用卡的银行或公司。有些信用卡发行银行或公司提供在数小时内给持有人补发临时信用卡的服务,多数信用卡公司或银行则要等旅游者返回居住地后,再补发新卡。

(3)如果旅游者丢失旅行支票,接待人员应协助其及时与发售公司联系。许多发售旅行支票的公司提供昼夜值班的补发旅行支票服务。如果旅游者保留购买旅行支票时的带有序号的购买收据,发行的公司可以立即通过其设在当地的服务中心给旅游者补发部分或全部旅行支票。如果旅游者没有随身携带购买收据,则发行公司需要经过几天的核实后,再补发旅行支票。

(4)如果入境旅游者丢失其在入境时已向海关申报过的贵重物品,接待人员应协助失主持接待旅行社出具的证明到当地公安部门开具遗失证明,以备出境时海关查验或向保险公司索赔。

3. 旅游者走失事故的处理

(1)向走失旅游者的旅行同伴或与其同房间的其他旅游者询问其走失的大概时间和地点以便设法寻找。

(2)如果经过认真寻找仍未发现走失的旅游者,可向游览地或饭店所在地区公安派出所、管理部门或管区公安机关请求帮助。

(3)随时与饭店保持联系,查问走失者是否已自行回到饭店。

(4)找到走失的旅游者后,如系接待人员的责任,应向其赔礼道歉;若责任在走失者,应问清情况,给予安慰,并再次讲清注意事项与旅游计划,以防走失事故的再次发生。

(三)旅游安全事故的处理方法

1. 旅游交通事故的处理

(1)旅行社接待人员要立即组织现场人员抢救伤者,特别是重伤旅游者,要对其止血、包扎,施行初步处理。

(2)设法打电话呼叫救护车或拦车将受伤人员送往最近的医院抢救。

(3)指定专人保护现场,尽快通知公安、交通管理部门派人调查处理。

(4)在公安、交通管理部门人员未到之前,如因组织抢救工作需要移动物证时,应作出标记。

(5)公安、交通管理部门人员对事故进行调查时,接待人员与驾驶员应实事求是地介绍事故发生的情况,不得隐瞒和推卸责任。

(6)将受伤人员送往医院后,接待人员要迅速向旅行社领导报告事故与人员受伤情况,听候指示,同时做好旅游者的安抚工作。

(7)旅行社管理者与接待人员要前往医院看望住院治疗的旅游者,表示慰问。

(8)对事故中死亡的旅游者,应按有关死亡事故处理程序妥善处理。

(9)事故处理后,接待人员要写出书面报告,内容包括事故经过、原因、处理情况、旅游者的反映等,报告要求详细、实事求是。

2. 旅游治安事故的处理

(1)当犯罪分子向旅游者行凶、偷盗或抢劫钱物时,在场的接待人员应毫不犹豫地挺身而出,保护旅游者。迅速将旅游者转移到安全地点,并积极配合当地公安人员和在场群众缉拿罪犯,追回赃物、赃款。

(2)如果旅游者在事故中不幸受伤,应立即组织抢救,及时送往医院治疗。

(3)如果罪犯在作案后脱逃,接待人员应立即向当地公安部门报告案件发生的时间、地点、经过;作案人的特征(性别、年龄、体型、长相、衣着等);受害旅游者的姓名、性别、年龄、国籍、伤势;损失物品的名称、件数、大小、型号以及特征等,努力协助公安人员迅速破案。

(4)尽快向旅行社主管领导汇报事故发生的情况,包括事故发生地点、时间;旅游者姓名、性别、年龄、受害情况、现在何处、现状如何;受理案件的部门名称、地点、电话号码及办案人姓名等,请领导指示。

(5)接待人员应迅速写出事故情况报告。报告的内容应包括受害者姓名、性别、年龄、受害者情况、在场其他旅游者的反映;采取了哪些紧急措施;公安部门侦破情况;作案人的情况;受害者及其他旅游者的目前情况、有何反应和要求等。

3. 饭店火灾事故的处理

(1)发现火情后,应立即将饭店失火的消息通知所接待的全体旅游者。

(2)听从饭店人员的统一指挥,有条不紊地引导旅游者迅速疏散。

(3)告诫旅游者不要将很热的房门打开,应躲在房间里等待救援。

(4)如果旅游者的房间里出现火情,而旅游者一时又无法逃离房间,可引导旅游者自救,如将脸贴近墙壁,用湿毛巾捂住口鼻,用厚重衣物压灭火苗,泼水降温等,保住性命,等待救援。

(5)如果旅游者的房间被大火封门,无法逃生,可通过电话告诉他用浸湿的被褥、衣物等堵塞门缝,泼水降温,等待救援。

(6)看到旅游者身上着火时,应提醒他就地打滚压灭火苗,或用厚重衣物覆盖其身上将火苗扑灭。

(7)当旅游者撤离房间后,应迅速带领他们通过安全出口疏散,千万不能搭乘电梯或随意跳楼。

(8)在撤离过程中,如果必须穿过浓烟逃生,应指导旅游者用浸湿的衣物披裹身体,捂住口鼻,贴近地面顺着墙爬行而过。

(9)旅游者脱离火场后,应立即组织抢救受伤者,将重伤者迅速送往医院。

(10)将受伤旅游者安顿好后,应采取各种措施稳定其他旅游者的情绪,帮助他们解决因火灾造成的生活上的困难,并继续组织好旅游活动。

(11)协助领导处理善后事宜并写出详细的书面报告。

4. 食物中毒事故的处理

(1)立即用车将食物中毒的旅游者送医院抢救。

(2)如果一时无法找到车辆,要拨打电话请120急救中心前来抢救。

(3)在赴医院途中,应当让中毒者多喝水,以加速排泄,缓解毒性。

(4)接待人员要及时向旅行社领导报告,当病人脱离危险后,接待人员应陪同领导前往医院看望旅游者,表示慰问。

(5)及时写出书面报告,如实记述事故发生的全部经过。

5. 溺水事故的处理

(1)当游客发生溺水时,接待人员如果熟悉水性,应迅速游到溺水者附近,观察清楚位置,从其后方出手救援。如果接待人员不熟悉水性,同行的旅游者也无人会游泳,应设法将木板、救生圈、长杆等投入水中,让落水者攀扶上岸。

(2)在溺水的旅游者出水后,接待人员应及时进行救护,设法使其苏醒。具体的措施包括:①立即清除其口腔、鼻腔的呕吐物和泥沙等异物,使其呼吸道保持通畅;②将其舌头拉出,以免后翻堵塞呼吸道;③将其腹部垫高,胸及头下垂,或抱其双腿、腹部,将其放在救护人员的肩部,进行走动或跳动以"倒水"。

(3)为了恢复溺水游客的呼吸,接待人员或其他救护人员应对其进行人工呼吸,可采取口对口或口对鼻人工呼吸;若其心跳停止,应同时立即进行胸外按摩,以恢复心脏搏动,胸外心脏按摩次数与人工呼吸次数比为4:1。人工呼吸不可间断,不能轻易放弃抢救,直到恢复自主呼吸或表现已无法挽救为止。

(4)接待人员应将经现场抢救基本恢复的溺水游客送医院观察,以免延误肺器官并发症的诊治。如果溺水游客出现肺水肿和电解质紊乱等症状,接待人员应在急救的同时迅速将其送医院救治。

(5)在抢救溺水游客的同时,应及时拨打110、120等电话报警或请求救援。

三、旅游保险

(一)旅行社投保责任保险的意义

1. 提高旅行社的抗御风险能力

在旅行社经营过程中,许多经营风险是来自企业外部环境的。由于可抗力和不可抗力的原因,旅行社存在着大量的经营风险。各种经营风险的存在,不但会给旅行社带来收益上的损失,甚至还会导致旅行社的破产。旅行社投保责任保险后,保险公司将承担旅游事故产生的大部分经济损失,使旅行社在遇到旅游事故时,能够有较强的抗风险能力,避免因大量赔偿旅游者的经济损失而造成运营资金困难甚至破产的危险。

2. 减少意外事故造成的经济损失

旅行社投保责任保险后,若发生旅游意外事故,则保险公司将承担大部分的损失,旅行社可能蒙受的经济损失将会减少,从而有利于旅行社持久而稳定地经营。

3. 维护旅游者的合法权益

由于旅行社投保责任保险及旅游者投保其他旅游保险,发生旅游事故,特别是比较严重的旅游事故,旅游者既能够获得较多的经济赔偿,也能够使他们最大限度地避免由于旅行社可用于赔偿的资金不足,而无法获得足够的经济赔偿的风险,使其合法权益能够得到更大程度的保障。

(二)旅游保险的主要险种

1. 旅行社责任保险

旅行社责任保险,是指旅行社根据保险合同的约定,向保险公司支付保险费,保险公司对旅行社在从事旅游业务经营活动中,致使旅游者人身、财产遭受损害应由旅行社承担的责任,承担赔偿保险金责任的行为。根据国家旅游局颁布的《旅行社投保旅行社责任保险规定》,旅行社从事旅游业务经营活动,必须投保旅行社责任保险。旅行社违反规定,未投保旅行社责任保险的,由旅游行政管理部门责令限期改正;逾期不改正的,责令停业整顿15天至30天,可以并处人民币5 000元以上2万元以下的罚款;情节严重的,还可以吊销其"旅行社业务经营许可证"。

2. 旅游意外保险

旅游意外保险,是指旅游者向保险公司支付保险费,一旦旅游者在旅游期间发生意外事故,由承保的保险公司按合同约定,向旅游者支付保险金的保险行为。多数保险公司规定,中华人民共和国境内的旅行社组织的旅游团队的全体成员,包括旅游者及旅行社派出的为旅游者提供服务的导游、领队人员,均可作为被保险人参加本保险。

3. 航空旅客意外伤害保险

航空旅客意外伤害保险,简称"航意险",属自愿保险的个人意外伤害保险。根据中国保险监督管理委员会公布的《航空旅客意外伤害保险条款(行业指导性条款)》的解释,意外伤害,是指外来的、突发的、非本意的、非疾病的使身体受到伤害的客观事件。航空人身意外保险的保险期限一般在几小时到几十小时之间,即从被保险人踏上保险单上注明的航班始发站飞机舱门,至目的地的飞机舱门(不包括舷梯及廊桥)。在飞机未到达目的地之前的停留、绕道过程中,只要被保险人一直跟机行动,其间所遭受意外的伤害均在保险责任范围内。在旅客已经进入舱门后,由于民航方面原因,飞机延误起飞又让旅客离开飞机,在此期间被保险人发生伤亡,保险公司也承担保险责任。航意险对投保人或被保险人无选择要求,凡是购买了航空公司机票的乘客,无论其年龄、性别、职业、身体情况如何,均可自愿购买一份或多份航空保险单。

4. 中国境外旅行救援意外伤害保险

中国境外旅行救援意外伤害保险,属附加性保险,即附加在主保险合同上的保险险种。

(三)旅游保险的主要内容

1. 保险责任

(1)旅行社责任保险。在保险合同期限内,因旅行社的疏忽或过失造成旅行社接待的境内外旅游者遭受经济损失,依法应由旅行社承担的经济赔偿责任,保险公司负责赔偿。保险公司负责赔偿的经济损失包括:①因人身伤亡发生的经济损失、费用;②因人身伤亡发生的其他相关费用,包括1)医疗费;2)必要时近亲属探望的交通、食宿费,随行儿童或长者的送返费用,旅行社人员和医护人员前往处理的交通、食宿费及补办旅游证件的费用和因行程延误所导致的费用;③行李物品的丢失、损坏或被盗导致的损失;④事先经保险公司书面同意的诉讼费用。⑤发生保险责任事故后,旅行社为减少赔偿责任,抢救受伤的旅游者及施救旅游者的财产所支付的必要的、合理的费用。

(2)旅游意外保险。[①] 在保险合同的保险责任有效期间内,旅游者(指作为被保险人的旅游者,下同)急性发病或者遭受意外伤害,保险公司根据约定给付保险金。在下列情形之一发生后,保险公司应承担保险责任:①旅游者自急性病发作之日起7日内因同一原因死亡的;②旅游者自意外伤害发生之日起180日内因同一原因死亡的;③旅游者因意外事故下落不明,经人民法院宣告死亡的;④旅游者自意外伤害发生之日起180日内因同一原因身体残疾的;⑤旅游者在县级以上(含县级)医院或者保险公司认可的医疗机构诊疗所支出的、符合当地社会医疗保险主管部门规定的可报销的医疗费用;⑥旅游者因急性病或意外伤害死亡后的死亡处理及遗体送返所需的费用。

(3)航空旅客意外伤害保险。[②] ①意外身故保险金。旅游者(被保险人,下同)自意外伤害发生之日起180日内因同一原因身故的,或旅游者因意外事故下落不明,经人民法院宣告死亡的,保险公司按保险金额给付身故保险金。②意外残疾保

[①] 旅游意外保险的相关内容系笔者根据已由中国保险监督管理委员会核准备案的中国人寿保险公司《国寿旅游意外保险条款》的内容整理而成。

[②] 航空旅客意外伤害保险系笔者根据中国保险监督管理委员会公布的《航空旅客意外伤害保险条款(行业指导性条款)》的相关规定撰写。

险金。1)旅游者自意外伤害发生之日起180日内因同一原因身体残疾的,保险公司根据"人身保险残疾程度与保险金给付比例表"的规定,按保险金额及该项残疾所对应的给付比例给付残疾保险金。2)在旅游者治疗期间,保险公司按在第180日被保险人的身体情况对旅游者进行残疾鉴定,并据此给付残疾保险金。3)旅游者因同一意外伤害造成一项以上身体残疾时,保险公司给付对应项残疾保险金之和。但不同残疾项目属于同一手或者同一足时,保险公司仅给付其中一项残疾保险金。4)如残疾项目所对应的给付比例不同时,仅给付其中比例较高一项的残疾保险金。5)旅游者因遭受意外伤害在保险公司指定或者认可的医院住院治疗所支出的、符合旅游者住所地社会医疗保险主管部门规定可报销的医疗费用,保险公司在保险金额的10%的限额内,按其实际支出的医疗费用给付医疗保险金。

(4)中国境外旅行救援意外伤害保险。①①紧急救援保险责任。在保险合同有效期内,旅游者(指被保险人,下同)在中国境外旅行遭受意外伤害或突发急性疾病,保险公司通过救援机构承担救援服务责任及由此产生的费用:1)提供24小时援助热线电话服务;2)安排就医并承担医疗费用;3)转院治疗费用;4)转运回国费用;5)安排未成年子女回国费用;6)遗体或骨灰运送回国和安葬费用;7)行政援助事宜。②紧急门诊和牙科门诊保险责任。本项责任属于可选择的保险责任,但不可单独选择投保本项责任。旅游者在投保"紧急救援保险责任"的前提下,可选择投保本项保险责任。在保险合同有效期内,旅游者在中国境外旅行遭受意外或患突发性疾病时,保险公司通过救援机构的授权医生根据其专业知识向旅游者提供医疗咨询,在确认旅游者需要医疗救助时,保险公司通过救援机构承担下列责任及其费用:1)紧急门诊责任;2)紧急牙科门诊责任。

2. 保险期间

(1)旅行社责任保险。旅行社责任保险的保险期间为1年。

(2)旅游意外保险。①入境旅游。入境旅游的保险期间自被保险人入境后参加旅行社安排的旅游行程时开始,至该旅游行程结束、办完出境手续出境时止。②国内旅游、出境旅游。国内旅游、出境旅游的保险期间自被保险人在约定时间登上由旅行社安排的交通工具开始,至该次旅行结束离开旅行社安排的交通工具止。③被保险人自行中止旅游行程。被保险人自行中止旅行社安排的旅游行程,其保险期间至其中止旅游行程的时间止。

(3)航空旅客意外伤害保险。《航空旅客意外伤害保险条款(行业指导性条款)》规定,航空意外伤害保险的保险期间自旅游者(被保险人,下同)持保险合同约

---

① 中国境外旅行救援意外伤害保险的内容系笔者根据泰康人寿保险股份有限公司的《附加中国境外旅行救援意外伤害保险条款》的相关规定撰写。

定航班班机的有效机票到达机场通过安全检查时始,至旅游者抵达目的港走出所乘航班班机的舱门时止。旅游者改乘等效航班,保险合同继续有效,保险期间自旅游者乘等效航班班机通过安全检查时始,至旅游者抵达目的港走出所乘等效航班班机的舱门时止。①

(4)中国境外旅行救援意外伤害保险。中国境外旅行救援意外伤害保险的保险期间,以合同保险单中列明的时日为准。保险期间超过90日的,保险公司通过授权的境外救援机构承担每次旅行连续不超过90日的保险责任。

3. 保险金额

(1)旅行社责任保险。旅行社办理旅行社责任保险的保险金额不得低于下列标准:①国内旅游每人责任赔偿限额人民币8万元,入境旅游、出境旅游每人责任赔偿限额人民币16万元;②国内旅行社每次事故和每年累计责任赔偿限额人民币200万元,国际旅行社每次事故和每年累计责任赔偿限额人民币400万元;③旅行社组织高风险旅游项目可另行与保险公司协商投保附加保险事宜。

(2)旅游意外保险。①入境旅游:30万元人民币;②出境旅游:30万元人民币;③国内旅游:10万元人民币;④一日游:3万元人民币。

(3)航空旅客意外伤害保险。每份保险金额为人民币40万元;同一旅游者(被保险人)最高保险金额为人民币200万元。

(4)中国境外旅行意外伤害保险。①保险金额由合同双方约定并于保险单中载明,保险金额一经确定,在保险期间中途不得变更;②夫妻两人同行且均投保本保险,其随行的未满18周岁的子女(限2名)可免交本保险保险费参加本保险,但其保险金额以父母两人中保险金额较低一方为准。

4. 责任免除

(1)旅行社责任保险。② 旅游者参加旅行社组织的旅游活动,应保证自身身体条件能够完成旅游活动。因下列情形之一,造成旅游者身故、伤残或财产损害的,旅行社不承担赔偿责任:

① 旅游者在旅游行程中,由自身疾病引起的各种损失或损害;

② 由于旅游者个人过错导致的人身伤亡和财产损失,以及由此导致需支出的各种费用;

③ 旅游者在自行终止旅行社安排的旅游行程后,或在不参加双方约定的活动而自行活动的时间内,发生的人身、财产损害。

---

① 经中国保险监督管理委员会审核认可的《航空旅客意外伤害保险条款(行业指导性条款)》规定:等效航班是指由于各种原因航空公司为约定航班所有旅客调整的班机或被保险人经航空公司同意对约定航班改签并且起始港和目的港与原约定航班相同的班机。

② 关于保险公司有关旅行社责任保险责任免除内容,请参看中国人寿保险公司的《旅行社责任保险条款》。

(2)旅游意外保险。根据中国人寿保险公司《国寿旅游意外保险条款》的规定,因下列情形之一,造成旅游者(被保险人,下同)死亡、残疾或者支出医疗费用的,保险公司不负给付保险金责任:

① 投保人、受益人对旅游者的故意杀害、伤害;
② 旅游者故意犯罪或者拒捕;
③ 旅游者斗殴、醉酒、自杀、故意自伤及服用、吸食、注射毒品;
④ 旅游者受酒精、毒品、管制药物的影响而导致的意外;
⑤ 旅游者酒后驾驶、无照驾驶或者驾驶无有效行驶证的机动交通工具;
⑥ 旅游者流产、分娩;
⑦ 旅游者因整容手术或者其他内、外科手术导致医疗事故;
⑧ 旅游者未遵医嘱,私自服用、涂用、注射药物;
⑨ 旅游者从事潜水、跳伞、攀岩运动、探险活动、武术比赛、摔跤比赛、特技表演、赛马、赛车等高风险运动;
⑩ 旅游者患有艾滋病或者感染艾滋病毒(HIV 呈阳性)期间;
⑪ 战争、军事行动、暴乱或者武装叛乱;
⑫ 核爆炸、核辐射或者核污染;
⑬ 旅游者健康护理等非治疗性行为;
⑭ 旅游者以家庭病床、挂床治疗等;
⑮ 旅游者洗牙、洁齿、验光,装配义眼、假牙、假肢或者助听器等;
⑯ 旅游者投保前已有残疾的治疗和康复;
⑰ 未经保险公司同意的转院治疗;
⑱ 旅游者离开旅行社安排的旅游地点或者乘坐非旅行社安排的交通工具。

(3)航空旅客意外伤害保险。因下列情形之一,造成旅游者(被保险人,下同)身故、残疾或支出医疗费用的,保险公司不负给付保险金的责任:

① 投保人、受益人对旅游者的故意杀害、伤害;
② 旅游者故意犯罪或拒捕;
③ 旅游者斗殴、醉酒、自杀、故意自伤及服用、吸食、注射毒品;
④ 旅游者受酒精、毒品、管制药物的影响而导致的意外;
⑤ 战争、军事冲突、暴乱或武装叛乱;
⑥ 核爆炸、核辐射或核污染;
⑦ 旅游者乘坐非本合同约定的航班班机遭受意外伤害;
⑧ 旅游者通过安全检查后又离开机场遭受意外伤害。

(4)中国境外旅行救援意外伤害保险。保险公司对于中国境外旅行意外伤害保险规定了较多的责任免除条款。保险公司除了对旅游意外保险规定的责任免除条款外,还规定下列任一行为、原因所导致的费用和后果包括旅游者(被保险人,下

同)的治疗、身体残疾或身故,保险公司不负保险责任:

① 在(但不限于)建筑工地、矿场、油田或者石油及化学工业现场等地进行职业活动发生意外事故时所产生的费用;

② 搜寻和营救行动造成的费用;

③ 旅游者因避孕引起的所有问题,但因遭受意外伤害所致不在此限;

④ 旅游者患精神病或精神分裂、先天性疾病(包括先天性畸形)、遗传性疾病、性传播疾病、获得性免疫缺陷综合征(艾滋病)或感染获得性免疫缺陷综合征病毒(HIV 呈阳性);

⑤ 一般性体格检查、健康检查、疗养或康复治疗;

⑥ 旅游者住院后使用任何不被当地国家医疗机构认可有治疗价值的医疗或者护理手段以及产品而发生的费用;

⑦ 任何获取移植器官或者捐献器官所产生的费用;

⑧ 发生在保险合同保险单所列明的保险期间、范围和保险责任以外的保险事故;

⑨ 救援机构的授权医生认为可待旅游者返回中国境内进行的非紧急治疗请求;

⑩ 任何非紧急性住院或者已做住院安排,但救援机构的授权医生认为可以等到旅游者返回中国境内后再进行的住院;

⑪未经救援机构的授权医生事先同意的转运和救护,紧急情况除外;

⑫无原始收据的费用;

⑬旅游者因任何疾病住院检查和治疗时间不足 36 小时的急救、转运和治疗费用;

⑭保险单生效日前旅游者已具有的,且已接受治疗、诊断、会诊或服用处方药物疾病或在保险单生效日前经主治医生诊断需在保险有效期内进行诊断和治疗的疾病;

⑮在把旅游者因病情需要转运到邻近国家的情况下,因办理所需签证或者在取得该国家授权过程中出现延误的责任;

⑯旅游者不能严格遵守救援机构所决定的援助程序,或旅游者拒绝救援机构所建议的救护程序所造成的后果;

⑰旅游者为从保险合同中获益而进行骗赔或者采取任何欺骗手段,保险公司不承担保险责任。

(四)旅游保险的办理程序

1. 选择保险公司投保

旅行社应当选择保险业务信誉良好、服务面广、无不良经营记录的保险公司投保。

2. 办理保险手续

(1)旅行社责任保险。旅行社必须在境内经营责任保险的保险公司投保,并且按照《中华人民共和国保险法》规定的保险合同内容,与承保的保险公司签订书面合同。旅行社投保旅行社责任保险采取按年度投保的方式,向保险公司办理本年度的投保手续。

(2)旅游意外保险。旅游意外保险为选择性保险险种,旅行社在销售其产品时,不得将旅游意外保险直接纳入其产品价格中,实行捆绑式销售。但是,旅行社可以在旅游者购买旅游产品时,向旅游者推荐旅游意外保险。在旅游者同意购买的情况下,旅行社可以为其代办旅游意外保险的投保手续,与相关的保险公司签订旅游意外保险合同。旅游意外保险合同由保险凭证及所附条款、批注、附贴批单、投保单、与保险合同有关的投保文件、声明和其他书面协议构成。①

(3)航空旅客意外伤害保险。旅游者可以持乘坐客运航班班机的有效机票向保险公司投保,旅行社也可以在旅游者同意的条件下,为其代办保险。

(4)中国境外旅行救援意外伤害保险。本保险系选择性保险的险种,旅行社在旅游者同意的前提下,可以为其代办保险。旅游者(被保险人,下同)须为拥有中华人民共和国国籍并在中华人民共和国境内有正式居住场所、年龄在2周岁(含)至70周岁(含)之间的人,且必须在旅游者出境前投保,其中旅游者为未成年人,须由其父母代为其投保。中国境外旅行意外伤害保险的保险合同附加于保险公司的人身保险合同(以下简称主保险合同),在主保险合同订立时,由投保人申请,经保险公司同意而附加于主保险合同。②

3. 赔付程序

(1)提供有关资料。旅游事故发生后,旅行社或者旅游者及其家属作为被保险人,应该在申请赔偿时,向相关的保险公司提交与旅游保险赔偿有关的资料。由于保险的险种和保险内容不尽相同,所以,所须提交的材料也不一样。

① 旅行社责任保险。旅行社作为被保险人,在申请赔偿时,应向保险公司提交旅游合同、旅游团成员清单、保险单正本、事故证明书、损失清单、裁决或仲裁书、由县级以上(含县级)医疗机构出具的医疗证明以及其他必要的单证材料。

② 旅游意外保险。作为被保险人的旅游者或者保险的受益人,应当于知道或者应当知道保险事故发生之日起两日内通知保险公司,并提交相关的资料,但因不可抗力导致的延迟除外。

1)旅游者(被保险人,下同)死亡。由死亡保险金受益人作为申请人,填写保险

---

① 详细内容请参考由中国保险监督管理委员会审核备案的中国人寿保险公司的《国寿旅游意外保险条款》。

② 详细内容请参考由中国保险监督管理委员会审核备案的泰康人寿保险股份有限公司的《附加中国境外旅行救援意外伤害保险条款》和中国人寿保险公司的《国寿中国公民境外意外伤害及紧急救援保险条款》。

金给付申请书,并凭下列证明和资料向保险公司申请给付保险金:A. 保险凭证;B. 受益人户籍证明或者身份证明;C. 公安部门或者保险公司认可的医疗机构出具的旅游者死亡证明书;D. 旅游者户籍注销证明;E. 如旅游者因意外事故下落不明被宣告死亡,受益人须提供人民法院出具的宣告死亡证明文件;F. 旅游主管部门出具的事故证明;G. 受益人所能提供的与确认保险事故的性质、原因等有关的其他证明和资料。

2)旅游者残疾。由旅游者本人作为申请人,填写保险金给付申请书,并凭下列证明和资料向保险公司申请给付保险金:A. 保险凭证;B. 旅游者户籍证明或者身份证明;C. 由保险公司认可的医疗机构或者医师出具的旅游者残疾程度鉴定书;D. 旅游主管部门出具的事故证明;E. 旅游者所能提供的与确认保险事故的性质、原因、伤害程度等有关的其他证明和资料。

3)旅游者支出医疗费用。由旅游者作为申请人,填写保险金给付申请书,并凭下列证明和资料向保险公司申请给付保险金:A. 保险凭证;B. 旅游者的户籍证明或者身份证明;C. 县级以上(含县级)医院或者保险公司认可的医疗机构出具的医疗费用收据、诊断证明、病历;D. 旅游者所能提供的与确认保险事故的性质、原因等有关的其他证明和资料。

③ 航空旅客意外伤害保险。旅游者(被保险人,下同)或者受益人应于知道或者应当知道保险事故发生之日起5日内通知保险公司;否则,旅游者或者受益人应承担由于通知迟延致使本公司增加的勘察、检验等项费用,但因不可抗力导致的迟延除外。旅游者或者受益人应该根据所申请保险赔偿的性质和内容,向保险公司提供相关的证明和资料。

1)旅游者身故。由身故保险金受益人作为申请人,填写保险金给付申请书,并凭下列证明和资料向保险公司申请给付保险金:A. 保险单或其他保险凭证;B. 受益人户籍证明或身份证明;C. 公安部门或保险公司认可的医疗机构出具的被保险人身故证明书;D. 如旅游者因意外事故下落不明被宣告死亡,受益人须提供人民法院出具的宣告死亡证明文件;E. 由承运人出具的意外事故证明;F. 旅游者户籍注销证明;G. 受益人所能提供的与确认保险事故的性质、原因等有关的其他证明和资料。

2)旅游者残疾。由旅游者作为申请人,填写保险金给付申请书,并凭下列证明和资料向保险公司申请给付保险金:A. 保险单或其他保险凭证;B. 旅游者户籍证明或身份证明;C. 由保险公司认可的医疗机构或医师出具的旅游者残疾程度鉴定书;D. 由承运人出具的意外事故证明;E. 旅游者所能提供的与确认保险事故的性质、原因、伤害程度等有关的其他证明和资料。

3)旅游者支出的医疗费用。由旅游者作为申请人,填写保险金给付申请书,并凭下列证明和资料向保险公司申请给付保险金:A. 保险单或其他保险凭证;B. 旅游者户籍证明或身份证明;C. 保险公司认可的医疗机构出具的诊断证明和医疗费用原始收据;D. 旅游者所能提供的与确认保险事故的性质、原因等有关的其他证明和资料。

④ 中国境外旅游救援意外伤害保险。本保险为紧急救援保险,在保险合同有效期内,旅游者(被保险人,下同)发生所有符合保险合同规定的保险事故并需要援助时,应立即拨打指定的救援电话与救援机构联系,由其指挥服务网络提供救援服务。除非在异常紧急的情况下,旅游者本人因健康状况须急救而无法与救援机构取得联系的,但最迟不超过保险事故发生后的24小时,保险公司授权的境外救援机构应得到事发通知,保险公司通过救援机构按照保险合同规定提供服务并承担相应费用;否则,一切发生的费用由旅游者自行承担。

(2)办理索赔手续。旅行社或者旅游者及其受益人在提交了全部有关资料后,应立即根据保险合同的约定,向保险公司申请保险赔偿。

① 旅行社责任保险。由旅行社财务部根据旅行社同保险公司签订的保险合同,向保险公司提出索赔申请。保险公司在收到旅行社的赔偿请求后,应及时作出核定,对属于保险责任的,应在与旅行社达成有关赔偿协议后10日内,履行赔偿义务。

② 旅游意外保险。由旅游者或其受益人依据保险合同,向保险公司提出赔偿申请,旅行社可以协助旅游者或其受益人办理索赔手续。

③ 航空旅客意外伤害保险。旅游者(被保险人,下同)或者受益人应于知道或者应当知道保险事故发生之日起5日内通知保险公司;否则,旅游者或者受益人应承担由于通知迟延致使保险公司增加的勘察、检验等项费用,但因不可抗力导致的迟延除外。

④ 中国境外旅游救援意外伤害保险。保险公司通过救援机构对每一被保险人紧急救援所支出的费用以保险单上载明的紧急救援保险金额为限,1次或者累计支出的紧急救援费用达到紧急救援保险金额时,保险合同的紧急救援保险责任终止。

4. 保险公司的赔偿

保险公司收到申请人的保险金给付申请书及相关证明和资料后,对确定属于保险责任的,在与申请人达成有关给付保险金数额的协议后10日内,履行给付保险金义务。对不属于保险责任的,向申请人发出拒绝给付保险金通知书。

保险公司自收到申请人的保险金给付申请书及相关证明和资料之日起60日内,对属于保险责任而给付保险金的数额不能确定的,根据已有证明和资料,按可以确定的最低数额先予以支付,保险公司最终确定给付保险金的数额后,给付相应的差额。

5. 赔偿权利的消失

根据《中华人民共和国保险法》的规定,被保险人(指旅行社、旅游者或其受益人)请求赔偿的权利,自其知道或应当知道事故发生之日起两年不行使而消失。

典型案例:旅游投诉的处理

1998年9月29日~10月4日,关某等三十余人参加由北京三家旅行社联合组织的黄山、千岛湖、杭州六日双卧游,因服务质量问题,到北京市旅行社服务质量监督管理所投诉。由于此团是散客团,旅行社未与旅游者签订协议。该团在杭州安排住团校招待所,房间内无电话,个别房间内无电视机,卫生条件差,与旅游行程中承诺的住房标准不符合。原承诺乘空调车,但大部分行程(屯溪至黄山、绩溪至码头、杭州全程)都不是空调车。原定乘T32新空调车返京,到火车站才得知改为356次普通客车。

投诉要求:
1. 多处达不到原承诺服务标准,要求团款的双倍赔偿;
2. 要求三家社在北京主要报刊上公开赔礼道歉。

北京市旅行社质量监督管理所在接受关某等人的投诉后,进行了充分的调查,并作出了相应的裁决:

1. 该旅游团是散客团,由于日程安排是经双方认可的,故在没有签订协议的前提下,该日程安排作为处理投诉的依据。

2. 对旅行社提供给该团旅游者的达不到承诺标准的住房、车辆状况(汽车、火车),旅行社要予以该团旅游者必要的赔偿。金额应是票差加上20%的违约金。

3. 在此例投诉中,旅行社没有必要在报刊上公开赔礼道歉,因为该案中没有涉及名誉侵害或侵权行为,故没有必要公开道歉。但旅行社毕竟给旅游者造成了不愉快,对此可在团内向客人口头表示歉意。

4. 有欺诈性质的违约要给予旅游者双倍赔偿。此起投诉是在几个方面都存在质量问题,其性质是降低服务标准的违约行为,应依据《旅行社质量保证金赔偿标准》按质量问题逐项予以赔偿。

5. 投诉的赔偿应由组团旅行社先行赔付,组团旅行社再与接待旅行社协调各方应如何承担损失。该起投诉的组团旅行社为三家旅行社,所以,应该是旅游者在哪家旅行社交款即由哪家旅行社赔偿。

资料来源:李勇. 对一起旅游投诉案的分析. 旅行社之友,1999(5).

思考与练习

1. 旅行社质量管理有哪些评价标准?
2. 旅游投诉产生的原因有哪些?
3. 旅行社投保责任保险有什么意义?

自测题

1. 旅行社保证其整体产品质量的基础是（   ）。
   A. 微笑服务　　　　　　B. 产品设计
   C. 产品价格　　　　　　D. 产品质量
2. 多数国家或地区的旅行社行业属于（   ）行业。
   A. 文化型　　　　　　　B. 垄断型
   C. 智力型　　　　　　　D. 零散型
3. 造成经济损失在 10 万元人民币（含 10 万元人民币）至 100 万元人民币之间的事故是（   ）。
   A. 轻微事故　　　　　　B. 一般事故
   C. 重大事故　　　　　　D. 特大事故

第七章

旅行社的财务管理

篇首案例　难以讨回的欠款

20世纪80年代,随着我国的旅游市场开始全面对外开放,大量的境外旅行社开始涌入。在这些旅行社当中,不乏信誉良好、业绩卓著、送客量大的企业,但是,毋庸讳言,也有一些不良企业,利用我国的旅行社经营者对境外情况不熟悉的缺点,乘机进行欺诈。天丰国际旅行社在美国的合作伙伴泛西亚旅行社就是这样一个企业。

泛西亚旅行社坐落在美国加利福尼亚州的旧金山市,是一家专门经营美国游客来华旅游的中型旅行社。在与天丰国际旅行社建立合作关系之初,该旅行社不仅输送了大量的游客,而且还及时汇款,俨然一家既讲信誉又有招徕客源能力的企业。但是,时隔不久,泛西亚旅行社便开始以各种借口拖欠天丰国际旅行社的旅游团费。为此,天丰国际旅行社曾经专门召开部门经理联席会,研究向泛西亚旅行社催讨欠款的问题。最后,总经理姚先生决定由副总经理李天明率美大部经理黄昌盛和市场部副经理章希义专程前往美国,催讨欠款。当李天明一行到达泛西亚旅行社所在地时,该旅行社的总经理王应远率全体员工到机场迎接,并全程陪同李天明等3人在旧金山、洛杉矶、纽约、华盛顿等地参观游览。王应远将李天明等人在美国的活动日程安排得十分紧凑,几乎没有谈判的时间。在旅途中,每当李天明提及欠款一事时,王应远总是笑容可掬地表示没有问题,待李天明回国后一定尽快将欠款全部汇给天丰国际旅行社。这样,李天明等人带着王应远赠送的礼物和口头许诺,离开了美国。

李天明等人回国后不久,王应远便通知天丰国际旅行社,由于客源问题,决定不再继续双方的合作。但是,泛西亚旅行社始终没有将欠款偿还给天丰国际旅行社。对此,姚总经理在部门经理会上表示,通过这次合作,天丰国际旅行社亏损了80万元人民币。但是,姚总经理认为:"这是值得的。我们花了80万元,买到了宝贵的教训。这些钱就算是我们交的一次学费吧。"

资料来源:梁智. 旅行社运行与管理. 大连:东北财经大学出版社,2006.

第一节　旅行社的经营核算

一、旅行社业务核算

(一) 组团业务核算

1. 审核报价

审核旅行社销售人员对外报价是组团业务核算的一项重要内容。旅行社的财务部门根据旅游团(者)的旅游活动日程、旅游团队的等级及其旅行的时间对销售人员填制的报价单进行审核。审核的内容主要是：报价的淡季、旺季价格是否正确；报价单上的各项价格是否准确、全面；报价在时间上、空间上是否一致；等等。

2. 核算组团收入

组团社通过招徕旅游团(者)和组织旅游团(者)进行旅游获得的收入称为组团营业收入。这种营业收入主要由综合服务费、房费、餐费、城市间交通费和专项附加费构成。

组团社，分为旅游客源地组团社和旅游目的地组团社。两者的组团收入来源不同。旅游客源地组团社的组团收入主要来自旅游者及某些部门或企业。旅行社在接受旅游者的旅游要求时，必须坚持"先收费，后接待"的原则，要求旅游者在出发前的规定时间内交付全部旅行费用，否则取消其参加旅游团的资格。这是因为，客源地旅行社是在同旅游者个人打交道，对其无任何约束能力。如果旅行社允许旅游者先参加旅行社所组织的旅游活动，待旅游活动结束后再向旅游者收取旅游费用的话，有时会出现旅游者在参加旅游活动后拒绝付款或只付部分旅游费用的现象。一旦出现这种情况，旅行社向旅游者催讨欠款的成本将会很高，甚至有时会使旅行社无法收回欠款或所收回的欠款不足以抵消催款的费用，给旅行社造成较大的经济损失。

旅游目的地组团旅行社的情况则不同。它是在同客源地组团旅行社做生意，是旅行社之间的业务往来。由于旅游市场是买方市场，市场竞争十分激烈，各家旅行社都在千方百计寻找客源。在这种市场条件下，如果目的地组团旅行社坚持要求对方遵守"先收费，后接待"的原则，可能会导致客源地组团旅行社转而寻求其他合作伙伴，将其所招徕的旅游客源交给愿意向其提供商业信用的目的地的其他旅行社，从而使这家旅行社丧失部分甚至全部客源，造成重大经济损失。因此，旅游目的地组团旅行社在同旅游客源地组团旅行社合作时，可以允许客源地组团社在旅行团的旅行活动结束后再付款。然而，这样的做法虽然能够增加客源，却可能导致旅游目的地组团社的资金被积压的时间延长，并增加了坏账损失的风险。

无论旅游客源地组团旅行社还是旅游目的地组团旅行社，在核算其组团收入时,都应该根据与旅游者或旅游客源地组团旅行社达成的旅游协议,认真审核其所付的旅游费用或付款承诺。如果发现其所付费用少于旅游协议上双方所约定的数目,应立即通知对方,要求对方将少付的旅游费用补上。

3. 核算组团成本

组团成本核算是考核旅行社在经营中的成本开支是否合理,对于不合理的支出要采取切实的措施予以纠正,以达到降低成本和增加企业经济效益的目的。组团成本中绝大部分为旅行社从各旅游服务供应部门采购旅游服务的费用,亦称为营业成本或直接成本。旅行社在核算其组团成本时,检查重点是所采购的旅游服务是否按照采购合同上双方约定的价格进行结算的。在实际工作中,为了便于操作,旅行社往往采用下面的方法来计算其营业成本:

营业成本 = 营业收入 – 毛利

毛利 = 旅游团(者)的人数 × 停留天数 × 人天计划毛利

旅行社在核算其组团成本时,还应该根据接待计划和全陪填写的各地支出情况预先逐团列支,待各地接待社将结算单寄到后再分别列入各结算单位的结算账户。旅行社的组团成本主要由组团外联成本、小包价成本、劳务成本和其他服务成本构成。营业成本的内容基本是与营业收入的内容相对应而发生的。

(二)接待收入核算

1. 审核结算通知单

结算通知单是接待旅行社向组团旅行社收取接待费用的凭证,由旅游团的全陪填写并由地陪签字。如果旅游团没有配备全程陪同,则由接待该旅游团的地陪负责填写结算通知单。结算通知单转交给财务部门后,由财务部门根据接待计划、变更通知等有关文件对结算通知单的内容进行逐项审核。审核的重点是组团社名称、计划号码、旅游者人数、等级、抵离时间、活动项目、计价标准等与接待计划和变更通知是否一致;各项费用计算是否正确;填写项目是否齐全;有无地陪的签字确认。

2. 核算接待收入

核算接待收入是接待旅行社业务审核的一个重要内容。接待业务收入主要由综合服务费、房费、餐费、城市间交通费和专项附加费构成。接待旅行社在计算接待收入时要采用同组团旅行社事先确定的结算方法,计算出其由于提供地接服务而应得到的综合服务费收入及其他各项收入。接待旅行社在计算各项费用时应注意旅游团所属的等级和接待的季节,以避免出现诸如少要款项、错算旅游者接待标准、等级和季节差价以及金额计算等差错。

3. 核算成本费用

接待旅行社在审核其营业成本时应按照收入/支出配比的原则认真进行成本核算,严格审核应付给饭店、餐馆、汽车公司、旅游景点等的款项,做到"分团结算,

"一团一清",对赢利少的团要严格审核,对亏损的团要查出原因。在核算成本费用时,接待旅行社可根据自身业务的特点,采用单团成本核算、批量成本核算等方法。

二、旅行社结算业务

(一)正常情况的结算业务

旅行社财务人员在审核综合服务费结算内容时,应对照旅游计划和全陪所填写的结算通知单,对所需结算的各项费用进行认真审查。旅行社之间结算所涉及的综合服务费一般包括市内交通费、杂费、领队减免费、地陪费、接待手续费和接待宣传费。其结算的方法是:

综合服务费 = 实际接待旅游者人数 × 实际接待天数 × 人天综合服务费价格

当旅游团内成年旅游者的人数达到 16 人时,应免收 1 人的综合服务费;旅游者所带领的 2~12 周岁(不含 12 周岁)的儿童,应按照成年旅游者标准的 50% 收取综合服务费;12 周岁(含 12 周岁)以上的少年旅游者按照成年旅游者标准收取综合服务费;2 周岁以下的儿童在未发生费用的情况下,不收取综合服务费。如果发生费用,由带领领童的旅游者现付。

(二)特殊情况的结算业务

1. 跨季节的结算

我国的旅行社多将每年的 12 月初至第二年的 3 月底视为旅游淡季,其余的月份视为旅游旺季或平季。旅游者在一地停留的时间恰逢旅游淡季与旺季交替时,旅行社应按照旅游者在该地实际停留日期的季节价格标准分段结算。

2. 等级变化的结算

(1)因分团活动导致等级变化。旅游团在成行后因某种特殊原因要求分团活动并因此导致旅游团等级发生变化时,应按分团后的等级收费或结算。结算的方式有两种:一种是由旅游者现付分团后新等级费用标准和原等级费用标准的差额;另一种是接待旅行社征得组团旅行社同意后按新等级标准与组团旅行社结算。

(2)因部分旅游者中途退团造成等级变化。参加包价旅游团的旅游者在旅行途中因特殊原因退团,造成旅游团队因退团后人数不足 10 人而发生等级变化时,原则上仍按旅游团的人数和等级标准收费和结算,退团的旅游者离团后的费用由旅游者自理。

3. 晚间抵达或清晨离开的旅游团队结算

包价旅游团队在晚餐后抵达或早餐前离开某地时,接待旅行社按照人数和等级标准向组团旅行社结算接送费用。其计算公式为:

接送费用 = 人数 × 计价标准

三、成本费用的分析与控制

(一)成本费用分析

1. 单团成本分析

单团成本分析的前提是实行单团成本核算。为了达到控制成本、提高旅行社经济效益的目的,应采取以下几个步骤:

(1)在综合分析市场状况和旅行社自身经营状况的基础上编制成本计划,制定出一套分等级的计划成本并以此作为衡量旅行社经济效益的标准。

(2)将单团的实际成本与计划成本进行对比,找出差异。对于差异较大的旅游团要逐项进行分析,找出导致成本上升或下降的原因并加以改进。

(3)加强信息反馈,把在成本分析中发现的差异及其原因及时送到有关领导和部门,以便加强对成本的控制。

2. 部门批量成本分析

接待业务量较大的旅行社应实行部门批量成本分析和核算,将不同部门接待的旅游团作为成本核算的对象,进行成本的归集和分配,核算出各个部门接待一定批量旅游者的成本水平和经济效益。旅行社在进行成本分析和核算时应采取以下几个步骤:

(1)编制各部门接待一定批量旅游者的计划成本,并核算出实际降低额(率);

(2)按照部门接待旅游者数量变动、产品结构变动、成本变动三方面进行因素替代分析,找出各因素的影响强度;

(3)将信息反馈给有关部门,采取措施,扭转不利因素影响。

(二)成本费用核算

1. 单团核算

单团核算是指旅行社就接待的每一个旅游团为核算对象进行经营盈亏的核算。单团核算有利于考核每个团队产生的经济效益,有利于各项费用的清算和考核,有利于降低成本。但单团核算的工作量较大,一般适用于业务量较小的旅行社。

2. 部门批量核算

部门批量核算是指以旅行社的业务部门在规定期限内接待的旅游团的批量为核算对象进行的核算。

按部门批量核算虽不像单团核算那样详细,但它能从不同的侧面反映出旅行社经营的盈亏状况,为开拓市场、改善经营管理提供依据。这种核算方法适用于业务量较大的旅行社。

(三)成本费用的控制

(1)制定成本费用标准。旅行社在经营过程中需要支付大量的成本费用,以获得预期的经营收入。如果成本费用过高,会使旅行社的经营利润大幅度下降,甚至造成亏损。因此,旅行社管理者必须根据本企业的实际情况和经营目标,并参照其他旅行社的成本费用水平,制定出本旅行社的成本费用标准。

(2)成本费用的日常控制。旅行社应该通过建立成本费用控制信息系统来对经营活动过程中产生的成本费用进行成本控制。成本控制信息系统主要包括三个部分:①成本指标、标准、定额等输入系统;②核算、控制、反馈系统;③分析预测系统。三个系统构成一个整体,发挥提供、传递与反馈成本信息的作用,是成本控制的有效手段。

(3)实行责任成本制。为了加强成本控制,旅行社应实行责任成本制度,把负有成本责任的部门作为成本责任中心,使其对可控成本负完全责任。通过责任成本制度,可以把经济责任落实到旅行社内部各个部门,推动各部门控制其所负责的成本。

(4)进行重点控制。旅行社管理者应在日常成本费用控制中对占成本比重较大的部门或岗位、需要大幅度降低成本的部门或岗位和目标成本实现较困难的部门或岗位进行重点控制,按照确定的标准,对这些部门或岗位的成本费用进行检查和监督,以降低成本费用,提高经营利润。

(5)检查与考核。旅行社管理者应定期对各部门控制其成本费用情况及整个旅行社的成本费用控制情况进行检查和考核。在检查与考核过程中,旅行社管理者应着重做好以下几项工作:①检查成本计划的完成情况,查找和分析产生成本差异的原因;②评价各部门和个人在完成成本计划过程中的成绩和缺点,给予应有的奖励和惩罚;③总结经验,找出缺点,提出办法,为进一步降低经营成本提供资料总结和推广先进经验,为修订标准提供可靠的参数,把成本控制的科学方法标准化。

四、营业收入与利润管理

(一)营业收入的管理

1. 确认营业收入的原则

按照国家的有关规定,旅行社在确认营业收入时应实行权责发生制。根据权责发生制,旅行社在符合以下两种条件时,可确认其获得了营业收入:

(1)旅行社已经向旅游者提供了合同上所规定的服务。

(2)旅行社已经从旅游者或者组团旅行社处收到价款或取得了收取价款权利的证据。

2. 界定营业收入实现时间的原则

(1)入境旅游。旅行社组织境外旅游者到境内旅游,以旅游者离境或离开本地时作为确认其营业收入实现的时间。

(2)国内旅游。旅行社组织国内旅游者在国内旅游,接团旅行社应以旅游者离开本地时、组团旅行社应以旅游者旅行结束返回原出发地时作为确认其营业收入实现的时间。

(3) 出境旅游。旅行社组织中国公民到境外旅游,以旅游者旅行结束返回原出发地时作为确认其营业收入实现的时间。

(二) 利润分析与管理

1. 利润总额分析

利润总额分析是指用比较分析法将本期的利润总额同上期的利润总额或本期的计划利润指标进行对比,分析其增减变动的情况。计算本期利润比上期的利润增长(减少)的情况,可以使用下面的公式:

$$本期利润比上期增长(减少)额 = 本期利润总额 - 上期利润总额$$

$$利润增长(减少)率 = \frac{利润增长(减少)额}{上期利润总额} \times 100\%$$

计算本期计划利润完成情况可以使用下面的公式:

$$完成计划百分比 = \frac{本期实际利润总额}{本期计划利润总额} \times 100\%$$

$$超额或未完成计划百分比 = 完成计划百分比 - 100\%$$

2. 利润总额构成因素分析

旅行社在分析其利润总额增长情况后,还应对利润的构成因素进行分析,以便发现导致本期利润变化的主要因素,并采取相应的措施。如果发现某项因素的增长比例或绝对额与上一期相差较大,则应对其发生的原因进行深入的分析。

3. 营业利润分析

营业利润分析是通过将旅行社利润计划指标与实际结果对比,运用因素分析法,找出影响营业利润实现的因素,采取措施,加强管理,为进一步增加营业利润指明方向。在营业收入一定的情况下,影响营业利润高低的因素是营业成本、营业费用、营业税金、管理费用和财务费用。尽可能降低成本费用,特别是严格控制费用的支出是增加营业利润的有效途径。

第二节 旅行社的资产管理

一、流动资产管理

(一) 货币资产管理

1. 确定旅行社的现金库存限制

随着社会主义市场经济的逐步确立,许多银行已经不再为旅行社核定库存现金的限额。因此,旅行社必须根据本企业在日常经营活动中的需要,确定库存现金的数量。旅行社日常开支所需的现金数量要适宜,既不能出现经营中现金短缺的现象,也不能造成资金的闲置和浪费。

2. 严格控制现金使用范围

除以下各项款项可用现金支付以外,旅行社不能随意扩大现金使用范围。

(1)职工工资、各种工资性津贴和支付给个人的各种奖金;

(2)各种劳保、福利费用以及国家规定的对个人的其他现金支出;

(3)个人劳动报酬,包括稿费、讲课费及其他专门工作报酬;

(4)出差人员必须随身携带的差旅费;

(5)结算起点以下的零星支出;

(6)确定需要现金支付的其他支出。

3. 严格现金收支管理

旅行社应将现金收入于当日送存开户银行;旅行社现金支出不得坐支,即不得从本企业的现金收入中直接支付,如因特殊情况需要坐支现金的,须报开户银行审核批准。

4. 加强银行存款管理

按照国家有关规定,旅行社作为经营企业必须在所在地的银行开立账户(分为人民币存款和外汇存款)。为保证银行存款与旅行社日记账所记业务及金额的一致性,旅行社财务人员应定期与银行对账。银行则应定期编制对账单,列明旅行社在一个会计期内通过银行实际收付的资金。旅行社应将日记账与对账单进行认真核对,如发现不符,要及时查明并调整。旅行社对其银行存款要加强管理,不准出租、出借账户,不准套取银行信用,不准签发空头支票或远期支票。

5. 严格控制现金支出

旅行社应充分利用商业信用所提供的方便,减少现金的占用时间,从而达到节约现金的目的。旅行社应严格控制现金支出,尽量避免在应付账款到期日之前支付现金,并设法减少某些不十分必要的开支或推迟支付的时间。

(二)债权资产管理

1. 制定和执行正确的信用政策

(1)制定信用政策。旅行社制定信用政策主要包括根据不同的客户规定出相应的赊账信用标准、赊销的条件及收取账款的程序。对新客户,应该先进行充分的资信调查,设法了解其财务状况,以便决定是否向其提供信用。对已经同旅行社建立了良好的信用关系而且向旅行社输送大量旅游者的老客户,只要没有大幅度地增加赊欠的账款,旅行社就可以继续对其提供信用。

(2)规定赊销的条件。在目前我国旅游市场条件下,旅行社为了扩大市场占有率,吸引更多的客户从而获得更大的边际利润,应该采用国际上通用的方法,允许对部分组团旅行社在一定的条件下先送客人,待接待完成后,再向接待旅行社支付旅游费用。然而,这种赊销信用经常是无担保的,而且多数客户不在旅行社的所在地。当客户无力偿付欠款时,旅行社虽有权索取账款,但因没有担保物,使旅行社承担了较大的风险。所以,旅行社在允许客户欠款时,应该规定赊销的条件,如为了鼓励客户尽快付款,可作出在一定期限内付款则能够享受现金折扣的规定,规定赊欠账款的最长期限,给不同的客户规定不同的赊欠最高限额等,以减少可能发生的坏账损失。

(3)规定收取应收账款的程序。为了减少坏账的损失,旅行社应该规定出一套收取应收账款的程序。例如,旅行社应在一笔应收账款刚过偿付期时,立即给客户发函或电话催收欠款,如经过数次催收后客户仍继续拖欠,旅行社可以停止向其提供赊销信用直至诉诸法律以求解决。催收客户欠款需支付一定的费用,旅行社应对这种费用的发生规定出适当的标准,当继续催收账款已经成为得不偿失的事实时,旅行社应该停止对其催收而将这笔账款经报批后作为坏账损失注销。

2. 应收账款的管理方法

(1)比较应收账款的回收期。旅行社将应收账款的实际回收期同规定的回收期进行对比,找出差距,分析出问题的所在,以便采取相应的纠正措施。比较两者差距的计算公式为:

实际回收期同规定的回收期的差距 = 实际回收期 − 规定的回收期

$$应收账款实际回收期 = \frac{应收账款平均余额}{平均日赊销额}$$

$$应收账款平均余额 = \frac{期初应收账款 + 期末应收账款}{2}$$

$$平均日赊销额 = \frac{本期赊销总额}{本期天数}$$

(2)分析账龄。旅行社可将所有赊销客户所欠应收账款按时间长短顺序编制成报表,分析其中拖欠时间超过规定回收期的客户的拖欠原因,确定客户的信用程度。旅行社可以根据所分析的结果采取相应的措施,以避免可能发生的坏账损失。

(3)定期检查客户的应收账款。旅行社在应收账款的管理中,可以采取定期检查客户应收账款偿付情况的办法。检查的主要内容包括客户对本旅行社招徕客源的重要程度及其提供的客源占旅行社总接待量的比重;应收账款的支付情况;客户未能偿付欠款的原因。通过检查,旅行社可以对客户进行信用评价,判断发生坏账的可能性并根据客户的信用程度重新确定向其提供的信用条件。

二、固定资产管理

(一)固定资产折旧的计提

1. 固定资产计提折旧的范围

(1)计提折旧的固定资产。根据国家的有关规定,旅行社应对下列固定资产计提折旧：①房屋和建筑物；②在用的机器设备、运输车辆；③季节性停用、修理停用的设备；④融资租入的设备；⑤以经营租赁方式租出的固定资产。

(2) 不准计提折旧的固定资产。根据国家的有关规定，下列固定资产不准计提折旧：①房屋、建筑物以外的未使用、不需使用的机器设备；②以经营租赁方式租入的固定资产；③已提足折旧仍继续使用的固定资产和未提足折旧提前报废的固定资产；④国家规定不提折旧的其他固定资产（如土地等）。

2. 固定资产计提折旧的方法

(1) 平均年限法。平均年限法又称为直线法，是我国目前最常用的计提折旧方法。旅行社采用平均年限法计提固定资产的折旧时，先以固定资产的原始成本扣除净残值，然后按照固定资产的预计使用年限进行平均分摊计算每年或每月的折旧额和折旧率。这是一种较为简便的折旧计提方法，通常用于房屋等建筑物和贵重办公设备的折旧计提。

① 平均年限法的计算公式。平均年限法的计算公式为：

$$年折旧率 = \frac{1 - 预计净残值率}{固定资产的预计使用年限} \times 100\%$$

$$年折旧率 = 固定资产原始价值 \times 年折旧率$$

$$月折旧率 = 年折旧率 / 12$$

$$月折旧率 = 固定资产原始价值 \times 月折旧率$$

② 固定资产净残值率。一般按照固定资产原值的3%～5%确定。

③ 折旧年限。营业用房20～40年，非营业用房35～45年，简易房5～10年，建筑物10～25年；大型客车(33座以上)30万公里或5～10年，中型客车(32座以下)30万公里或7～8年，小轿车20万公里或5～7年，行李车30万公里或7～8年，货车50万公里或12年，摩托车15万公里或5年。

(2) 工作量法。有些固定资产（如接待旅游者的旅游大客车）在不同的经营期间使用的程度不均衡，发生的磨损程度也相差较大，难以用平均年限法确定其每年的折旧额。对于这类资产，旅行社可以采用工作量法来计提折旧。工作量法是一种以固定资产的具体使用时间或使用量为自变量，且与年限无绝对直接依存关系的折旧方法。这种折旧计提方法适用于汽车等固定资产。工作量法的计算公式为：

$$单位工作量折旧额 = \frac{原值 \times (1 - 净残值率)}{预计使用年限内可以完成的工作量}$$

(二) 固定资产的处理

1. 提取修理费用

旅行社发生的固定资产修理费用，计入当期成本费用。对数额较大、发生不均衡的修理费用，可以分期摊入成本费用，也可以根据修理计划分期从成本中预提。

2. 处理盘亏、盘盈及报废的固定资产

（1）盘亏及毁损固定资产的处理。旅行社在处理盘亏或毁损的固定资产时，应按该项资产的原价扣除累计折旧、过失人及保险公司赔款后的差额，计入营业外支出。

（2）盘盈固定资产的处理。旅行社应按固定资产的原价减去估计折旧后的差额，计入营业外收入。

（3）出售或清理报废固定资产的处理。应将该项资产的变价净收入（变价收入、残料价值减清理费用后的净额）与其净值（原价减累计折旧）的差额，计入营业外收入或营业外支出。

第三节　旅行社的财务分析

一、财务报表

（一）资产负债表

资产负债表是反映旅行社在某一特定日期财务状况的报表。它以"资产＝负债＋所有者权益"这一会计基本等式为依据，按照一定的分类标准和次序反映旅行社在某一个时间点上资产、负债和所有者权益的基本状况。

资产负债表包括三大类项目：资产、负债和所有者权益。报表的左方为资产类部分，反映旅行社的资产状况。资产分为流动资产、长期投资、固定资产、无形及递延资产和其他长期资产五个类型。报表的右方上半部分是负债类部分，分为流动负债、长期负债和递延税款贷项三个类型；下半部分是所有者权益部分。负债和所有者权益部分反映了旅行社资金的来源情况（见表7-1）。

表7-1　资产负债表

会年企01表

编制单位：　　　　　　　　　　年　月　日　　　　　　　　　　单位：元

项　目	行次	年初数	年末数	项　目	行次	年初数	年末数
货币资产	1			短期借款	45		
短期投资	2			应付票据	46		
应收票据	3			应付账款	47		
应收股利	4			预收账款	48		
应收利息	5			应付工资	49		
应收账款	6			应付福利费	50		
其他应收款	7			应付利润（股利）	51		
预付账款	8			应交税金	52		
期货保证金	9			其他应交款	53		

续表

项　　目	行次	年初数	年末数	项　　目	行次	年初数	年末数
应收补贴款	10			其他应付款	54		
应收出口退税	11			预提费用	55		
存货	12			预计负债	56		
其中:原材料	13			一年内到期的长期负债	57		
产成品(库存商品)	14			其他流动负债	58		
待摊费用	15			流动负债合计	59		
待处理流动资产净损失	16			长期借款	60		
一年内到期的长期债权投资	17			应付债券	61		
其他流动资产	18			长期应付款	62		
流动资产合计	19			专项应付款	63		
长期投资	20			其他长期负债	64		
其中:长期股权投资	21			其中:特准储备资金	65		
长期债权投资	22			长期负债合计	66		
*合并价差	23			递延税款贷项	67		
长期投资合计	24			负债合计	68		
固定资产原价	25			*少数股东权益	69		
减:累计折旧	26			实收资本(股本)	70		
固定资产净值	27			国家资本	71		
减:固定资产减值准备	28			集体资本	72		
固定资产净额	29			法人资本	73		
固定资产清理	30			其中:国有法人资本	74		
工程物资	31			集体法人资本	75		
在建工程	32			个人资本	76		
待处理固定资产净损失	33			外商资本	77		
固定资产合计	34			资本公积	78		
无形资产	35			盈余公积	79		
其中:土地使用权	36			其中:法定盈余公积	80		
递延资产(长期待摊费用)	37			公益金	81		
其中:固定资产修理	38			补充流动资本	82		

续表

项 目	行次	年初数	年末数	项 目	行次	年初数	年末数
固定资产改良支出	39			*未确认的投资损失(以"-"号填列)	83		
其他长期资产	40			未分配利润	84		
其中:特准储备物资	41			外币报表折算差额	85		
无形及其他资产合计	42			所有者权益合计	86		
递延税款借项	43				87		
资产总计	44			负债和所有者权益总计	88		

注:表中带*科目为合并会计报表专用;楷体的科目由执行新《企业会计制度》的企业填列。

资产负债表揭示了旅行社资产结构、流动性、资金来源、负债水平、负债结构等方面的状况,反映了旅行社的变现能力、偿债能力和资产管理水平,为旅行社的投资者和管理者提供了重要的决策依据。

(二)利润及利润分配表

利润及利润分配表,是反映旅行社在一定期间的经营成果及其分配情况的财务报表。其基本公式为:

$$利润(亏损) = 收入 - 费用(成本)$$

利润及利润分配分为九个主要部分:主要营业收入、主要营业收入净额、主营业务利润、营业利润、利润总额、净利润、可供分配的利润、可供投资者分配的利润、未分配利润(见表7-2)。

表7-2 利润及利润分配表

会年企02表

编制单位: 年 月 日 单位:元

项 目	行次	上年实际数	本年实际数	项 目	行次	上年实际数	本年实际数
一、主营业务收入	1			罚款支出	35		
其中:出口产品(商品)销售收入	2			捐赠支出	36		
进口产品(商品)销售收入	3			(二)其他支出	37		
减:折扣与折让	4			其中:结转的含量工资包干结余	38		
二、主营业务收入净额	5			加:以前年度损益调整	39		

续表

项　　目	行次	上年实际数	本年实际数	项　　目	行次	上年实际数	本年实际数
（一）主营业务成本	6			五、利润总额（亏损以"－"号填列）	40		
其中：出口产品（商品）销售成本	7			减：所得税	41		
（二）主营业务税金及附加	8			＊少数股东损益	42		
（三）经营费用	9			加：＊未确认的投资损失（以"＋"号填列）	43		
（四）其他	10			六、净利润（净亏损以"－"号填列）	44		
加：（一）递延收益	11			加：（一）年初未分配利润	45		
（二）代购代销收入	12			（二）盈余公积补亏	46		
（三）其他	13			（三）其他调整因素	47		
三、主营业务利润（亏损以"－"号填列）	14			七、可供分配的利润	48		
加：其他业务利润（亏损以"－"号填列）	15			减：（一）单项留用的利润	49		
减：（一）营业费用	16			其中：1．留给企业技术转让利润	50		
（二）管理费用	17			2．留给企业治理"三废"产品利润	51		
（三）财务费用	18			（二）补充流动资本	52		
（四）其他	19			（三）提取法定盈余公积	53		
四、营业利润（亏损以"－"号填列）	20			（四）提取法定公益金	54		
加：（一）投资收益（亏损以"－"号填列）	21			（五）提取职工奖励及福利基金	55		
（二）期货收益	22			（六）提取储备基金	56		
（三）补贴收入	23			（七）提取企业发展基金	57		
其中：补贴前亏损企业补贴收入	24			（八）利润归还投资	58		
（四）营业外收入	25			（九）其他	59		

续表

项目	行次	上年实际数	本年实际数	项目	行次	上年实际数	本年实际数
其中:处置固定资产净收益	26			八、可供投资者分配的利润	60		
非货币性交易收益	27			减:(一)应付优先股股利	61		
出售无形资产收益	28			(二)提取任意盈余公积	62		
罚款净收入	29			(三)应付普通股股利	63		
(五)其他	30			(四)转作资本(股本)的普通股股利	64		
其中:用以前年度含量工资结余弥补利润	31			(五)其他	65		
减:(一)营业外支出	32			九、未分配利润	66		
其中:处置固定资产净损失	33			其中:应由以后年度税前利润弥补的亏损(以"+"号填列)	67		
债务重组损失	34				68		

注:表中带*科目为合并会计报表专用;楷体的科目由执行新《企业会计制度》的企业填列。

利润及利润分配表为旅行社的投资者和管理者提供了有关旅行社的获利能力、利润变化原因、企业利润发展趋势等方面的大量信息,是考核旅行社利润计划完成情况和衡量其经营水平的重要依据。

(三)现金流量表

在旅行社经营活动中,现金所起的作用非常重要,旅行社在偿还到期的各种债务,向许多旅游服务供应部门和企业支付其所采购的旅游服务及向其员工支付工资时,都需要使用现金。如果旅行社未能及时获得其经营活动所必需的现金,就会给其经营活动带来严重困难。

除了经营活动以外,旅行社所从事的投资和筹资活动同样影响着现金流量,从而影响其财务状况。如果旅行社进行投资,而没有能取得相应的现金回报,就会对其财务状况(比如流动性、偿债能力)产生不良影响。通过对旅行社现金流量的分析,可以大致判断其经营资金周转是否顺畅。

由于在采取权责发生制的条件下旅行社在计提折旧、计算递延税款等方面使用的分配手段具有很大的随意性,所计算出的现金流量与旅行社实际的现金流量相差较大。所以,自1998年起,按照我国财政部的新规定,旅行社不再编制财务状况变动表,而改为编制现金流量表(见表7-3)。

现金流量表向旅行社管理者及其他有关单位和部门提供旅行社在一定会计期间内现金和现金等价物流入和流出的信息,以便使他们了解和评价旅行社获取现金和现金等价物的能力,并据以预测旅行社未来的现金流量。同财务状况变动表相比,现金流量表能够更好地反映旅行社的经营成果和财务状况,并真实地体现了旅行社资产的流动性和旅行社对社会经济环境变动的适应能力,使人们能够对旅行社的整体财务状况作出客观评价。

表7-3 现金流量表

会　服年03表

编制单位：　　　　　　年度　　　　　　　　　　　　　　金额单位：元

项　目	行次	金　额
一、经营活动产生的现金流量：		
销售商品、提供劳务收到的现金	1	
收到的租金	2	
收到的增值税销项税额和退回的增值税款	3	
收到的除增值税以外的其他税费退还	4	
收到的其他与经营活动有关的现金	5	
现金流入小计	6	
购买商品、接受劳务支付的现金	7	
经营租赁所支付的现金	8	
支付给职工以及为职工支付的现金	9	
支付的增值税款	10	
支付的除增值税、所得税以外的其他税费	11	
支付的其他与经营活动有关的现金	12	
现金流出小计	13	
经营活动产生的现金流量净额	14	
二、投资活动产生的现金流量：		
收回投资所收到的现金	15	
分得股利或利润所收到的现金	16	
取得债券利息收入所收到的现金	17	
处置固定资产、无形资产和其他长期资产而收到的现金净额	18	
收到的其他与投资活动有关的现金	19	
现金流入小计	20	
购建固定资产、无形资产和其他长期资产所支付的现金	21	
权益性投资所支付的现金	22	
债权性投资所支付的现金	23	
支付的其他与投资活动有关的现金	24	
现金流出小计	25	

续表

项　　　　目	行次	金　　额
投资活动产生的现金流量净额	26	
三、筹资活动产生的现金流量：		
吸收权益性投资所收到的现金	27	
发行债券所收到的现金	28	
借款所收到的现金	29	
收到的其他与筹资活动有关的现金	30	
现金流入小计	31	
偿还债务所支付的现金	32	
发生筹资费用所支付的现金	33	
分配股利或利润所支付的现金	34	
偿付利息所支付的现金	35	
融资租赁所支付的现金	36	
减少注册资本所支付的现金	37	
支付的其他与筹资活动有关的现金	38	
现金流出小计	39	
筹资活动产生的现金流量净额	40	
四、汇率变动对现金的影响额	41	
五、现金及现金等价物净增加额	42	
补　充　资　料		
1. 不涉及现金收支的投资和筹资活动：		
以固定资产偿还债务	43	
以投资偿还债务	44	
以固定资产进行投资	45	
以存货偿还债务	46	
2. 将净利润调节为经营活动的现金流量：		
净利润	47	
加:计提的坏账准备或转销的坏账	48	
固定资产摊销	49	
无形资产摊销	50	
处置固定资产、无形资产和其他长期资产的损失(减:收益)	51	
固定资产报废损失	52	
财务费用	53	

续表

项　　　目	行次	金　　额
投资损失(减:收益)	54	
递延税款贷项(减:借项)	55	
存货的减少(减:增加)	56	
经营性应收项目的减少(减:增加)	57	
经营性应付项目的增加(减:减少)	58	
增值税增加净额(减:减少)	59	
经营活动产生的现金流量净额	60	
3. 现金及现金等价物净增加情况:		
现金的期末余额	61	
减:现金的期初余额	62	
加:现金等价物的期末余额	63	
减:现金等价物的期初余额	64	
现金及现金等价物净增加额	65	

制表人:

二、财务分析

(一)增减分析

1. 资产负债表增减分析

旅行社对资产负债表进行增减分析的目的是了解旅行社资产、负债和所有者权益等方面的发展趋势及所存在的问题。在分析前,旅行社财务人员先把连续两期或数期的资产负债表编制成一份工作底表或比较资产负债表,然后对不同时期的资产、负债和所有者权益等的差异进行比较和分析,从中发现存在的问题和变动趋势,从而把握旅行社的经营状况和经营成果,预测旅行社今后的发展趋势。

2. 利润及利润分配状况增减分析

利润及利润分配状况增减分析是指通过对旅行社在不同时期的经营情况进行比较分析,找出经营中存在的问题,分析产生问题的原因,并提出解决问题的措施的一种财务分析方法。

(二)比率分析

1. 流动比率

流动比率是反映旅行社短期偿债能力的一项指标,表明旅行社偿还流动负债的能力。其计算公式为:

$$流动比率 = \frac{流动资产}{流动负债} \times 100\%$$

2. 速动比率

速动比率又称酸性试验比率,是速动资产(流动资产减存货资产)和流动负债之间的比率,反映了旅行社在最短时间内偿还流动负债的能力。速动比率的计算公式为:

$$速动比率 = \frac{速动资产}{流动负债} \times 100\% = \frac{流动资产 - 存货资产}{流动负债} \times 100\%$$

3. 应收账款周转率

应收账款周转率是旅行社赊销收入净额与应收账款平均额的比率,反映了应收账款的周转速度。目前,我国旅行社行业已进入市场经济,商业信用的使用日趋普遍。应收账款成了旅行社的重要流动资产。旅行社的管理者应该运用应收账款周转率这个工具对企业应收账款的变现速度和管理效率进行了解和分析。应收账款的周转率越高,则旅行社在应收账款上冻结的资金越少,坏账的风险越小,管理效率越高。

应收账款周转率的计算公式为:

$$应收账款周转率 = \frac{赊销收入净额}{应收账款平均余额}$$

其中: 赊销收入净额 = 营业收入 - 现金销售收入

$$应收账款平均余额 = \frac{期初应收账款余额 + 期末应收账款余额}{2}$$

4. 资产负债率

资产负债率又称举债经营比率,是旅行社负债总额(短期负债加长期负债)与其资产总额之间的比例关系。资产负债率是反映旅行社偿债能力大小的一个指标,揭示出负债在全部资产中所占的比重及资产对负债的保障程度。一般来说,资产负债率的比率越高,旅行社偿还债务的能力就越差;比率越低,偿还债务的能力就越强。其计算公式为:

$$资产负债率 = \frac{负债总额}{资产总额} \times 100\%$$

5. 资本金利润率

资本金利润率是指旅行社利润总额与资本金总额的比率,用以衡量投资者投入旅行社的资本金的获利能力。其计算公式为:

$$资本金利润率 = \frac{利润总额}{资本金总额} \times 100\%$$

资本金利润率越高,说明旅行社的资本金获利水平越高。当资本金利润率高于同期银行贷款利率时,旅行社可适度运用举债经营的策略,适当增加负债比例,优化资金来源结构。如果资本金利润率低于同期银行贷款利率,则说明举债经营的风险大,应适度减少负债以提高资本金利润率,保护投资者的利益。

6. 营业利润率

营业利润率是旅行社利润总额与营业收入净额之间的比率。它是衡量旅行社的赢利水平的重要指标,表明在一定时期内旅行社每100元的营业净收入能够产生多少利润。其计算公式为:

$$营业利润率 = \frac{利润总额}{营业收入净额} \times 100\%$$

其中: 营业净收入 = 营业收入 - 营业成本

通过对旅行社营业利润率的分析,可以了解旅行社在经营中赚取利润的能力。该比率越高,旅行社通过扩大销售额获得利润的能力越强。

7. 成本费用利润率

成本费用利润率反映的是旅行社在营业过程中为取得利润而消耗的成本和费用情况。它是利润总额与成本费用总额之间的比率。该比率可以用下列公式表示:

$$成本费用利润率 = \frac{利润总额}{成本费用总额} \times 100\%$$

成本费用是旅行社为了获取利润而付出的代价。成本费用利润率越高,说明旅行社付出的代价越小,获利能力越强。旅行社管理者运用这一比率能够比较客观地评价旅行社的获利能力、对成本费用的控制能力和经营管理水平。

典型案例 旅行社对拖欠款的管理

旅行社之间相互欠款已经成为中国旅行社行业的老大难问题。在目前的买方市场条件下,目的地的旅行社无法采取"先付款,后接待"的经营方式,也不能一概拒绝旅游中间商的延期付款要求。然而,信用条件过宽虽然能够使旅行社获得较多的客源,但是却会导致更大的坏账风险。一旦对方赖账或破产,则会使被拖欠的旅行社蒙受重大的经济损失。以往,我国的不少旅行社吃过这种苦头。

中国康辉天津旅行社有限公司采取了下列措施,以加强对拖欠款的回收和尽量减少新的拖欠款:

1. 总经理亲自过问客户的挂账和催讨事宜,要求各营业部门每月向总经理报告一次,检查他们催讨欠款的工作效果。

2. 将催讨欠款同各营业部门的经济利益挂钩。凡在经营中获得利润但是未能将欠款收回的部门,根据欠款金额的比例缓发该部门应获得的奖金,以后视其收回欠款的数额按比例补发。

3. 制定切实可行的信用制度和标准。对于那些信誉好、付款及时、经济实力雄厚、送客量大且与本旅行社长期保持合作的旅游中间商,最多允许其在旅游者旅行结束后3个月内付款;对于那些信誉较差、送客量少、付款不及时或初次合作的旅游中间商,则不允许其挂账,必须支付现金。

由于将拖欠款的回收效果同相关部门的经济利益直接挂钩,各部门开始重视对拖欠款的催讨和回收,并取得了显著的成效。目前,该旅行社的不良债权已经大幅度下降,旅行社的合法经济利益得到了有力的维护。

资料来源:梁智. 旅行社运行与管理. 大连:东北财经大学出版社,2002.

思考与练习

1. 什么是组团业务核算?它包括哪些内容?
2. 旅行社的主要债权资产是什么?如何进行管理?
3. 旅行社常用的财务分析方法有哪几种?

自测题

1. 接待旅行社向组团旅行社收取接待费用的凭证是(　　)。
   A. 结算通知单　　　　B. 旅游计划
   C. 转账支票　　　　　D. 旅游活动日程
2. 反映旅行社在某一特定日期财务状况的报表是(　　)。
   A. 损益表　　　　　　B. 现金流量表
   C. 利润表　　　　　　D. 资产负债表
3. 流动比率是反映旅行社(　　)的一项指标。
   A. 长期赢利能力　　　B. 短期偿债能力
   C. 短期赢利能力　　　D. 长期偿债能力

第八章

旅行社行业的发展趋势

篇首案例　中国旅行社业电子商务的现状

全球范围的旅行社电子商务始于1995年至1996年期间。当时在线旅游巨头Travelocity开始为用户提供无数的旅游产品选择,并提供相应的网上便利服务;世界上最大的,也是历史最悠久的旅游企业之一——美国运通旅游公司与最大的软件企业美国微软公司合作开发了AEI系统(商务旅游管理系统),将旅行服务带入了一个电子化、信息化的新时代。中国经过相当时期的改革和开放,在信息化和全球化推进下,逐步跟上了世界电子商务发展的步伐,1997年由国旅总社参与投资的"华夏旅游网"的创办是中国旅游电子商务兴起的典范,1998年由三位海外留学生和一位本地旅行社年轻的经理一起创办了"携程旅行网",标志着中国旅行社行业启动了电子商务的进程。

随后,各类旅游网站如雨后春笋般纷纷建立,旅游电子商务行业规模逐渐扩大。其间,经历了1997年至2000年上半年的投资热潮及炒作式发展,2000年下半年至2001年遭遇困境与冷静回归后,中国旅游电子商务经过分化整合以及经营策略的再探索,逐渐走入一个成熟稳健的发展时期。

同一时期,国家旅游局亦全面加大旅游电子商务的建设和推广力度,并以"旅游目的地营销系统"(DMS)等产品为突破口,全力推进旅游电子商务网络统一平台的建设和普及。2004年,"旅游电子商务技术规范"得以实施,规范以旅游目的地营销系统为核心,扩充并涵盖多方位旅游电子商务范畴。

在目前的ICP门户网站中,几乎所有的网站都不同程度地涉及了旅游的内容,如新浪网生活空间的旅游频道、搜狐和网易的旅游栏目、中华网的旅游网站,显示出旅游信息及电子商务的巨大生命力和市场空间。

同时,我国专业旅游网站已经超过2 000家,各家网站营利模式与运作模式及主要客户群均有所不同。可以说,旅游电子商务正在对我国旅游市场固有的市场壁垒带来革命性的冲击,而新的市场关注点也在不断涌现。

资料来源:《旅游强国与旅行社行业的使命》课题组:《旅游强国与旅行社行业的使命》,中国旅行社协会2006年立项课题。2007.7。

第一节 国内外旅行社行业的发展趋势

一、发达国家旅行社行业的发展趋势与发展战略

(一)旅游发达国家旅行社发展趋势

1. 一体化经营趋势

(1)横向一体化。横向一体化是近年来旅游发达国家的旅行社行业出现的一种发展趋势。发达国家旅行社的横向一体化分为旅游批发商的横向一体化和旅行代理商的横向一体化。旅游批发商的横向一体化表现为企业之间的收购与合作。近年来,美国运通公司先后收购了巴西、瑞典、德国、澳大利亚几家较大的旅游企业,美国卡尔森旅游集团与法国瓦根利特旅行公司(Wagonlit Travel)合资购买了德国的布鲁恩·瑞斯布罗旅游公司(Brune Reiseburo),德国的途易旅行社集团收购了西班牙特别快车旅行公司75%的股份,日本的第二大旅行社近畿日本国际旅行社(Kinki Nippon Tourist Co.)、第三大旅行社日本旅行公司(Nippon Travel Agency Co.)和TIS旅行社于2003年1月合并,新公司的总营业额达到13 200亿日元,与日本最大的旅行社——日本交通公社相抗衡。旅行代理商的横向一体化则表现为连锁与联合经营。美国第二大旅行社——卡尔森-瓦根利特公司在全球拥有3 000家办事处;日本交通公社在全球拥有超过2 500家销售店;世界上最大的旅游集团之一法国雅高(Accor)在全世界140多个国家有129 000个合作伙伴。

(2)纵向一体化。旅行社业的纵向一体化发生在不同经营层次上的旅行社之间。旅游经营商为了保障供应而将上下游服务企业或其职能纳入到一体化组织中来也可视为旅行社的纵向一体化行为。纵向一体化能够使旅游经营商降低成本,保证了接待的质量以及顾客的最终体验。例如,欧洲十大旅游批发商之一的首选假日旅行社(First Choice Holidays PLC)在2002年开始通过纵向一体化创建其特种旅游产品的经营组合,包括收购在全球80个目的地经营探险旅游的远游旅行社(Exodus Travels)和专门经营跨国滑雪和徒步旅行等软探险游业务的韦马克假日旅行社(Waymark Holidays),并于2004年收购了美国学生春假游的线上供应商学生城市网(Student City.com),在2005年兼并了春天假期(Spring Break)、印象教育旅游公司(Impact Educational Tours)、格莱西里网(GradCiry.com)和远离尘嚣旅行社(Breakaway Tours),从而更进一步占领了学生旅行市场。

2. 销售渠道模式的变化趋势

(1)在位渠道成员改变销售方式。旅游发达国家的一些大型旅游批发商采用信息通信技术,通过互联网将其已经形成包价的产品进行分拆,为旅游者提供其中某一项或几项服务;还有一些旅游批发商则依照旅游者的意愿,在几个项目中进行

交叉组合,并有效地将中间商和零售商连接在一起。在销售渠道模式方面,旅游经营商注重新市场的开发,减少网点分布,精简机构和裁员。一些大型旅游批发商还卖出集团无暇顾及或收益甚微的项目,增加了资产灵活度,如地中海俱乐部(Club Méditerranée)将四个度假村(Val d'Isère, Peisey-Vallandry, La Plagne 4 and Opio)以总价 2.25 亿欧元卖给法国最大的房地产投资公司盖希纳集团(Gecina),在用这部分资金重组 4 个最漂亮的度假村的同时,也增加了其资金的灵活程度。途易公司(TUI)也在近期减少了其在伦敦的销售网点,并裁掉 800 名员工。"拆包"与"组包",即将已有包价产品根据顾客需要拆成不同的单项产品,或重新组合成新的产品。旅游经营商通过扩大产品线来满足不断细分的市场需求,加强自己的地位,并通过互联网来宣传和销售自己的产品。

(2)新渠道成员——电子中间商的出现。电子中间商这种新渠道成员介于旅游批发商和旅行代理商之间,在批发和零售市场都占有一定份额,一般以互联网终端的形式存在,例如在美国,埃克斯皮迪亚网(Expedia.com)、天体轨道网(Orbitz.com)和旅行城市网(Travelocity.com)都是既担任旅游批发商的角色也对产品进行零售。一些提供廉价的票务与住宿的网站,也属于这种新生代。

3. 旅行社的业态融合趋势

欧洲大型旅游经营商已经意识到低成本航空公司带来的威胁,因此已经开始有意识地与低价航空公司进行业态融合,介入低成本航空业。一些大型旅游批发商通过收购或创建自己的航空公司,与航空业进行了融合。例如,酒店计划公司(Hotelplan)拥有自己的航空公司——贝尔航空公司(BelAir);首选假日旅行社也经营航空业务;途易公司拥有 100 多架飞机,为游客提供单独的航空服务。许多大型旅游经营商更是主动地进行产业渗透,成立自己的低成本航空公司,提供"仅售机票"的产品,以提高自己的竞争力,并将随着竞争的加剧,进一步演化为一种发展趋势。

4. 产品的专业化与个性化趋势

(1)商务旅行产品。商务旅游的快速发展已使其成为世界旅游市场的重要组成部分。在发达国家,商务旅游市场已经比较成熟,外出办理商务找旅行社安排行程,已经成为一种惯例。尽管市场已经比较成熟,但商务旅行高消费、无季节性以及良好的带动效应也使这个市场成为所有旅行社的必争之地,大多数的旅行社都将商务旅行作为主要业务,进行专业化经营,力求做大做强。

(2)专项旅游产品。随着人们对生活之外的休闲娱乐等项目需求的日益多样化,旅游市场也呈现出产品多样化的趋势。许多旅行社根据自身的优势,采取各种方式开发专项旅游产品。目前,一些旅游发达国家旅行社在开发专项旅游产品时主要采取的策略包括:①针对消费群体的特点,将游客进行归类,分别针对学生市场、老年人市场等消费群体的需求进行挖掘,在特定的人群中树立自己的品牌,以便获得较高的顾客忠诚度。②针对特种产品进行企业兼并,以致力于该专项旅游市场的开发。③一些旅行社按照目的地划分其目标市场,如弗兰科罗索旅行社(Francorosso)将多米尼加共和国作为其目标市场,韦亚基达旅行社(Viaggidea)专营加勒比海业务;瓦蓝多旅行社(Volando)专营地中海和加勒比海的假日包价游,等等。④一些旅行社开始经营伴随着游客的个性化趋势而产生的新兴旅游产品,例如新产生于地中海的派对旅游。目前,托马斯·库克假日集团(Thomas Cook Holidays)下属的18~30个俱乐部已经成为派对旅游业的一个品牌标志。

(二)旅游发达国家旅行社的发展战略

1. 品牌战略

(1)单一品牌战略。在旅游发达国家的旅行社中,采取单一品牌战略的主要是德国的途易旅游公司和法国的地中海俱乐部。德国途易旅游公司奉行"旅游代表着旅游者的情感"的理念,致力于通过全球统一的"微笑"标志来向世界各国的旅游者表达其品牌理念。途易旅游公司实施单一品牌战略的直接结果就是德国大约90%的消费者熟知"途易微笑",而"途易"每年在世界各地为2 200万游客提供各种服务。法国地中海俱乐部在100多个度假地用同一品牌进行营销。

(2)系列品牌战略。采取系列品牌战略的代表是欧洲旅行社业的巨头酒店计划公司(Hotelplan)。该旅行社旗下有M-旅行(M-travel)、多恩比-莱森(Dornbierer Reisen)、埃斯科利(Escolette)、皇家旅游(Royal Tours)、特比特(TPT)等品牌。其子公司埃斯科利通过"海滩与聚会"(Beach & Party)、"城市与格调"(City & Lifestyle)、"野性与自由"(Wild & Free)等产品将目标市场定位为18~25岁的年轻群体,而M-旅行提供家庭假日旅游并承诺儿童半价。特比特是酒店计划公司针对瑞士的法语市场所成立的子公司,它提供"飞行店"(Flight shop)和"城市游"(City hop)旅行,独占说法语公民的假日旅游市场。多恩比-莱森专营自然和文化包价游。由于清晰的品牌策略,公司提供给消费者的服务也得到了改进。增效作用的影响使酒店计划公司变得强大同时也带来了销售额、游客数量和收入方面的高增长。

2. 大型旅行社的经营战略

(1)跨国化经营战略。从世界国际旅游业界的情况来看,跨国经营已是一个相当普遍的现象。大型旅行社通过跨国经营,直接进入客源国市场,加强目的地旅行社与旅游者之间的沟通和了解,吸引更多的旅游者选择本企业的旅行服务。近年来,国际上大型旅行社集团兼并之潮风起云涌。其中最为典型的是途易旅游集团(TUI AG)、我的旅行公司(My Travel)、托马斯·库克旅行社(Thomas Cook)、尼克曼公司(Neckermann)等。途易旅游集团在全世界范围内开拓市场,跨国经营成为其增长战略的关键部分。该集团先后通过收购印度代理商道路公司(Le Passage)50%的股份、与俄罗斯旅游批发商莫斯旅行(Mostravel)组成合资公司、成立途易中国旅行有限公司等途径入印度、俄罗斯和中国市场。我的旅行公司通过不断收购其他国家的旅行社实现了自身的快速发展。托马斯·库克旅行社收购了比利时领先的旅游经营商尼克曼公司,占据了50%的市场份额。托马斯·库克旅行社还收购了法国地区的旅游经营商阿克旅游(Aquatour)、哈瓦斯旅行社(Havas Voyages)及其拥有的小旅游经营商哈瓦斯假日旅行社(Havas Voyages Vacances)。尼克曼公司在2001年收购了库尼(Kuoni)旅行社的51%合资股份后获得了该旅行社100%的所有权。

(2)深入化经营战略。深入化经营战略是旅游发达国家大型旅行社所采用的另一个发展战略。一些大型旅行社不仅注重挖掘传统的包价旅游产品和观光旅游产品深层次的内涵,进行深度的开发,而且注重开发出一些迎合旅游消费时尚的新产品。例如,首选假日集团创建了特种旅游产品的经营组合。瑞士第一大旅游批发商库尼旅行社旗下的雅风旅游(Avontuur. nu Topholding B. V.)获得了领先冒险旅游专家的称号,巩固了库尼旅行社在荷兰作为一个专项旅游供应商的地位。

3. 中小旅行社的经营战略

(1)专业化经营战略。发达国家的中、小型旅行社面对大旅行社的规模化经营所带来的激烈竞争,采取专业化经营战略,集中自身的优势来专注于某一特定市场,提供相应的特色产品或特色服务。例如,体育时间旅行社(Sportime)推出了经营高尔夫、自行车和潜水等假日旅游的项目;卡兰博拉旅行社(Karambola)专营青少年包价游;瓦蓝多旅行社专营地中海和加勒比海假日包价游。在德国,一些中小旅游公司则另辟蹊径,通过开发森林游、乡村农场游、登山游及青年之家等特色旅游来寻求生存和发展。

(2)联合化经营战略。一些旅游发达国家的中、小型旅行社运用联合化经营战略,通过连锁经营的方式获得规模效益和批量购买的优势,增强与供应商讨价还价的能力,扩大其产品的市场覆盖面,增强对顾客的吸引力。美国旅行代理商社团(ASTA)进行的一次调查表明,近六成的独立旅行代理商属于一些大型的零售市场营销组织。在英国,连锁经营成了近年来旅行代理商经营的主要发展趋势。英国的旅行代理业开始了国家化扩张,表现为规模较大的旅行代理连锁集团并购规模较小的旅行代理连锁集团,形成了强大的旅行代理连锁集团与大型旅游集团之间的激烈竞争局面。

4. 网络营销战略

网络的发展在旅行社的经营发展过程中起到越来越重要的作用,旅游发达国家的旅行社在经营战略上都非常注重网络手段的应用。近年来,互联网正式进入了欧洲度假市场。而美国运通公司超过30%的业务都来自于网上预订。另据美国美林公司(Merrill Lynch)的调查,2005年全美在线旅游代理市场增长19%,营业额达到277亿美元;而直接提供在线服务的旅游供应商收入增长27%,达到325亿美元;在线旅游销售收入占2005年全部旅游市场收入的30%。

二、中国旅行社行业的现状与发展趋势

(一)中国旅行社行业的现状

1. 中国旅行社行业的基本状况

(1)行业规模。截至2009年年底,全国共有各类旅行社20 399家;中国旅行社行业的总资产为585.96亿元。

(2)经营规模和效益。2009年度全国旅行社行业的营业收入为1 806.53亿元;实际缴纳税金12.69亿元。

(3)旅游业务。2009年度全国旅行社共招徕入境游客1 261.43万人次、5 615.89万人天;经旅行社接待的入境游客为1 873.38万人次、6 304.59万人天;共组织国内过夜游客10 123.47万人次、30 018.97万人天;经旅行社接待的国内过夜游客为13 696.05万人次、26 339.34万人天;经旅行社组织出境旅游的总人数为1 234.68万人次,边境游的游客人数为29.82万人次。

2. 中国旅行社行业的发展情况

(1)行业增长情况。到2009年年末,全国纳入统计范围的旅行社共有20 399家,比上年末增加289家。

(2)经营规模与效益增长情况。到2009年年末,全国旅行社资产总额585.96亿元,比上年增长12.3%;各类旅行社共实现营业收入1 806.53亿元,比上年增长8.6%;实际缴纳税金12.69亿元,比上年增长12.4%。

3. 中国旅行社业的市场状况分析

(1)产品开发。传统的观光旅游线路和休闲旅游线路仍旧是中国旅游市场上的主流产品,占据着最大的市场份额;深度游产品主要体现在出境旅游市场上,且在欧洲游市场上已经成为可与常规线相抗衡的产品;"自由行"产品已经越来越多地成为旅行社产品货架上不可或缺的组成部分。

(2)分销渠道。在位电子商务分销商在竞争的压力下出现了一些新的动向;大型旅行社正在通过主要客源聚集地建立门市部的方式,打造遥相呼应的销售网络;一些中小型专业旅行社采取直销的策略,向更为面向细分市场的专业旅行社业态转化;一些著名的电子商务网站开始进入旅行社的分销领域;境外的旅游批发商正试图实施短渠道策略,在部分高端市场上绕过国内的地接社,以获取更多的商业利润。

(3)市场竞争。随着产业规模不断扩大,中国旅行社产业的市场竞争更趋于激烈。在此背景下,市场竞争手段的创新与运用正在成为旅行社行业越来越关注的焦点。价格竞争和非价格竞争手段的共存与互动构成了旅行社市场行为的主流脉络。

(4)客源市场化率。从旅行社客源的市场化率指标来看,目前中国旅行社行业的客源总体市场化率较低。这种情况说明了我国旅行社对产业市场的发掘不够,在市场空间拓展和产品创新方面还存在着很大的潜力。

4. 中国旅行社行业的业态分析

(1)分工体系。中国旅行社行业正在由传统的水平式分工体系向垂直式分工体系转变。一些定位于旅游批发商的大型旅行社或通过建立自己的门市部系统来构建代理体系,或通过采取并购策略以构建资本主导的公司网络,或通过特许经营和联盟的方式来增强自己对区域市场的影响力。

(2)资源整合。大型旅行社企业集团开始进入相对垄断的民航业等旅游价值链的上游产业,并取得了成功,显示出旅行社企业集团强大的资源整合能力。

(3)产业渗透。非传统旅行社企业正在谋求更大范围的产业渗透,寻求对旅游服务市场的主动进入。

(4)境外资本的进入。在国际上颇负盛名的跨国旅行社集团借助于产业融合进入中国的旅行社行业,以寻求扩大自己的产业影响力。

(5)金融业与旅行社业的合作。中国旅行社业开始主动地与金融业进行大范围的沟通,推动了金融业与传统的和非传统的旅行与旅游服务运营的结合,既促进了旅游产品的创新,又极大地推动了新型产业形态创新所需的制度创新。

(二)中国旅行社行业存在的问题

1. 区域结构不均衡

目前中国的旅行社分布区域呈东重西轻的态势,相对集中于沿海地区及部分中部经济较发达地区,而旅游资源丰富的西北地区、西南地区旅行社数量偏少,不利于推动当地旅游业的发展;从经营状况来看,经济发达的珠三角地区、长三角地区和环渤海地区的旅行社业经营效果明显优于其他地区,反映出旅行社经营活动与当地国民经济发展水平密切相关,同时也揭示出我国经济发展相对落后的西北地区、中部地区、东北地区的旅行社应设法改进其经营策略,提高经营水平。

2. 产业集中度较低

我国旅行社行业规模的持续扩张显示出旅行社行业具有巨大的发展潜力。然而,行业规模的持续增长也表明我国旅行社行业的产业集中度较低,产业尚不成熟。在市场集中度下降的过程中,整个行业两极分化态势依然不减,中小旅行社的发展方向和市场创新仍然是业界普遍关注的话题。

3. 旅行社行业范围的界定偏窄

多年来,受传统认识的影响,我国旅行社行业的相对边界较窄,只包括在旅游行政管理部门和工商行政管理部门注册登记,并以旅行社或旅游公司等冠名的企业。然而,随着旅游需求的不断增长和变化,我国旅行社产品的供给主体早已经突破了传统的旅行社边界。目前,在我国从事旅行社业务的企业、部门和单位,不仅有传统意义上的旅行社,还包括旅游网站。一方面,我国旅行社传统业务和衍生业务已经形成了一个大的产业范围;另一方面,我国旅行社行业的相对边界只是两万多家旅行社,两者很不对称。我国旅行社产业范围与行业相对边界的不对称成为当前我国旅游市场上一些混乱现象的根源,并加大了旅游行政管理部门的治理难度。

4. 旅行社行业人才严重流失

目前,国内旅行社行业企业规模普遍较小,经济效益低,员工待遇低,这样对高学历、高素质人才的吸引力就不足;企业很难引进高素质人才,发展就慢,缺乏后劲,经济效益就会更差,企业在人才问题上就会走进恶性循环的怪圈。多数旅行社往往是重视业务型人才,轻视管理型人才。许多旅行社的总经理不是职业经理人,多半都是业务骨干出身,自己不懂人力资源管理,也不重视人力资源管理,大部分旅行社对员工都是只使用、不培训,就算是培训,也缺少系统完整的培训。

5. 行业信用体系尚未建立

旅行社行业在经营中存在着与其他许多行业不同的特点,即产品销售的预约性、产品消费的同步性和产品消费的异地性。这些特点导致人们在选择合作伙伴或购买旅游产品时需要更多的相关信息,尤其是对方的信用信息,以便做出比较准确和适当的判断和决策。

然而,目前我国的旅行社行业尚未建立起全国性和区域性的信用体系,人们很难从政府部门或旅行社协会等权威机构获得有关某个旅行社信用情况的信息。在这种情况下,少数不良旅行社不顾国家法律和职业道德,故意隐瞒其信用信息,或提供虚假的信用信息,欺骗合作者或消费者。

行业信用体系的缺失也使旅行社和旅游消费者难以及时、准确地掌握信用良好的优质旅行社的信息,增加了人们寻找诚实合作伙伴和提供优质服务的旅行社的信息搜寻成本。

行业信用体系的缺失还造成了一些地方的旅游市场上出现了"劣币驱逐良币"的现象。由于信用信息的不充分,消费者在选择旅行社时往往无法判断信用良好的旅行社和信用较差的旅行社,只能通过广告等渠道和产品价格对旅行社进行选择。这样便可能造成旅游者在缺少旅行社信用信息的情况下,对旅行社及其产品采取逆向选择的策略,导致讲求信用,提供优质服务的旅行社往往因成本较高,难以与不讲信用、以次充好但成本较低的劣质旅行社在旅游市场上竞争。为了生存,一些原本信用良好、产品和服务优异的旅行社或者被驱逐出旅游市场,或者被迫与劣质旅行社"同流合污",使旅行社行业和旅游市场陷入企业信用缺失、产品质量下降、旅游投诉上升的恶性循环。

(三)中国旅行社行业的发展趋势

1. 集团化趋势

中国的旅行社行业将出现集团化的趋势,一批具有一定规模并且覆盖一定区域的旅行社集团将出现在中国的大地上,成为中国旅行社行业的一道亮丽风景线。目前,中国的旅行社行业的格局亦将为之一变。这种集团化的趋势既适应中国旅行社行业的发展需要,也符合国际上旅行社行业的发展进程。中国的旅行社行业集团化,既有利于旅行社发挥其在采购、预订、营销、资金、人才等方面的优势,实现规模经营和获得规模经济效益,也可以引导和稳定市场,克服旅行社市场因过度分散和紊乱造成的问题。

2. 专业化趋势

随着中国旅游市场的不断发展和旅行社行业的逐渐成熟,将会出现专业化的发展趋势。旅行社行业的专业化,是指旅行社为了最大限度地满足特定细分市场旅游者的需求,适当调整其经营方向,针对某些细分市场,对某些产品进行深度开发,形成特色产品或特色服务。专业化经营将主要出现在中国的中型旅行社,为了避开在经营标准化产品方面的比较劣势,集成本优势与产品专业化优势于一身,中型旅行社应该实行专业化开发和专业化经营,使产品更加多样化,从而增强其产品的总体吸引力。

3. 品牌化趋势

中国旅行社行业的竞争已开始从价格竞争逐步转向质量竞争和品牌竞争。随着旅游者的旅游消费需求水平的提高,旅行社所奉行的低价格战略已经不再像过去那样奏效了,必须采用新的竞争战略,以应对我国加入世界贸易组织后,特别是国际名牌旅行社进入中国旅游市场后所带来的严峻挑战。所以,名牌旅行社瓜分市场必将成为我国旅游市场走势的一个必然趋势。中国的旅行社必须大力发展名牌战略,否则将会在日趋激烈的市场竞争中落败。目前,中国旅行社业的一些有识之士已经开始注重建立中国的旅行社品牌,努力争取得到旅游者的认同,产生对其服务的亲近感和信任感,以便在市场上立于不败之地。

4. 网络化趋势

旅行社的网络化趋势是由旅游需求的特点所决定的。随着社会经济的发展和人们所受教育水平的提高,旅游需求可能在任何一个地方产生。为了便于消费者的购买,旅行社营业的场所必须广泛设立于消费者便于购买的地方,即所谓的网络化布局。中国的旅行社行业实行网络化,不仅是完全必要的,而且是十分可行的。信息技术的普及和互联网的发展,为旅行社的网络化经营奠定了坚实的技术基础。旅行社通过内部改造或增设经营网点,则为旅行社的网络化经营提供了组织基础。因此,旅行社的网络化,必将成为中国旅行社行业的一个发展趋势。

第二节 信息技术在中国旅行社行业的应用

一、中国旅行社行业应用信息技术的现状分析

(一)中国旅行社行业信息化所取得的成绩

1. 经营方面

20世纪80年代初期,中国国际旅行社总社在国内同行业中率先实现了组团业务电脑化和财务结算电算化。20世纪90年代初,全社组建了企业内部局域网,先后组织设计开发出适应本企业旅游业务发展需要的各种电脑应用系统。其他的大型旅行社如中国旅行社总社、中国青年旅行社总社、中国康辉旅行社总社等也较早地运用信息技术进行经营。1997年,中国国际旅行社总社率先采用DDN专线方式,将全社内部局域网与国际互联网互联,为全社开通了电子邮件和网络传真服务,不仅为全社员工提供了一个高效、经济、安全、方便的通信手段,而且也为全社开展电子商务提供了良好的网络环境。随后,国旅总社网站(cits.net)的开通和"国旅信息港"的运行更为国旅总社发展电子商务提供了良好的外部环境。国旅总社积极参与投资组建的华夏旅游网络公司,不仅为国旅总社经营管理现代化、网络化发展提供了重要的技术支持,而且双方在发展中国旅游业电子商务方面结成稳定的战略联盟。国旅总社80%的饭店预订和长江游船预订业务实现了网络化。其他大型旅行社或旅行社集团在应用信息技术方面亦不甘落后,纷纷建立起自己的网站或者网页,进行网上的促销和预订。此外,一些地方性的中型旅行社也在尝试进行网上交易或网上宣传促销。总之,中国的旅行社行业已经开始较为普遍地采用信息技术和互联网进行企业的运作。

2. 管理方面

(1)提高工作效率。旅行社运用管理信息系统(Management Information System,MIS)进行旅游信息管理、外联销售、陪同管理、对外结算、对内拨款、财务管理、成本分析等管理工作,增强了工作的时效性,提高了旅行社管理的效率。

(2)加强客户管理。旅行社利用管理信息系统,将客户的信息自动存入计算机中,随时可以检查、调用、修改,降低了在手工信息管理模式中,许多客户的历史信息容易丢失的风险。

(3)实现决策科学化。旅行社利用管理信息系统,能够获得来源广泛,而且及时完整的信息,为决策的科学性提供了便利,有助于决策者把握时机及时决策。

3. 合作方面

(1)1993年7月20日,国内第一个以旅行社为龙头的跨地区、跨行业和经营性电脑预订网络建成。它是以国旅为中心,由西安、桂林、广东、浙江、南京、无锡和苏

州等国旅集团成员企业及航空公司、铁路、汽车公司、饭店、餐馆和商店等相关企业组成的。

（2）中国国际旅行社总社还通过与澳大利亚的 JETSET 联网运营，加入了全球预订系统(Global Distribution System，GDS)，在对外招徕和内部管理等方面发挥作用。

（3）为进一步发展网上国际机票预订业务，国旅总社已与伽利略公司(GALILEO)结为合作伙伴，该公司将为国旅总社提供面向国际互联网的航空预订系统接口专用软件，在网上直接提供各大航空预订系统机票的实时查询和预订，大大地扩展了网上订票服务，这是国内首家旅行社机票预订系统与航空预订系统的直接互联。

（4）上海春秋国际旅行社研发了广域网软件，直接建立电脑终端互联网，并且不断降低门槛，吸收全国近100个城市的近400家旅行社入网。以上海地区为例，周边200公里以内，都能做到电话预订后免费送票上门。

（5）通过与澳大利亚喷气座旅行社(JETSET)世界电脑预订网络联网运营，我国19个旅游城市的信息和产品可通过该网及其连接的其他世界性预订系统发布到世界25万个零售商的终端机上，直接接受入境旅游预订。

（二）中国旅行社行业信息化所面临的问题

1. 普及程度低

虽然中国的一些旅行社在利用互联网开展散客业务方面取得了明显成效，但是，中国的旅行社总体涉足互联网不深，很少能够实现全球电脑网络预订。华东师范大学2001年的一项调查表明，在上海400余家旅行社中，有自己网站或网页的只有34家。其中有一半网站在调研期间由于服务器无法接上或需要密码等原因而无法访问。可访问的旅行社网页或网站中，只有63.16%有网上联系方式（包括E-mail或留言板），57.89%有网上预订功能。另据统计，2001年广东的500余家旅行社中，只有21家有独立网站。①

2. 联网系统欠发达

总体而言，中国的旅行社之间的联网系统及旅行社与饭店业、交通运输业等相关部门的联网系统刚刚起步，更缺乏与世界上影响巨大的计算机系统的足够联系。这种情况导致旅行社之间的业务联系及其与相关旅游服务部门的联系仍主要采用传统的方式，既增加了通信成本，又不能提高工作效率，成为制约旅行社业务进一步发展的瓶颈。

3. 电子商务起步晚

中国的大多数旅行社尚处在信息技术应用的起步阶段，电子商务活动刚刚萌

---

① 张俊. 广东能成为旅游业的信息省吗. 中国旅游报，2001-04-04(3).

芽。虽然一些旅行社已经建立起网站或主页,但是,这些主页的主要作用体现在宣传促销方面,网上销售等电子商务活动并未成为旅行社网站或网页的主要功能。

二、中国旅行社行业信息化建设的对策

(一)完善基础建设

随着旅游业的不断壮大和旅游信息的日益丰富,如何满足旅游信息广泛传播和迅速获取的需要成为亟待解决的课题。中国的旅行社行业应加快信息化基础建设的步伐,提高旅行社信息处理的信息化程度。旅行社必须建立起各种横向和纵向的联系,构成完善的网络,以方便旅游信息的传播与获取。

(二)加强经营管理

旅行社必须充分运用信息技术带来的便利,加强企业的经营管理。首先,旅行社应充分运用电脑在文字处理、会计记账、分发文件及票据资料储存、自动账务处理、电子邮件、旅游光盘等方面的作用,实现办公、业务的自动化;其次,要与世界著名的电脑预订系统联网;最后,要实施以开发电脑网络为核心的科学管理,实施科学决策。

(三)加强网络建设

网络化发展是旅行社扩张的秘诀。网络化程度越高,服务功能就越强。科技进步及网络应用的普及为旅行社网络化经营发展创造了良好的条件。中国的旅行社应借鉴发达国家旅行社的成功经验,加强信息网络建设,积极利用网络拓展业务,增强企业的影响力,扩大市场覆盖面。

(四)建设独立域名

域名注册是旅行社在互联网上保护自身权益的有效途径。旅行社应重视独立域名的建设,以使旅游者或旅游中间商能够随时访问到自己。域名还是中小型旅行社抗击大型旅行社的挤压,获得竞争优势的有效工具。它们通过自己的独立域名在互联网上发布信息、宣传企业产品、在线预订和其他服务,树立自己的形象,瞄准细分市场为自己准确定位,推出新颖、独特的旅游产品,并获得理想的经营利润和发展空间。

第三节 中国旅行社行业的集团化发展趋势

一、中国旅行社行业的集团化建设与发展

(一)中国旅行社行业集团化建设的意义

1. 提高旅行社的经济效益

旅行社行业是跨区域的、融多种要素于一体的服务性行业,具有强烈的依附性

和敏感性。旅行社必须建立实力雄厚的企业集团,形成强大的经营管理能力,实现跨区域的集团化和网络化,以抗御旅游市场上的各种风险。旅行社集团在一个纵横交错的网络下,开展经济活动,共享信息,规范服务,以保证旅行社集团服务质量的提高和规模经济效益的实现。

2. 增强旅行社的竞争能力

随着中国加入世界贸易组织(World Trade Organization,WTO)和开放旅行社产品市场,国外旅行商会进入中国,抢占旅行社产品市场份额,成为中国旅行社强劲的竞争对手,对中国旅行社行业构成严重威胁。中国的旅行社只有建立起实力雄厚的旅行社集团,形成强大的全国联网经营能力,才能通过大批量经营,降低经营成本,提高竞争能力,扩大在旅行社产品市场上的份额。

3. 加速旅行社的国际化进程

集团化发展是旅行社寻求跨国联合、走向国际化的必由之路。没有实力强大、海内外信誉好的大型旅行社集团,旅行社的国际化目标难以实现。要加速国际化的进程,中国的旅行社集团应由接待经营型集团向组团经营型集团转化,通过派驻国外子公司或办事处等方式开发所在国客源市场,加速中国旅行社行业的国际化进程。

(二)旅行社集团化的类型

1. 紧密联合型

紧密联合型集团,是指旅行社通过资产一体化和经营一体化建立起来的旅行社集团。紧密联合型集团以企业法人控股为主要特征,由一个实力强大和具有投资中心功能的母公司与一定数量的全资子公司、参股经营的子公司及与母公司有资产联结关系的公司共同组成。母子公司之间既存在"资产—利益"关系,又有内在的生产经营联系、共同的战略目标和相对一致的产品目标市场。

2. 半紧密联合型

半紧密联合型集团,是指旅行社以资产关系(合资、参股等)为纽带建立的旅行社集团。半紧密联合型集团除了拥有一定数量的核心企业外,还包含了以持股、参股等资本联合方式相联结的关联公司。这些关联企业通过经营关系和部分产权关系与母公司相联结,但是,母公司对它们不具有处于支配地位的经营管理权。

3. 松散联合型

松散联合型集团,是指旅行社以协议、协作关系为纽带组成的松散联合体。松散联合型旅行社集团以共享旅游客源市场资源为主要目的,具有一定的竞争优势。但是,松散联合型集团的内部无产权纽带关系,难以形成利益共同体,无法产生相应的集团效益和规模效益。

(三)旅行社集团化建设的策略

1. 政府主导,择优扶持

政府在旅行社集团建设方面可以采取一定的主导和扶持策略,以帮助中国的旅行社集团顺利发展。这些策略包括：①发展资本市场，推动旅行社集团股票优先上市。政府大力发展资本市场，有利于扩大旅行社集团筹措资金的渠道。旅行社集团应灵活运用借壳上市、买壳上市、资产换股等方式加速旅行社股票的上市，使旅行社集团运用市场机制筹集资金，达到低成本扩张规模的目的。②运用优惠政策，引导旅行社行业的集中化。政府可借鉴日本、韩国推进企业集团化的做法，不具体针对某个旅行社集团进行政策倾斜，而是对达到一定规模以上的旅行社集团进行政策倾斜，优胜劣汰，从而引导旅行社走向集中化。③适当进行组织和协调。旅行社在进行兼并和联合的过程中，肯定会遇到许多难题，自行组织有时交易费用太大，需要政府出面加以组织和协调，促进交易的顺利进行。政府在整个协调过程中应做到公平、高效而又有节制。

2. 构建产权纽带，发展市场经营网络

旅行社应以产权为纽带，以市场经营网络为依托，建设旅行社集团。旅行社在构建集团化的过程中，不仅要努力扩大旅行社的市场经营网络，还应该联合饭店、交通、旅游景区等相关旅游部门的企业，共同出资成立融（投）资功能的控股公司，以加快旅行社的集团化进程。

3. 实行纵向一体化

旅行社在集团化建设时，应参照国际上旅行社集团的经验，以纵向一体化作为集团业务发展的主要方向。旅行社实行纵向一体化发展，不仅可以优化旅行社资源配置，减少或避免接待环节以外的不可控因素，而且可以使旅行社集团获得规模效益且提高综合竞争力。

4. 构建新型经营体系

旅行社集团化建设，应立足国内市场，构建新型的经营体系。新型经营体系有三种类型：①以原有部分大型旅行社为核心，以资产为纽带，通过兼并、联合、相互持股等方式进行资产重组，形成紧密型旅行社集团；②原有的部分中型旅行社进行特色化或专项经营，进行深度产品开发，靠特色产品在市场中与中外集团旅行社竞争；③原有的小型旅行社通过内部改造，以单体联号等经营方式专门从事代理旅行社集团和特色化、专业化的中型旅行社的产品销售业务。

二、中国旅行社行业的虚拟经营趋势

（一）旅行社虚拟经营的内涵

虚拟经营，是指旅行社在有限的人力、物力和财力资源情况下，为了取得竞争中的最大优势，仅保留企业中的关键功能，而将其他的功能虚拟化，通过各种方式借助外力进行整合求发展。旅行社通过虚拟经营，突破企业有形的界限，弱化具体的组织结构形式，达到全方位借用外力求发展的目的。虚拟经营以较低的费用和较短的时间，实现了超越空间约束的经营资源的功能整合，为企业创造了高效率和高效益的发展途径。这是旅行社为了应对国内外旅游需求的变化及其所带来的严峻挑战,所采取的快速反应、灵活机动的经营方式,是在日益激烈的旅游市场竞争中取胜的法宝。

(二)虚拟经营的内容

1. 人员虚拟化

人员虚拟化,是指旅行社一种典型的借脑、借智式的虚拟运作模式。旅行社与其他企业一样,其智力资源决定着企业的竞争优势与竞争力水平。随着国内外旅游市场的迅速发展和旅游者消费需求的日趋多样化,旅行社无法完全依靠自身力量来赢得竞争优势,必须借助外部人才资源,以弥补自身人力资源的不足。旅行社行业的人员虚拟化形式包括:①旅行社与兼职导游员签订长期聘用合同;②聘请旅游院校的教师充当顾问;③建立兼职销售队伍。

2. 功能虚拟化

功能虚拟化,是旅行社将其局部功能虚拟化的一种运作模式。旅行社在资源有限的条件下,为了自身的生存与发展,并且在市场竞争中取得一定的竞争优势,将企业中关键和优势的功能保留下来,而将其他的非关键性功能,同时也是自己的弱势功能实施虚拟运作,即借助于外部的资源与内部资源进行虚拟整合。

旅行社的功能虚拟化主要包括两种形式:①旅游接待虚拟化。是指在旅游接待方面存在劣势的旅行社,将其他单位或企业具有一定优势的旅游接待功能资源整合进企业内部,与企业内部资源相结合,从而聚合出较强的竞争优势。实行接待功能虚拟化的旅行社不再拥有一支长期固定的导游员队伍,而是集中自身的优势资源,开展旅游产品的设计和销售,将所组织的旅游团队转交给拥有优势接待资源的旅行社或者导游公司进行接待。②旅游营销虚拟化。是指旅行社对原有的营销部门释放产权,使其从依附于企业的一个部门转变为拥有独立法人资格的营销公司。营销虚拟化,既降低了旅行社的经营成本,也可以使营销公司充分利用自己的有利地位,迅速延伸其原有的营销网络,汇集与吸纳大批有实力、有潜力的销售人才,这既壮大了营销公司的力量,也壮大了旅行社的整体实力。

3. 企业虚拟化

企业虚拟化,是指多家旅行社结成战略联盟,共同开发产品和开拓市场,实施全方位合作的一种虚拟运作模式。企业虚拟化,是功能虚拟化的拓展。具有不同经营优势的各家旅行社通过组建"虚拟企业",将各项优势结合在一起,以充分发挥集体效应。企业虚拟化,通过建立在信息网络基础上的旅行社间的合作,使传统的旅行社企业界限模糊化,并且根据不同旅行社所具有的优势,安排其承担相应的经营任务。

(三)虚拟经营的特点

1. 节约资源

旅行社实行虚拟化经营,是以其核心能力为主体,对外部资源进行的整合。旅行社在实施虚拟经营时,仅保留关键的功能,而将其他的功能虚拟化,既可以借助外部的人力资源来弥补自身智力资源的不足,又可以把有限的资源集中在高附加值的功能上,从而避免出现旅行社的部分功能弱化而影响其快速发展。

2. 协同竞争

旅行社的虚拟经营,是具有不同经营优势的两个或者两个以上的旅行社,以充分发挥集体竞争优势为目标,将各种优势整合在一起的经营方式。在这个虚拟组织中,组织成员之间是一种动态组合的关系,虽然也有竞争,但它们更注重于建立一种双赢的合作关系,相互之间以协同竞争为基础,资源和利益共享,风险共担。

3. 运作弹性化

虚拟经营作为一种新的、具有高度弹性的企业经营模式,对于提高旅行社的应变能力、促进产品快速扩张、发挥竞争优势,具有重要的作用。旅行社在实施虚拟经营时,注重短期利益而非长久合作。当旅游市场发生变化,或者旅行社的战略目标有所改变时,参与虚拟企业的各家旅行社,可以解散原有虚拟组织,组成新的虚拟企业,创造新的竞争优势。

(四)虚拟经营的实施

1. 建立核心竞争优势

核心竞争优势是真正的优势,是企业长期立于不败之地的根本。旅行社要实施虚拟经营策略,必须充分认识和发挥核心能力,有所为而有所不为。因为任何一种形式的虚拟,都要建立在自身的竞争优势基础之上。实施虚拟化经营策略时,旅行社要立足自身,以本身的核心优势为依托,通过虚拟获取外界力量、资源的组合,以达到优势互补的目的。企业集中自己的资源,专攻附加值高的产品设计和营销,而生产则委托其他成本较低的企业代为进行。例如,国外一些大的旅游批发商专门从事旅游产品的设计和组合,而接待业务则委托给旅游零售商。

2. 掌握关键性资源

旅行社在实施虚拟经营策略时,不能全部借助外部力量,必须根据自身的具体情况,控制住关键性的资源,如销售网络、产品设计等,以免受制于人。此外,旅行社必须认真分析内外环境,切实了解自身的优势及外界资源现状。旅行社应借助外部力量来改善自身较弱的部门的功能,使之与其他企业的优势功能相结合来提高自身的竞争力,从而达到提高本旅行社整体竞争力的目的。

3. 选择适当的虚拟方式

旅行社应选择正确的虚拟方式,要掌握合作企业的真实需求,弄清合作企业所期望达到的目标,做到知己知彼。旅行社应根据旅游市场的变化和自身的实际需要,采取适当的虚拟经营策略,选择适合本旅行社及相关合作企业的虚拟方式。旅行社通过与合作企业的合作,充分发挥各自的优势,以满足顾客的需求,并实现"多赢"目标。

4. 重塑文化基础

旅行社采取虚拟经营策略,能够借用外力实现自身的经营目标。然而,旅行社在引进外部资源优势时,不可避免地要输入外来文化,因而可能在旅行社内部产生对外来文化的抵触。因此,旅行社在采取虚拟化经营时,应重构企业文化,努力减少多种企业文化的摩擦并使之相互融合,使之成为旅行社顺利实施虚拟经营策略的保证。

三、中国旅行社行业的跨国经营

(一)旅行社跨国经营的意义

(1)它开辟了旅游业对外开放的新局面。旅行社跨国经营改变了我国旅游业以往只有对外开放,而不能主动跨出国门寻求发展的局面,由单项的开放变成了双向的开放和开放的环流,其意义是非常重大的。

(2)为应对入世发挥了先行者的作用。率先进行跨国经营探索的旅行社,为旅游行业深入、主动地应对入世,发挥了先行者的带头和示范作用。正是由于有了它们的艰难探索,我国旅游行业才直接了解了国际旅游市场状况,学习了国际市场规则,掌握了跨国经营的经验,避免了不必要的市场风险。

(3)向做大做强的方向迈出了重要步伐。我国旅行社进行跨国经营,直接与境外旅游企业在一个大环境里竞争,了解了国际旅游市场的行情,找到了与国际旅游企业的差距,学习了国际市场规则和先进的市场营销经验,在强手如林的市场环境中,全面锻炼了自身的能力,为国内旅游企业向国际化目标发展创造了条件。

(二)中国旅行社行业跨国经营的有利条件

1. 广阔的市场空间

国际旅游业本身具有国际性,也就是说,它按照国际旅游市场所反映出来的国际旅游者的需求,组织对旅游资源的开发和旅游产品的生产;再通过国际性的销售渠道推向市场,招徕游客,然后对购买了某一旅游产品的各国游客按国际标准进行接待,提供服务。可见,国际旅游业是一个天然的国际市场型产业,旅行社摆脱本国国界的局限,进行国际化经营是当然之举。近年来世界旅游业蓬勃发展,2000年全世界参加国际旅游的人次达6.98亿人次。世界范围国际旅游的持续健康发展,为我国旅行社走向国际、开展跨国经营提供了广阔的市场空间。

2. 有利的市场机遇

随着我国经济的持续发展及人们旅游意识的不断增强,越来越多的中国公民加入到出境旅游的行列中。据统计,从1993年至1998年的6年间,中国出境总人数增长了125.28%,其中因私出境人数增长了117.58%,到1998年由旅行社组织的出境人数已达到181.09万人次。据世界旅游组织预测,到2020年中国将成为全球第四大客源国。中国公民出境旅游的迅猛发展为我国旅行社提供了新的业务拓展机会,使我国旅行社可以通过在旅游目的地国设立旅游经营机构来开展旅游接待工作。这不仅可以减少我国出境游的外汇流失,而且拓展了我国旅行社的业务范围,从而为我国旅行社开展国际化经营提供了良好机遇。

3. 强大的发展动力

我国旅行社一直受到国家的保护,国际竞争力较弱。如今中国已经加入世界贸易组织,海外实力雄厚的大旅行社对中国旅游市场已虎视眈眈。这样,一直处于国家保护政策下的我国旅行社将面临严峻的挑战。在全球拥有客源销售网络、资金雄厚、服务和管理优良的大型海外旅行社一旦进入我国市场,就将以其强大的实力和经营上的灵活性,成为我国旅行社强有力的竞争对手。一部分实力弱、竞争力差的旅行社便会受到严重冲击。而一些有一定实力的旅行社反而可能会在强大的竞争对手压力下迅速奋起,从而在更高的起点和更高的层次上参与国际竞争和合作。这是因为,在正常的情况下,较大的外部压迫力总是会迫使一些有实力的企业作出更大的努力,更好地发挥自己的主观能动性,从而加速企业的成长。

(三) 旅行社跨国经营的形式①

1. 初级形式

(1) 被动接待型。指旅游目的国的接待旅行社被动地接待来自旅游客源国的旅游者的经营形式。这是一种初级的和被动的跨国经营方式,只有当旅游客源国的旅游者经由该国的旅行社或散客及商务旅游者主动前来访问时,旅游目的国的旅行社才能实现跨国经营。旅游目的国的旅行社既无外联权,也不参加某一国际旅游预订网络,更不主动到境外推销自己的产品,只是坐店经营,或成为境外旅游经营商的境内接待组织。

(2) 主动营销型。指旅游目的国的旅行社主动地通过除设立代表处或分公司之外的各种营销组合,到旅游客源国境内从事招徕活动,让旅游客源国的旅游者在未跨出国境以前就可以确定消费目的国旅行社的旅游产品,并能对其服务质量有相应的预期。同被动接待型方式相比,主动营销型的跨国经营方式,体现了更多的主动性。旅行社通过境外的各种媒体促销自己的产品,或者加入某一国际旅游预订网络组织,让境外旅游者可以预订自己的产品。

---

① 本部分系笔者参考杜江教授的《旅行社经营与管理》中相关内容进行编写。

2. 过渡形式

旅行社跨国经营的过渡形式，是指旅游目的国的旅行社在旅游客源国设立代表处或办事处，以进行市场宣传推广工作的经营形式。旅行社设立的代表处不是独立的法人，不能在旅游客源国独立开展旅游招徕和接待业务。旅行社采取过渡形式进行跨国经营，可以使其驻外代表处充当旅行社全球化战略的预警系统和信息收集装置。

3. 中级形式

旅行社跨国经营的中级形式，是指旅游目的国的旅行社主动与旅游客源国的旅行社合作，通过双方签订合同，从事境外旅游者的招徕、组团接待工作。采用中级形式进行跨国经营的旅行社并未进入其合作伙伴的企业边界，只是与其合作伙伴之间维持一种市场交易关系。由于合作双方分处两个国家，执行合约的监督成本和出现违约后的索赔成本较高，可能会阻碍合作关系的长期存在。

4. 高级形式

（1）直接投资型。是指旅游客源国的旅行社在旅游目的国直接投资开办自己的分支机构，进行旅游经营活动。采用这种形式进行跨国经营的旅行社能够获取本国居民出国旅游的绝大部分利润。

（2）综合经营型。是指旅游客源国的旅行社在开展跨国经营业务时，不仅仅使用直接投资一种手段，而是综合运用直接投资、合资、租赁、并购以及管理合同、特许经营、联号扩张、集团化发展等多种现代商业运作工具，全方位、大规模、高速度地拓展自己在全球旅游市场上的份额。

思考与练习

1. 发达国家旅行社产业的现状及发展趋势是什么？
2. 中国旅行社行业在信息化建设方面应采取哪些对策？
3. 旅行社行业的虚拟经营有什么作用？

自测题

1. 中国的第一家中外合资旅行社诞生于（　　　　）。
   A. 北京市　　　　　　B. 上海市
   C. 广东省　　　　　　D. 云南省
2. 功能虚拟化是指旅行社将其（　　　　）虚拟化的一种运作模式。
   A. 全部功能　　　　　B. 局部功能
   C. 主要功能　　　　　D. 营利功能

3. 旅游目的国的旅行社在旅游客源国设立代表处或办事处，以进行市场宣传推广工作的经营形式是旅行社跨国经营的（　　）。
    A. 初级形式　　　　　　B. 中级形式
    C. 过渡形式　　　　　　D. 高级形式

参考文献

1. 杜江,戴斌.旅行社管理比较研究.北京:旅游教育出版社,2006.
2. 梁智.旅行社运行与管理.大连:东北财经大学出版社,2006.
3. 梁智,刘春梅,张杰.旅行社经营管理精选案例解析.北京:旅游教育出版社,2007.
4. 陈小春.旅行社管理学.北京:中国旅游出版社,2003.
5. 王坚.旅行社企业管理.北京:北京大学出版社,2006.
6. 国家旅游局人事劳动教育司.旅行社经营管理.北京:旅游教育出版社,2006.
7. 戴斌,杜江.旅行社管理.北京:高等教育出版社,2002.
8. 张道顺.现代旅行社管理手册.北京:旅游教育出版社,2006.
9. 陈乾康,阙敏.旅行社计调与外联实务.北京:中国人民大学出版社,2006.
10. 刘筱秋.实践与思考:中国旅游业散论.北京:中国旅游出版社,2007.
11. 陶汉军,黄松山.导游服务学概论.北京:中国旅游出版社,2003.
12. 全国经济专业技术资格考试用书编写委员会.旅游经济:专业知识与实务(初级).北京:中国人事出版社,2008.
13. 全国经济专业技术资格考试用书编写委员会.旅游经济:专业知识与实务(中级).北京:中国人事出版社,2008.
14. 全国导游人员资格考试教材编写组.旅游法规常识.北京:旅游教育出版社,2001.
15. 全国导游人员资格考试教材编写组.导游实务.北京:旅游教育出版社,2001.
16. 国家旅游局旅游质量监督管理所.旅游质量监督管理工作实用手册.北京:中国旅游出版社,2001.
17. 中国旅游百科全书编委会.中国旅游百科全书.北京:中国大百科全书出版社,1999.
18. 中华人民共和国财政部.企业会计准则——现金流量表.北京:经济科学出版社,1998.

19. 中华人民共和国财政部. 企业财务通则、企业会计准则. 北京:中国法制出版社,1992.

20. 中华人民共和国财政部. 旅游、饮食服务企业会计制度. 北京:经济科学出版社,1993.

21. 迈克尔·波特. 竞争优势. 陈小悦,译. 北京:华夏出版社,1997.

22. Pat Yale. 旅行社经营业务. 程尽能等,译. 北京:旅游教育出版社,2004.

23. Tourism: The State Of The Art, edited by A. V. Seaton, John Wiley & Sons, 1994.

24. Guide To Starting And Operating A Successful Travel Agency, By Laurence Stevens, Third Edition, New York: Delmar Publishers Inc., Merton Travel House and Tourism Publishers, 1990.

25. Ontario, Professional Travel Counseling, Second Edition, Canada: Canadian Institute of Travel Counselors of Ontario, 1991.